正通禪의 香薰

정통선의 향훈

개정판 3쇄 인쇄 · 2019년 10월 15일

책임편집 · 성적

발행인 · 박주환

발행처 · 광륜출판사

전화 · 02-956-5555, 954-6437 팩스 · 02-955-2112

주소 · 서울시 도봉구 도봉산길 86-1 (구 도봉1동 401번지)

편집디자인 · Design *Amita* 디자인 아미타

ISBN 978-89-954017-6-7 04220

정가 18,000원

ISBN 978-89-954017-6-7

청화선사 법어집 1

정통선의 향훈

벽산문도회 편

광륜출판사

차례

1편 법문(法門)의 글 … 9

오늘의 지혜·10
부처님 오신 날·16
부처님의 일대사인연(一大事因緣)·21
부처님의 마지막 설법·25
안심법문(安心法門)·30
무량광불(無量光佛)·36
마음의 세계·41
금륜(金輪)의 첫걸음·45
금륜도(金輪圖) 해설·48
광주 금륜회관 개관 축하법어·50

2편 법문의 말씀(法語) … 55

1. 참선(參禪)의 바른 길 · 56

본원(本願)의 정립(定立)·56 | 행법(行法)의 간택(簡擇)·60
실상관(實相觀)·63 | 선오후수(先悟後修)·67
수행(修行)의 단계(段階)·70 | 간절한 구도심(求道心)·73

2. 참선(參禪)의 기초(基礎) · 76

선(禪)은 인류문화의 정수(精髓) · 76 | 선(禪)의 뜻 · 78
선(禪)의 종류(種類) · 81 | 선(禪)의 방법(方法) · 91
선(禪)의 자세(姿勢) · 99 | 선정(禪定)의 십종공덕(十種功德) · 100
염불(念佛)의 십종이익(十種利益) · 105

3. 실상염불(實相念佛)·참선(參禪)·삼매(三昧) · 108

행해상응(行解相應) · 108 | 사종염불(四種念佛) · 115
실상염불(實相念佛) · 118 | 사종삼매(四種三昧) · 123

4. 본성(本性)과 현상(現相) · 128

십법계(十法界) · 128 | 육도중생(六道衆生) · 130
사성법계(四聖法界) · 138 | 법계(法界)의 본성(本性) · 141

5. 참선(參禪)의 장애(障碍) · 147

근본번뇌(根本煩惱) · 148 | 견혹(見惑)과 사혹(思惑) · 156
백팔번뇌(百八煩惱) · 159 | 번뇌(煩惱)의 팔풍(八風) · 163
참선(參禪)의 팔재환(八災患) · 165

6. 마음의 성품(性品) · 170
　참선(參禪)은 증상심학(增上心學)·170 ǀ 유식삼성(唯識三性)·174
　마음의 구성 – 십식(十識)·182 ǀ 마음의 본성(本性)·186
　불성광명(佛性光明)·189

7. 무아(無我)의 수행(修行) · 194
　무아(無我)인 이유·194 ǀ 지혜로 관찰(以慧觀之)·201
　인간(人間)의 근원(根源)·206 ǀ 부정관(不淨觀)·212
　수식관(數息觀), 육묘문(六妙門)·218

8. 불성공덕(佛性功德)과 그 관조(觀照) · 226
　진아(眞我)의 발견·226 ǀ 열반사덕(涅槃四德)·229
　오지여래(五智如來)·236 ǀ 석공관(析空觀)·242

9. 삼계 해탈(三界解脫) · 248
　삼계(三界)의 초월(超越)·248
　구해탈(俱解脫):혜해탈(慧解脫)과 정해탈(定解脫)·256
　해탈(解脫)의 과정(過程)·261 ǀ 열반진색(涅槃眞色)·268

10. 성도(成道)의 장엄(莊嚴) · 276
     석가모니의 성도(成道) · 276
     무상대도(無上大道)는 삼학도(三學道)의 완성 · 278

3편 대담법어(對談法語) ··· 283
   가장 바람직한 얼굴 · 284
   진아(眞我)를 깨달아야 인간존엄성 회복 · 293
   '무아(無我) · 무소유(無所有)'의 삶을 살아야 · 304
   연기도리(緣起道理)를 깨달으라! · 313
   참마음 세계오면 사회악(社會惡) 사라져 · 325
   불교가 가장 합리적이고 보편적이며 궁극적인 가르침 · 333
   '무아(無我) · 무소유(無所有)' 실천이 부처의 뜻 · 353
   청화스님 '당대의 선승' · 358
   지금이 '바른 철학(哲學)' 세워야 할 때 · 364
   '참나' 존엄(尊嚴) 깨우쳐야 바른 인생(人生) · 370
   청화선사(淸華禪師) 발원문(發願文) · 376
   개정판을 펴내며 · 378

1편
법문(法門)의 글

본 편의 '법문(法門)의 글'은 월간 「금륜(金輪)」지에 큰스님께서 직접 써주신 '이달의 법문'을 모아 편집한 것입니다

오늘의 지혜

　우리 인류는 오랜 역사를 통하여 이루 헤아릴 수 없는 고난과 시련을 겪어왔으나, 오늘날과 같이 위험하고 어지러운 시대는 일찌기 없었습니다. 그것은 과학기술과 산업발전에 따른 놀랄만한 물질적 번영을 자랑하고는 있으나, 그 반면에 전통적 가치관의 상실에서 오는 윤리도덕의 퇴폐와 인간의 소외 풍조와 그리고 빈부 격차로 인한 계층간의 갈등과 자연파괴와 환경의 오염이며, 국가간의 분쟁 등이 세계 도처에서 요원(燎原)의 불과 같이 번져나가고 있습니다.

　더구나 우리 사회는 남북분단으로 말미암은 자유민주주의와 공산주의의 양대 이데올로기가 치열하게 각축하는 최첨단에 있기 때문에 가치관의 혼란은 한결 심각하여, 근래에 와서는 학원가를 중심으로 한 사회 일각에서 반체제의 거센 물결이 소용돌이치고 있으니 우리 모두 깊은 우려와 불안을 자아내지 않을 수 없습니다. 그런데 오늘날의 역사적 위기를 극복하고자 하여 저마다 절규하는 이른바 자유민주주의와 공산주의를 비롯하여, 이들을 절충한 사회민주주의와 네오마르크스주의(Neo-Marxism), 유로코뮤니즘(Euro-Communism), 그리고 해방신학(解放神學) 등의 착잡한 이데올로기(Ideologie)들이 서로 견제하며 안간힘을 쓰고 있는 현상입니다.

그러나 이러한 이념 등은 그 모두가 일체 만유의 근원은 오직 물질이며, 따라서 보다 많은 물질의 생산과 분배의 균등만 달성하면 인류의 이상향이 이루어진다고 하는 유물주의자들의 독단적인 편견으로서, 그것은 그네들의 뒤바뀐 천박한 가치관에서 오는 환상일 뿐, 인간사회의 병폐는 보다 근원적인 인간 스스로의 번뇌에 그 본원이 있는 것입니다.

그런데 우리 인간성과 우주만유의 본질은 단순한 물질이나 허무한 공(空)이 아니며, 일찌기 수많은 성현들이 소상히 밝히신 바 일체 공덕을 원만히 갖춘 진여법성(眞如法性) 곧 불성(佛性) '신성(神性) 또는 태극(太極)으로도 표현함.'으로서 이를 인격적으로 신앙하면 '부처님이요, 하나님이니.' 그러기에 일체 만유는 생명의 광명인 불성으로 이루어진 장엄한 대만다라(大曼茶羅)의 세계인 것입니다.

그러나 중생들은 무지무명(無智無明)에 가리어 일여평등(一如平等)한 불성을 외면하고, 다만 전변무상(轉變無常)한 현상만을 실상(實相)으로 착각하고 이를 집착할 때, 너와 나의 한계가 생기고, 나의 소유라는 집요한 탐착(貪着)이 싹트는 것이며, 그래서 욕구불만에서 오는 분노가 치밀게 되는 것이니, 그리하여 온 누리는 탐(貪)·진(瞋)·치(痴) 삼독(三毒)의 탁류가 넘실거리는 화택고해(火宅苦海)가 되고 만 것입니다.

그러기에 본래 청정한 불성을 오염하고 있는 어리석은 사견(邪見)을 여의고, 탐욕과 분노를 절제하는 도덕적 실천이 없이는 인간사회의 뿌리 깊은 고질적 병폐를 치유할 길은 없는 것입니다.

그래서 오늘날 우리나라 정권을 담당한 인사(人士)들은 모름지기 투철한 인도주의(人道主義)에 입각한 민족의 전통성을 계승한다는 확고

한 사명의식을 견지하고 청렴결백한 구도자적 자세로 보편적인 진리의 조명 아래, 보다 폭넓게 국민의 기본인권을 확대하고 기업인들을 설득 독려하여, 산업소득의 균등한 분배를 비롯한 제반 복지정책의 확충을 위하여, 보다 과감한 결단을 내려야만 이미 의식화된 노동계층과 과격한 학생들의 볼멘 목소리와 물불 가리지 않는 무분별한 폭력을 막을 수가 있을 것입니다.

그리고 이른바 운동권의 과격한 학생들도 그대들의 지식과 경험이 아직 절대적이 아닌 미숙한 학도임을 겸허하게 반성하고, 그대들이 정작 이 땅에다 이북과 동일한 공산정권의 수립을 획책한다면 모르거니와, 그렇지 않는다면 착잡하기 이를데 없는 현실정치는 미흡하더라도 기성의 정치인들에게 맡기고, 민족의 피땀으로 이룩된 신성한 상아탑에 틀 어박혀, 소신껏 학문과 인격의 수련에 정진하여 민족의 장래를 걸머질 채비를 갖추는 것이 그대들 스스로를 위해서나 사랑하는 부모형제를 위해서나 다난(多難)한 우리 조국의 전정(前程)을 위하여 가장 현명하고 애국적인 행동임을 사뭇 뼈저리게 명심해야 할 것입니다.

맑스주의의 이론체계가 자본주의 사회의 모순을 분석하고 척결하는데 이로(理路) 정연하여, 단순결백한 젊은이들에게는 그럴듯하게 느껴지기도 하겠으나, 그것은 어디까지나 유물변증법에 입각한 편견에 지나지 않음은 그 구체적인 실험장인 공산사회의 숨막히는 통제현상과 인권유린에서 이를 웅변으로 증명하고 있는 것입니다.

그러기에 현명한 지성(知性)들에게는 이미 낡아버린 탐탁잖은 교조주의에 불과한데 우리의 소중한 젊은이들이 슬기로운 비판없이 맑스주의의 혁명이론을 금과옥조로 신봉하여 학도의 본분을 어기며, 두번 다시없는 생명의 황금시절을 불사르는 만용은 결코 영웅적인 행동이 될 수 없을 뿐 아니라, 그대들의 부모를 비롯한 전통문화의 계승발전을 염원하는 대다수 국민들이 아예 용납할 수도 없는 것입니다.

또한 야당의 입장에서 정치하는 이들도 자고로 유능승강(柔能勝强)이라 하여 유연한 행위가 도리어 거센 것을 이긴다고 하였으니, 애써 화안애어(和顔愛語) 곧 부드러운 표정과 은근한 말씨로 사심없이 정적(政敵)을 상대해야만 보다 효과적인 설득으로 소기의 목적을 달성할 수 있음은 인간 심리의 공통된 기미(機微)일 것이며, 비록 반체제의 과격한 목소리들이 자기편에 유리하게 여겨지는 경우일지라도 그네들을 두둔하여 영웅시하고 자극하는 언동은 사려깊은 지도자가 취할 바 대인(大人)의 행위는 아닐 것입니다. 그리고 욕속(欲速)이면 부달(不達)이라 하였으니 너무 성급하게 정권탈취를 서둘지 않더라도 의연한 자세로 진지하고 겸허하게 오직 이웃만을 위한 선구적인 역할을 다 한다면 인심과 천심(天心)이 감동하여 인과필연으로 보다 확실하게 숙원(宿願)하는 목적을 이룰 수가 있을 것입니다.

그런데 『유마경(維摩經)』「불국품(佛國品)」에 이르기를 "만약 보살이 진정한 이상국토를 이룩하고자 하면 마땅히 자기 마음을 정화할지니, 마음이 정화됨에 따라 국토도 정화되느니라.(若菩薩願得淨土當淨其心 隨其心淨則佛土淨)" 하였듯이 우리 인간은 남을 지도하고 사회를 정화하며 인류를 구제한다고 자부하고 훤전(喧傳)하기에 앞서 자기 스스로를 보다 궁극적이며 보편적인 가치관으로 장엄하고, 인연에 따른 각기 처지에서 최선의 도덕적 생활을 영위한다면, 요란한 사회는 저절로 잔잔한 평화의 복지가 되지 않을 수 없을 것입니다.

진정 우리는 허심탄회하게 참된 삶의 목적은 대체로 무엇이며, 짖궂은 인생 고(苦)의 원인은 무엇이고, 그 인생고를 소멸하는 방법 또한 무엇인가를 성실하게 추구할 때 유구한 인류역사를 통하여 인생을 가장 바르게 살며 철두철미하게 이웃만을 위하여 생명의 존엄을 변증(辨證)한 수많은 철인들과 성현들의 가르침을 만나지 않을 수 없습니다.

그리고 그 중에서도 석존(釋尊)의 가르침은 가장 철저하게 인생과 우주의 실상을 확연히 밝혔으며, 이러한 최상의 진리가 1,600여 년 동안이나 우리 민족사회에 불멸의 등불이 되어 왔음은 우리나라 문화유산의 80%가 넘는 귀중한 불교문화재가 이를 증명하고도 남음이 있습니다.

그런데 우리네 지도자들이나 지성들은 화려한 과학문명의 의상으로 치장한 서구사상에 도취한 나머지 조상대대로 물려받은 민족의 뿌리요 숭고한 한배의 얼이 담긴 불교문화를 송두리째 내던지고, 어줍잖은 서구문화의 기와조각을 주워모아 오늘날의 혼란한 사회상을 스스로 불러들이게 되었습니다.

그래서 오늘날 우리는 자유진영의 관능적(官能的) 유물주의나, 공산세계의 기계적 유물주의에서 발생한 인간사회의 누적된 병폐를 벗어나서 민족과 인류가 살아남을 오직 하나의 길은 동서고금을 통하여 가장 바르고 지혜있는 이들의 예지와 경책을 따르는 도리 밖에 없는 것입니다.

이분들의 가르침을 따라 인생의 실상을 바로 볼 때, 우주만유는 본질적으로 하나의 동일한 생명체인 진여실상(眞如實相)이니, 너와 나의 대립이 사라져 동체대비(同體大悲)의 사랑이 절로 우러나지 않을 수 없으며, 일체 물질현상은 한결같이 허망무상한 몽환포영(夢幻泡影)과 같은 연기(緣起)의 가상(假象)에 지나지 않으니, 분수없이 집착하여 탐람(貪婪)하고 분노할 까닭이 없습니다.

위에서 밝혀온 바, 인류사회를 위협하는 험악한 혼란과 분쟁은 그 모두가 신뢰하고 의지할 보편적인 가치관의 상실에서 오는 것이니, 인생과 우주만유의 가장 궁극적이고 보편적 생명인 불성(佛性)을 등불로 삼고, 불성의 원리인 진리를 등불로 삼을 때에만 비로소 우리들의 보금자리인 조국과 지구촌(地球村)을 뒤덮은 암울하고 험악한 전운(戰雲)은 말끔히 걷히고 평화로운 정토(淨土)의 청명(淸明)한 여명이 찬란하게 밝아올 것입니다.

이러한 중도실상(中道實相)의 반야(般若)지혜는 바로 오늘을 살아가는 최상의 바른 지혜요, 내일의 행복을 기약하는 밝은 지혜며, 영원히 변치 않는 진여연기(眞如緣起)의 반야바라밀입니다.

나무 마하반야바라밀!

1986년 7월 「금륜」 제3호

부처님 오신 날

　천상과 천하 온 누리에서 가장 평화롭고 행복한 날은 부처님 오신 날입니다.
　석가모니 부처님이 오셨기에 인간은 비로소 억겁으로 쌓인 무명(無明)과 번뇌를 벗어나서 참다운 인간이 되는 길을 알았으며, 생로병사를 비롯한 모든 인생고를 여의고 진정한 자유와 평화롭고 안온한 영생의 고향을 찾을 수가 있었습니다.
　부처님의 가르침은 본래 나와 남이 없고 천지와 더불어 하나의 생명인 부처님이 되는 길이니 서로 다투고 겨룰 상대가 없고, 탐욕과 분노가 일어날 까닭이 없으니 이르는 곳마다 훈훈한 봄바람 부는 평화로운 행복의 낙토(樂土)아닌 데가 없습니다. 그러나 부처님의 가르침을 외면하고 아집(我執)과 편견의 사슬에 얽매인 현대인들은 탐착(貪着)과 반목과 싸움의 불구덩이 속에서 다만 찰나의 휴식도, 한 생각의 진정한 행복도 누릴 수가 없습니다.
　진정으로 온 누리의 스승이시며 고해 중생의 대자대비(大慈大悲)하신 어버이신 석가모니 부처님은 2,500여 년 전에 일체 중생을 구제할 큰 서원을 세우고 갖은 난행고행 끝에 마침내 인도 마가타국 보리수 아래서 위없는 깨달음을 얻어 바로 천지(天地)의 스승이요 진리 자체인 부처님이 되셨습니다.

그때 부처님이 되셨을 때 첫 말씀이 "참으로 기이하고 기이하도다. 일체 중생과 산하대지가 한결같이 모든 지혜 공덕을 원만히 갖춘 부처님 아님이 없도다."라고 찬탄하셨습니다. 부처님의 말씀대로 우리 중생이 집착과 편견을 여의고 인생과 우주의 실상을 바로 보는 정견(正見)만 얻을 수 있다면 인생과 우주만유는 그대로 부사의한 일체 공덕을 갖춘 일미평등(一味平等)한 법신(法身)부처님이며, 석가모니 부처님은 이미 깨달은 화신(化身)부처님이요, 우리 중생들은 장차 깨달을 화신부처님입니다.

이렇듯 부처님에게는 영원히 변치않는 불변(不變)하는 법신과 인연따라 일체 만유로 전변(轉變)하는 화신의 양면을 갖추고 있어서, 천상과 천하 온 누리는 오직 부처님뿐이며, 그러기에 부처님께서 탄생하실 때 사자후(獅子吼)로 외치신 바 '천상천하유아독존(天上天下唯我獨尊)'이 아닐 수 없습니다. 그러나 오늘날 부처님이 되는 행복한 생명의 길을 저버리고 물량(物量)의 노예가 된 중생들의 가슴은 나날이 멍들어 가고, 가정과 학원과 사회는 서로 불신하고 반목하여 사나운 아귀다툼과 처참한 아비규환(阿鼻叫喚)의 참극은 바야흐로 인류파멸의 위기에 절박해 있습니다.

그리고 이러한 인간의 가파른 고난과 끝없는 시련은 흡사 굴러내린 무거운 돌을 간신히 언덕 위에 올려 놓으면 이내 다시 굴러내리고 안간힘을 써서 올려 놓으면 이내 다시 굴러내리곤 하는 '시시포스(Sisyphus)의 영원한 형벌'과도 같이 부처님의 가르침을 등지는 한, 중생계의 처참한 참극은 그 파멸의 날까지 벗어날 기약이 없는 인과(因果)의 형벌인 것입니다.

이러한 고질적 병폐는 공산주의와 같이 인간의 고귀한 자유와 존엄성을 유린하고 온 세계를 살벌한 수라장으로 만드는 사나운 무리들이 구제할 수는 없으며, 그렇다고 이성적인 도덕적 자제도 없이 관능의 자유와 해방을 부르짖는 물질문명의 병자들에게 우리들의 운명을 맡길 수도 없습니다.

또한 인생과 우주의 실상도 모르고 다만 외곬으로 자기네 종교만이 절대유일의 진리이고 다른 가르침은 모조리 사마외도(邪魔外道)라고 훼방하여 갖은 술수로 온 인류를 옹졸한 자기네 울안으로 몰아세우는 그네들 편에 끼어 가뜩이나 시달린 인생을 더욱 옹색하게 할 수는 없습니다.

그런데 부처님의 가르침 곧 부처님이 되는 길 오직 그 한길만이 인간성의 본질과 우주의 실상을 깨닫는 길이요, 영원히 자유롭고 평화로운 끝없는 지평선으로 통하는 대도(大道)이며, 우리 인류가 무궁한 번영을 누리는 탄탄하고 번뇌에 물들지 않는 청정백도(淸淨白道)입니다.

우리 중생들이 비장한 결단으로 이 대도에 들어설 때 비로소 너와 나, 우주만유와 내가 본래 하나의 생명이라는 동체대비(同體大悲)의 진정한 사랑이 우러나오는 것이며, 그리고 이러한 가장 궁극적이고 보편적인 인생관과 그에 따른 순수한 도덕적 행위에 의해서만 진정으로 평온한 가정과 예지에 빛나는 학원과 정의롭고 평화로운 복지사회의 이상향을 이룩하게 되는 것입니다.

『법화경』「상불경보살품(常不輕菩薩品)」에 보면, 과거 무량겁이전 위음왕(威音王) 부처님이 계셨을 당시, 교만하고 사나운 무리들이 마치 현대와 같이 들끓고 있을 때 상불경보살이란 비구스님이 있었는데, 이 스님은 어느 누구를 보든 가리지 않고 만날적마다 절을 하고는 "내가 당신을 공경하고 감히 가벼이 여기지 않노니, 당신은 마땅히 보살도를 실천하여 반드시 부처님이 되리라."고 하였습니다.

　그런데 그 스님은 경전도 읽지 않고 오로지 사람들을 예배만을 하였으며, 사람들이 멀리 있을 적에는 일부러 달려가서 먼저와 같이 예배 찬탄하였습니다.

　그러나 사람들 중에는 도리어 성을 내어 "이 무식한 중이 터무니없이 날더러 부처가 되리라고 허망한 예언을 하나, 나는 그 따위 황당한 군소리를 곧이 듣지 않는다."고 쏘아대곤 하였습니다.

　이와 같이 여러 해를 거듭하여 갖은 조롱과 훼방을 받았으나, 그 스님은 조금도 동요하지 않고 여전히 사람들을 예배 찬탄하였으며, 장난이 지나쳐 막대기나 돌멩이로 때릴 적에는 피해 도망가면서도 더욱 큰 소리로 이전과 같이 예배하고 찬탄하였습니다.

　그런데 그 스님이 임종할 때에는 허공 중에서 위음왕 부처님의 위없는 설법을 듣고 진리를 확연히 깨달아서 수많은 사람들을 위하여 감로수같은 은혜로운 설법을 하였습니다.

　그래서 전에 짓궂게 비아냥거리던 무리들도 모두 다 상불경보살을 흔연히 예배 공경하고 깨달음을 얻었다는 귀중한 설화가 있습니다.

　오늘날 치우치게 발달한 물질문명에 메마르고, 어줍잖은 지식의 축적과 편견으로 교만해진 현대인들에게는 가장 슬기롭고 너무나 인간적인 상불경보살의 거룩한 행지(行持)는 파멸의 기로에 서성대는 인류가 살아남기 위한 최선의 귀감이 되지 않을 수 없습니다.

아! 부처님이 오신 날, 만중생이 저마다 진리로 태어난 지혜의 날, 그리고 이웃을 위하여 생명을 바치고도 호리 회한이 없는 대자대비로 태어난 사랑과 봉사의 날, 이날은 바로 인간의 진정한 존엄성을 찾은 천부적인 인권의 날이며, 모든 불행의 씨앗인 억겁으로 쌓인 번뇌를 모조리 해탈하는 자유의 날입니다.

그래서 우리 가슴마다에 자비와 지혜로 아롱진 등불을 켜들고 온 누리의 구석구석을 찬란하게 비추며 환희용약하는 영원히 행복한 광명의 축제입니다.

나무 석가모니불!
나무 마하반야바라밀!

1986년 6월 「금륜」 제2호

부처님의 일대사인연(一大事因緣)

인간을 비롯한 우주만유의 모든 존재들은 저마다 그 인연에 따른 목적이 있고 삶의 의미가 있습니다. 그런데 최상의 성인이시며 사생(四生: 胎·卵·濕·化)의 어버이시고 삼계(三界:욕계·색계·무색계)의 스승이신 석가모니 부처님께서 출현하신 서원(誓願)과 목적은 크고 깊어서 이루 헤아릴 수 없으나, 그것을 한 말로 요약하여 '일대사인연'이라고 합니다.

정작 부처님께서는 모든 중생으로 하여금 인생의 고난을 벗어나서 해탈의 바다에 노닐게 하시기 위하여, 짐짓 고생바다(苦海)인 사바세계에 화신(化身)의 몸을 나투신 것입니다.

그런데 부처님께서 49년(45년 설도 있음)동안 설법하신 가르침, 곧 일대시교(一代時敎)는 중생들의 근기에 맞추신 이른바 8만 4천 법문인데, 이를 세가지 시기로 나누어 삼시교판(三時敎判)이라 합니다.

그중에 제1시교(時敎)란, 이를 유교(有敎)라 하여 나(我)와 너가 실제로 존재한다고 하는 범부(凡夫)중생의 뒤바뀐 생각을 깨우치기 위하여 우리 인간이란, 물질인 사대(四大:地·水·火·風)와 마음 작용인 사온(四蘊:受·想·行·識)이 인연따라 잠시간 화합한 것에 지나지 않으니, 필경 나와 너의 인간존재는 무상하고 허무하여 다만 사대와 오온(五蘊:色·受·想·行·識) 등의 법만이 실재한다는 가르침으로서, 이는 근기 낮은 중생들을 일깨우는 소승교(小乘敎)라고도 합니다.

　제2시교란, 이를 공교(空敎)라 하여 물질과 마음의 온갖 현상을 만드는 사대 오온의 법이 실제로 있다고 집착하는 소승들의 소견에 대하여, 일체 만법이 모두 공(空)하다고 부정하는 제법공(諸法空)의 가르침으로서, 『반야심경』이나 『금강경』 등의 요지인 반야사상을 의미합니다.

　제3시교란, 바로 중도교(中道敎)로서 제1시교와 같은 너와 나의 실재를 고집하는 편견과, 제2시교에서 말하는 바 일체 만법이 다만 허망무상하다고 하는 공(空)의 한편만을 집착하는 그릇된 견해를 다시 부정하여 인생과 우주의 참다운 실상은 유(有)의 개념과 공(空)의 개념을 초극한 중도(中道)의 묘한 이치 곧, 진공묘유(眞空妙有)의 불성(佛性)경계를 말씀하신 가르침입니다.

　오랜 인류 역사를 통하여 가지가지의 고난과 갈등과 불안의 어두운 그림자는 다만 한시도 개일 날이 없었으나, 그것은 마치 물에 비친 달[月]이나 거울에 나타난 현상이 실상이 아님을 모르고 실재한 사실로 착각하는 것과 같은 무명(無明)과 번뇌의 소치가 아닐 수 없습니다.

　그러나 유무(有無)의 집착을 여의고 중도의 진여실상(眞如實相)을 깨달은 성자의 경계에는 우리 인생의 모든 고난과 생로병사(生老病死)의 한계 상황마저도 한결같이 꿈과 거품같고 허깨비같고 그림자같이 허망하고 무상하여, 그 어떠한 현실적 시련도 마음을 얽매는 밧줄이 될 수는 없습니다.

　일찍이 중국의 승조(僧肇:383~414) 대사가 억울한 누명을 쓰고 31세의 젊은 나이로 형장의 이슬로 사라질 때, 그 마지막 게송(偈頌:찬탄하는 노래)에서 "사대(四大)로 이루어진 몸은 원래 주인이 없고, 의식 작용인 오온(五蘊) 또한 본래 비었(空)거니, 이제 퍼런 서슬 아래 목을 내미니, 봄바람 베는 듯 무심하여라.(四大元無主 五陰本來空 以首臨白刃 猶如斬斬春風)"라고 초연한 자세로 애꿎은 죽음의 인연을 흔연히 받아들였습니다.

또한 범신론(汎神論)의 위대한 철인으로서 신(神)에 도취하였다고까지 일컬어지는 스피노자(Spinoza:1632~1677)는 말하기를 "영원한 상념(想念)으로 현실을 관찰하라, 그러면 우리의 마음은 그때그때 영원에 참여하리라."고 하였습니다.

이렇듯 우리들이 허망한 상대적 현실에 집착하는 편견을 떠나서 매양 중도실상(中道實相)의 바른 인생관으로 현실을 살아갈 때, 정치적 경제적으로 사뭇 술렁거리는 삶의 현장에서도 오히려 순간순간 영생의 삶을 창조해 나갈 수가 있는 것입니다.

그리고 그러한 진실한 깨달음으로 살아가기 위해서는 우선 먼저 자기 마음과 우주만유가 본래 진선미(眞善美)를 원만히 갖춘 동일한 불성(佛性)임을 굳게 신인(信認)하고, 우주적 대아(大我)인 불성에 걸맞는 '무아(無我)·무소유(無所有)'의 생활을 애써 지속할때 편견과 집착으로 굳어진 업장의 응어리는 무너지고, 인생과 우주의 본래 고장인 장엄한 연화장(蓮華藏)세계 곧 극락세계의 영원한 지평이 거침없이 열리게 되는 것입니다.

그와 같이 영생불멸한 진여자성(眞如自性) 곧 부처님을 순간 찰나에도 여의지 않는 생활은 그것이 바로 순수한 참선 생활이요, 진정한 염불 생활이며, 거기에 우리 종교인의 숭고한 자랑과 솟음치는 환희와 초인적인 강인한 힘이 있는 것입니다.

　의상조사 법성게의 끝 부분에 "중도실상의 도리를 사무쳐 깨달음이 영원히 변치않는 부처님 경계로다.(窮坐實際中道床舊來不動名爲佛)"라고 원만한 깨달음의 경지를 찬탄하였습니다.

　그 어디에도 치우침이 없고 그 무엇에도 걸림이 없는 지혜와 헤아릴 수 없는 공덕을 두루 갖춘 영원히 변치않는 중도실상의 법성의 지혜 곧, 부처님의 일체종지(一切種智)를 나와 남이 다 함께 깨닫게 하는 '일대사인연'이야말로 바로 우주 자체의 목적이요, 삼세 모든 부처님이 출현하신 인연이며, 우리 삶의 가장 순수하고 고귀한 구경(究竟)목적이기도 합니다.

　나무 마하반야바라밀!

1986년 9월 「금륜」 제5호

부처님의 마지막 설법

 부처님께서는 열반(涅槃:소승에게는 죽음을 의미하고, 대승에서는 번뇌의 속박을 벗어난 영생의 경계)에 들으시기 위하여, 구시나가라(Kuśinagara)성 밖에 있는 발제하(跋提河, Ajitavati)의 맑은 시냇물이 속절없이 흐르는 강언덕에 우거진 사라수나무 숲으로 들어가셨습니다.
 그리고는 아난으로 하여금 사라쌍수나무 사이에 베개를 북쪽으로 향해서 자리를 잡도록 하시고, 머언 여행길에 피곤하신 몸을 오른쪽으로 두발을 포개고 누우셨습니다.
 그때에 사라쌍수나무는 때아닌 하얀 꽃이 피고 꽃잎이 떨어져 부처님의 몸 위에 눈같이 쌓이고, 허공에서는 만다라화 만수사화의 하늘나라 꽃들이 부처님의 몸에 비오듯이 내리며, 애틋하고 평온한 하늘 음악이 은은하게 울려 퍼졌습니다.
 이러한 침통한 분위기 속에서 아난은 부처님의 침상을 등지고 하염없이 흐느끼며 슬픈 상념에 잠겼습니다.
 '부처님께서는 어찌하여 이렇게 빨리 열반에 드신다는 말인가, 나는 누구보다도 부처님의 가르침을 가장 많이 듣고 배우지 않았던가, 그런데 나는 아직도 깨달음을 성취하지 못한 몸이니, 부처님께서 열반하신다면 장차 어떻게 깨달음을 얻을 것인가, 아아! 참으로 애달픈 일이로다.'

이때 부처님께서는 "아난아, 내 곁으로 오너라."고 부르시어 아난을 위로하셨습니다.

"아난아, 그렇게 한탄하고 슬퍼하지 말아라. 사람은 누구나 다 사랑하는 이와 이별하지 않을 수 없고, 이 세상에 존재하는 모든 것은 한결같이 인연따라 이루어진 허깨비같이 허무한 가상(假相)에 지나지 않으니, 필경 허물어지고 만다고 일러주지 아니하였더냐.

아난아, 너는 나를 섬긴지 20여 년 동안 지극한 정성으로 여래(如來: 부처님)인 나를 보살펴 준 공덕이 그지없으니, 부디 게을리 하지말고 공부에 진력하여라. 그러기만 하면 머지않아서 번뇌의 습기(習氣)를 없애고 반드시 해탈을 얻으리라."

아난은 가까스로 마음을 수습하여 바른편 무릎을 꿇고 왼편 무릎을 세워 합장하여 여쭙기를,

"부처님께서 생존해 계실 때는 부처님을 스승으로 삼아왔으나, 열반하신 뒤에는 누구를 스승으로 삼으오리까?"

"아난과 여러 제자들은 잘 듣거라, 내가 열반에 든 뒤에는 이미 설법한 교법(敎法)과 계율을 스승으로 삼도록 하여라."

"부처님이시여, 저희들은 앞으로 공부하는 수행방법을 어떻게 하오리까?"

"그대들은 다 함께 깊이 새겨들어라. 그대들이 의지할 수행법은 주로 사념처관(四念處觀)을 닦도록 하여라.

그것은 첫째로 신념처(身念處)로서 이 육신은 살과 뼈와 피와 고름 등 여러 더러운 것들이 인연 따라 잠시 모인 것이니 부정(不淨)하다고 관찰

하고, 둘째는 수념처(受念處)로서 중생들이 낙(樂)이라고 여기고 집착하는 재물이나 음행이나 권속이나 권세 등은 진정한 행복이 아니고 필경 고통의 결과를 맺는 근원으로 관찰하고, 셋째는 심념처(心念處)로서 인간의 마음은 잠시도 쉬지 않고 항시 전변(轉變)하여 마지않는 무상(無常)한 것이라고 관찰하며, 넷째는 법념처(法念處)로서 일체 모든 것은 허망하고 무상하기 때문에 고정된 실체(實體)가 없고 자재(自在)로운 것도 아니니, 나(我)라고 할 것이 없는 무아(無我)이며, 나의 소유란 아예 없는 무소유(無所有)임을 관찰하도록 하여라."

"부처님이시여, 부처님께서 열반에 드신 후에, 저 난폭한 육군비구(六群比丘)들이 번번히 나쁜 짓을 저지르면, 그들을 어떻게 징계하고 대처해야 하옵니까?"

"그러한 사나운 무리들이 아무리 충고하여도 뉘우치지 않고 그 버릇을 고치지 않을 때에는, 그대들은 그네들과 절교하고 모든 일에 상대하지 않으면 종단에는 뉘우칠 것이니, 이른바 침묵으로 다스리는 묵빈대치(默擯對治)를 하도록 하여라."

"부처님이시여, 부처님께서 설법하신 교법을 모아서 정리하여야 하겠사온데, 그 경전 첫머리와 끝말에 무슨 말로써 적으오리까?"

"'이와 같이 내가 들었었다(如是我聞), 어느 때 부처님이 어느 곳에서 설법할 적에 모여든 대중들은 누구누구임'을 밝힐 것이며, 끝말에는 '여러 대중이 환희심으로 법문을 듣고, 믿고 받들어 수행할 것을 다짐하고 물러 갔느니라.'고 적도록 하여라."

이와 같이 부처님의 간곡하신 마지막 설법은 인간과 천상 등 모든 제자들의 흐느끼는 오열 속에서 진행되었습니다.

　부처님께서 열반에 드시는 이날 2월 15일, 숲 속의 보름달도 비창(悲愴)한 눈물에 어리고 엄숙하고 처량하게 슬픈 침묵이 흐르고 있었습니다.

　부처님께서는 차례대로 사선정(四禪定)을 거쳐 멸진정(滅盡定)에 드시어 영영 대반열반(大般涅槃:화신인 몸을 버리고 법신 부처님과 하나가 되는 것)에 들어가시고 말았습니다.

　이때 애끓는 슬픔을 참고 참았던 모든 제자들은 땅을 치고 하늘을 우러러 통곡하여 마지 않았습니다. 진여법성(眞如法性)의 바다, 해탈의 고향에서 화신(化身)을 나투신 석가모니 부처님! 그 님은 가셨습니다.

　그러나 가고 옴이 없고 생사가 없는 법신(法身)부처님은 어느 때 어느 곳에나 시간과 공간을 초월하여 영원히 살아있는 생명의 실상(實相)이며, 바로 우리 인간의 참다운 자아(自我)입니다.

　이제 사뭇 술렁거리는 위험한 현대를 사는 우리들이 부처님께서 마지막으로 타일러주신 사념처관(四念處觀)의 바른 인생관으로 우리들의 착잡한 현실을 통찰할 때, 역사적 사회에 전개되는 그 모든 것은 다 한결같이 무상하고 허무하여 나[我]라고 고집할 실체가 없고, 내 것[我所有]이라고 우겨댈 엉터리가 없습니다. 따라서 너와 나의 분별망상으로 꾸며낸 얼키고 설킨 주의 사상이나 이데올로기의 갈등이 싹틀 터무니가 없으며, 야당과 여당의 적대하고 질시하는 반목과 자본가와 노동자의 살벌한 시비가 생겨날 겨를이 없을 것이며, 낡고 젊은 세대간의 생흔(生釁)이 일어날 까닭이 없습니다.

　그러기에 우리들이 진정한 자아인 부처를 성취하고 고해에 헤매는 이웃들을 또한 부처님이 되게 하는 가장 공변되고 보편타당한 영원히 행복한 길, 그 길을 가는 일보다 더 급박하고 더 소중한 일은 있을 수가 없습니다. 정녕, 부처님이 되는 길이 아닌 그 어느 길도 오직 한 번 살다 가는 우리 생명을 낭비하고 불태울 만한 값어치는 없는 것입니다.

나무 마하반야바라밀!

1986년 8월 「금륜」 제4호

안심법문(安心法門)

 벌써 가을입니다. 북녘에서 자란 호마(胡馬)는 북풍이 불 때마다 고향을 그리워한다고 하였는데, 이제 선들바람이 가슴에 스며올 때 잊어버린 마음의 고향을 그리는 근원적인 향수(鄕愁)를 지울 수가 없습니다.
 일찍이 달마(Bodhi-Dharma:?~528)대사는 인도의 향지국 왕자였는데, 제27조(祖)인 반야다라(Prajnatara:?~457)존자를 스승으로하여 진리를 깨닫고, 바른 불법(佛法)을 중국에 펴기 위하여 천신만고 끝에 중국 광주 땅에 도착하였습니다.
 그때 중국불교는 경론(經論)의 교리에만 집착하고 정작 마음공부는 소홀히 하여 달마 대사를 알아보지 못하였습니다. 그래서 대사는 숭산 소림사 뒷산에 있는 석굴에 들어 앉아 걸식하러 나가는 외에는 밤낮을 가리지 않고 벽을 향하여 바위덩이처럼 깊은 선정(禪定)에 잠겼습니다. 이러구러 9년 세월동안 말 한마디 없는 벙어리로 일관하였습니다.
 이때 신광(神光)이라는 젊은 스님이 달마 대사의 위대함을 전해 듣고 눈보라를 무릅쓰고 소림석굴을 찾아왔습니다. 그래서 신광은 달마 대사의 등뒤 석굴 어귀에 꿇어앉아 휘몰아치는 눈보라 속에서 한 밤을 지새웠습니다.
 눈발이 무릎을 덮고 온 몸이 얼어붙어 사뭇 저려왔으나, 죽음을 각

오한 신광의 뜨거운 구도의 열기는 추호도 움직이지 않았습니다.

이렇듯 호젓한 침묵 가운데 하루 해가 지나자 그토록 목석마냥 앉아만 있었던 달마 대사는 넌지시 돌아앉아 신광을 굽어 보았습니다. 신광은 반색하여 큰절을 올리고 나서 "스승님, 이 어리석은 제자가 법을 구하고자 왔습니다. 불쌍히 여기시어 거두어 주옵소서."

달마 대사는 오랜 침묵을 깨뜨리고 "위없는 대도(大道)는 엷은 지혜나 가벼운 덕으로는 얻을 수 없는 것이니라." 이에 신광은 비장한 마음으로 허리춤에 차고 있던 칼을 빼어 단숨에 왼팔을 잘라서 달마 대사께 바치는 것이었습니다.

솟음치는 선혈(鮮血)로 하얀 눈은 붉게 물들고 이내, 상처에서 희뿌연 젖이 솟아나와 상처를 아물게 하였습니다. 이때 사납게 울부짖던 눈보라도 숨을 죽이고, 달마 대사의 엄숙한 표정에도 깊은 감동의 빛이 역력하였습니다. 그리하여 신광의 지극한 구도의 정성은 받아들여졌습니다.

그러나 신광의 마음은 좀체로 안정을 얻을 수가 없어서 스승앞에 나아가 "스승님, 저의 마음은 아직도 편안하지 않사옵니다. 자비를 베푸시어 제 마음을 다스려 주옵소서." "그러면 편안치 못한 그대 마음을 가져 오너라. 내가 편안케 하여 주리라." 그러자 신광의 마음은 당혹하여 어리둥절하였습니다. '본시 마음이란 형체가 없거니, 불안한 마음이나 흐뭇한 마음이나 간에, 마음이란 아예 형상화 시킬 수 없는 것이 아닌가.'

"스승님, 마음이란 모양이 없사옵기 드러내보일 수도 얻을 수도 없지 않사옵니까?" "그렇다, 마음이란 필경 더위잡을 자취가 없는 것이니라. 그것을 분명히 깨달았으면 그대 마음은 이미 편안해졌느니라."

이리하여 어두운 무명(無明)에 갇힌 신광의 불안한 마음은 활짝 열리고, 맑은 하늘같은 훤칠한 마음으로 정진을 거듭하여 마침내 대도를 성취하여 제2조(祖) 혜가(慧可:487~593) 대사가 되었습니다.

그 뒤에 혜가 대사의 회상(會上)에서 오랜 병마에 찌들어 몹시도 초췌한 젊은 수행자가 찾아와서 여쭙기를,

"스승님, 저는 죄업이 무거워서 불치의 풍병으로 여러 해를 앓는 몸입니다. 아무쪼록 불쌍히 여기시어 저의 죄업을 소멸하여 주시고, 가엾은 목숨을 구제하여 주옵소서."

"정작 그렇다면 그대의 죄업을 이리 내놔 보게, 내가 바로 소멸시켜 줄터이니."

이에 말문이 막힌 젊은이는 생각에 잠겼습니다. '마음이란 본래 허공과 같이 텅 빈 것, 이미 마음이 그 자취가 없거니 죄업인들 어디 흔적이나 있을 수 있겠는가!' 그래서 젊은이는 여쭙기를 "죄업을 아무리 찾으려 하여도 도무지 그 형상이 없사옵니다."

"진정, 그러하니라. 마음이란 본래 공(空)하여 형체가 없고 이름 붙일 수도 없는 것이니, 그대를 괴롭히는 죄업 또한 그 뿌리가 없느니라. 그대가 정녕 그러한 도리를 깨달았으면 이미 그대는 죄업을 참회하여 소멸해 버렸느니라."

이 말씀에 총명한 젊은이의 마음은 활연히 열렸습니다. 그래서 젊은이는 혜가 대사에게

"스승님, 저는 앞으로 스승님을 섬기려 하옵니다." "그대같은 풍병환자가 나를 따른들 무슨 소용이 있겠는가?" 젊은이는 말하기를 "몸은 비록 병이 있사오나, 제 마음은 스승님의 마음과 조금도 다르지 않사옵니다." 그래서 혜가 대사는 그를 대견하게 받아들이니, 젊은이는 차차 건강도 회복하고 더욱 정진에 노력하여 드디어 제3조 승찬(僧璨:?~606) 대사가 되었습니다.

몇 십년의 세월이 흘러 승찬 대사가 환공산(皖公山)에 머무를 때, 아직 13세의 영특한 사미(沙彌)동자가 찾아왔습니다. 그는 큰절을 하고 대뜸 여쭙는 말이, "스승님, 자비를 베푸시어 저에게 번뇌를 해탈하는 길을 일러 주옵소서."

승찬 대사는 기특하게 여긴 나머지 "누가 너를 속박하였기에 풀어달라고 하는 것이냐?" 동자는 불현듯 가슴이 막혀 잠시 생각에 잠겼습니다. '참으로 생각해 보니 스승님의 말씀대로 그 누가, 그 무엇이 내 마음을 구속했다는 말인가? 그저 마음 안에서 공연스레 일고 스러지는 번뇌망상이 아닌가? 마음 자체가 형상이 없고 가뭇 없으니, 대체 번뇌망상이 그 어디에 존재 할 수 있다는 말인가?'

"스승님, 아무 것도 제 마음을 속박하는 것이 없사옵니다."

"속박하는 것이 없다면 다시 무슨 해탈을 구할 필요가 있겠느냐?" 이 한마디에 갸륵한 동자는 문득, 본래 비어있는 허공같이 장애없는 마음자리를 훤히 깨달았습니다. 그리고 이 동자가 장차 대도를 성취하고 제4조 도신(道信:580~651) 대사가 되었습니다.

도신 대사는 출가하여 60여 년 동안이나 밤낮을 가리지 않고 정진하여, 아예 자리에 눕는 일이 없었습니다. 평소에 눈을 감은 듯 지냈으나 눈을 바로 뜨고 사람을 바라보면 그 위엄있는 촉기에 사람들이 움츠려졌다고 하는데, 그것은 깊은 삼매에서 우러나온 초인적인 도력(道力)인 것입니다.

이와 같이 부처님의 정통법맥(法脈)은 끊임없이 이어져 제5조 홍인(弘忍:602~675) 대사를 거쳐 제6조 혜능(慧能:638~713) 대사에 이르게 되었습니다. 그래서 달마 대사로 부터 혜능 대사까지는 오로지 순수하게 마음의 해탈만을 문제시 하였다고 하여 순선(純禪)시대라 하고, 그 무렵에 주로 제창(提唱)한 법문을 안심법문(安心法門)이라 하는 것입니다.

사실 마음이란 허공과 같이 광대무변하고 무장무애(無障無碍)하여 그 무엇에도 걸림이 없고, 아무런 자취도 없는 것인데, 그렇다고 다만 허무하게 비어만 있는 것이 아니라, 그 실상(實相)은 무한한 능력을 원만히 갖춘 생명의 광명으로서, 바로 불성(佛性) 곧 부처님인 것입니다.

그러기에 경전에 이르신 바, '마음이 바로 부처요, 부처가 곧 마음[心則是佛佛則是心]'입니다. 그리고 인간을 비롯한 일체 만유는 모두 한결같이 불성의 광명으로 이루어진 화신(化身)부처님이며, 우주의 실상은 바로 장엄 찬란한 연화장(蓮華藏)세계요, 극락세계인 것입니다.

그런데 어두운 번뇌에 가리운 중생들이 그러한 자기 근원을 모르고 만유의 실상을 보지 못하기 때문에, 잠시 인연따라 이루어진 전변무상(轉變無常)한 가상(假象)만을 집착하여 '너요, 나요, 내 것이요.' 하며 탐착하고 분노하고 아귀다툼하면서, 파멸의 구렁으로 달리게 되는 것입니다.

따라서 오늘날 온 누리에 넘실거리는 역사적 위기를 극복하는 가장 근원적이고 유일한 길은 이미 부처님과 정통조사(正統祖師)들이 순선(純禪)시대에서도 극명(克明)히 밝히신 바, 중생 차원에서 인식하는 일체 만법은 바로 그대로 비어있는 공(空)한 도리 곧, 제법공상(諸法空相)을 번연히 깨달아서 우선 불안한 마음을 여의고 안심입명(安心立命)을 확립해야 하는 것입니다.

 그리고 다만 공(空)만이 아닌, 그 공의 근본 성품인 부처님을 성취하기 위하여 공(空)의 도리에 걸맞는 '무아(無我)·무소유(無所有)'의 생활에 안간힘을 쓰고 최선을 다 하는 것만이 인류의 파멸을 면하고 진정한 자유와 평화를 약속하는 오직 하나의 청정한 백도(白道)인 것입니다.

 나무 마하반야바라밀!

1986년 10월 「금륜」 제6호

무량광불(無量光佛)

소슬한 금풍(金風)이 산란한 푸념을 필경 돌아가야 할 머나먼 고향으로 실어 보내는 천혜(天惠)의 계절입니다.

『관무량수경(觀無量壽經)』에 부처님께서 이르시기를 "법신(法身) 부처님은 법계(法界:온 누리)를 몸으로 하는 것이니, 일체 중생의 마음 가운데 들어 계시느니라." 하였듯이 우주만유가 그대로 부처님 자신의 몸이며, 나고 죽고 변천하는 일체 만상 또한 부처님 자신의 심심미묘한 활동 양상인 것입니다.

그러기에 모든 중생들은 자기자신이 우주의 실상인 부처님과 하나임을 깨닫지 못하는 인간의 근원적인 불안과 갈등은 영구히 해소할 길이 없는 것입니다.

그런데 우주의 목적의지(意志)를 불교의 표현으로는 부처님의 서원(誓願)이라 하는데, 이를 간추리면 사홍서원(四弘誓願:중생무변서원도 등)이라 하고, 보다 구체화하면 아미타불의 48서원이 되는 것입니다.

그리고 그 내용은 다 한결같이 모든 중생을 본래 자기 성품(自性)인 부처(부처님)가 되게 하는 광대무변한 원력(願力)으로 충만해 있습니다.

특히 그 제3서원에서 "온 세계 중생들의 몸이 모조리 진정한 금색광명이 되지 않는다면, 나는 차라리 부처가 되지 않으리라." 하였고

제11서원에서는 "온 세계 중생들이 필경에 부처가 되지 못한다면, 나는 차라리 부처가 되지 않으리라." 하였으며,

제12서원에서는 "내 광명이 무량무변하여 헤아릴 수 없는 모든 국토를 비출 수가 없다면, 나는 차라리 부처가 되지 않으리라." 하였고

제18서원에서는 "내 나라인 극락세계에 태어나고자 하여 환희심을 내어, 내 이름(아미타불이나 관세음보살)을 지성으로 다만 열번만 외우거나 불러도 그 소원을 이루지 못한다면, 나는 차라리 부처가 되지 않으리라." 하였습니다.

이와 비슷한 법문들이 여러 경전에 이루 헤아릴 수 없이 많습니다. 그런데 그 상징적인 의미를 풀이한다면 진실한 부처님 곧 법신부처님은 바로 우주 자체임을 설파하였으며, 그리고 그것은 온 누리에 충만한 부사의한 생명의 광명임을 역설하고 있습니다. 그러기에 우리 인간을 비롯한 일체 만유 또한 깨닫고 깨닫지 못하는 차이는 있을지라도 모두가 동일한 생명인 불성(佛性)의 광명으로 이루어진 화신(化身)부처님이 되는 것입니다.

현대물리학의 양자역학(量子力學)에서도 밝히고 있는 바 일체 존재를 구성하는 근본요소인 양자(陽子), 전자(電子), 중성자(中性子) 등의 소립자(素粒子)란 우주에 충만한 장(場)에너지(Energy of Field)인 광명의 파동[光波]으로 부터 인연 따라 이루어진 광명의 입자[光粒子]임을 증명하고 있으니, 일체 물질 현상은 그대로 광명의 형상화에 지나지 않는 것입니다.

일찍이 석가모니 부처님께서 보리수 아래에서 큰 깨달음을 성취하시

고 많은 사람들을 제도하시다가, 아버지인 정반왕의 간청으로 가비라성을 떠난지 12년 만에 귀성하게 되었습니다.

그때 부처님께서는 허공으로 솟아올라 자재롭게 거니시며 상서로운 광명을 발하시어 정반왕을 비롯한 모든 대중들을 환희에 넘치게 하셨습니다. 그리고 이내 좌정하시어, "일체 만법이란 인연따라 잠시 모였다가 인연이 다 하면 흩어지지 않을 수 없는 덧없고 허무한 것이니, 이를 집착하지 말고 오직 번뇌를 여의고 해탈을 구함이 인생의 정도(正道)라."는 해탈법문을 설(說)하시어, 모든 이에게 보리심(菩提心:위없는 진리를 깨닫고 만 중생을 제도하려는 마음)을 일으키게 하셨습니다.

이때 정반왕이 부처님을 향하여 "세존(부처님의 다른 이름)이 부처님이 되시어, 그 광명이 이렇듯 형언할 수 없이 장엄 하거니와, 부처님이 열반하신 뒤에 말세 중생들은 어떻게 부처님의 한량없는 광명을 알 수가 있으리요, 원컨대 세존께서는 나와 여러 중생들을 위하여 자세히 말씀하여 주소서."

그때 부처님께서 온 누리에 광명을 충만케 하는 삼매[遍色身三昧]에 드시니, 홀연히 부처님의 입으로 부터 청정미묘한 5색광명이 나와서 온 세계를 두루하고, 다시 부처님의 정수리로 거두어 들어 갔습니다.

그리고 가비라성의 넓은 정원에 난데없이 금빛 찬란한 커다란 연꽃이 솟아오르니, 그 꽃잎이 1천(千) 잎사귀며, 그 천 잎으로 부터 천갈래의 광명이 일어나고, 그 광명 가운데 천(千)분의 화신부처님이 나투시어, 각기 부처님은 천 분의 시자(侍者)와 함께 하고 계셨습니다.

이때 부처님께서 정반왕에게 여쭈시기를 "부처가 열반에 든 후에, 중생들이 애써 죄악을 멀리하고 생각을 오롯이 하여 한량없는 부처의 광명을 생각한다면, 부처가 생존해 있지 않더라도 부처를 보는 것이 될 것이며, 필경에는 반드시 위없는 진리를 깨닫게 될 것입니다." 라고 하셨습니다. 참으로 번뇌를 여읜 성자의 청정한 안목에는 유정무정 천차만별의 모든 존재들이 다 한결같이 청정미묘하고 영생 불멸하는 생명의 광명 아님이 없습니다.

그래서 『무량수경(無量壽經)』에도 부처님의 광명을 12광불(光佛)로 찬탄하셨는데 부처님의 광명이 영원히 멸하지 않는다 하여 무량수(無量壽)불이요, 그 광명이 온 누리에 충만하다고 하여 무량광(無量光)불이며, 그 무엇에도 걸리지 않는다 하여 무애광(無碍光)불, 우주만유가 오직 다만 생명의 광명뿐이기에 무대광(無對光)불, 훨훨 타오르는 불꽃같이 빛난다 하여 염왕광(燄王光)불, 미묘청정한 광명이니 청정광(淸淨光)불, 모든 지혜공덕이 원만히 갖추어 있어서 지혜광(智慧光)불, 끊임없이 언제나 빛나기에 부단광(不斷光)불, 이루 헤아릴 수 없는 부사의한 광명이니 난사광(難思光)불, 해와 달빛으로 비교할 수 없는 영롱한 광명이어서 초일월광(超日月光)불, 그래서 부처님의 광명은 바로 영원한 행복 자체이기에 환희광(歡喜光)불이라 찬탄하셨습니다.

이와 같이 우리 인간을 비롯하여 일체 생명의 실상(實相)인 불성(佛性:인격적으로는 부처님)은 모든 공덕을 갖추고 온 누리에 충만하여 영원히 멸하지 않는 청정미묘한 광명인 것입니다. 그러기에 그림자같고 메아리같이 허망한 현상세계에 집착하는 번뇌만 소멸하면 우리 스스로 생명의 본질인 광명 자체, 바로 부처님이 되어 광명세계 곧 극락세계의 영생의 복락(福樂)을 온전히 보고 느끼고 누리게 되는 것입니다. 그래서 물질과 정신, 유(有)와 무(無), 너와 나 등 일체 상대적 대립을 초극한 생명의 실상인 광명세계의 상념(想念)을 굳게 지니고 올바른 도덕적 생활을 기조로 하여 제각기 인연에 따라 주문을 외우든, 염불을 하든, 화두를 참구(參究)하든, 또한 명상이나 기도(祈禱)를 하든지 간에 모두가 다 한결같이 견성성불(見性成佛)의 지름길인 선(禪)이 되는 것입니다.

결국 참선 곧 선(禪, Dhyāna)이란, 우리 마음을 중도실상(中道實相)인 생명의 본질에 머물게 하여 산란하지 않게 하는 일상삼매(一相三昧)와 일행삼매(一行三昧)의 수행법(修行法)이기 때문입니다.

그런데 이러한 진실한 수행을 간단없이 지속할 때, 마치 흐린 물이 쉴새 없이 흘러가노라면 그 자정작용(自淨作用)에 의하여 저절로 맑아지듯, 어두운 번뇌의 그림자는 가뭇없이 스러지고, 날로 생명의 광명인 부처님과 가까워지며, 필경 부처님과 하나가 되는 생명의 근본목적을 달성하게 되는 것입니다.

이와 같이 일체 존재의 동일한 성품인 불성(佛性)을 자각하고, 그 불성에 입각한 보편적인 예지와 자비에 의해서만 비로소 유물(唯物)주의에 멍든 갈등과 분열의 역사적 위기는 극복되고 인류의 사무친 비원(悲願)인 진정한 자유와 평등과 영생의 행복을 얻을 수가 있을 것입니다.

나무 마하반야바라밀!

1986년 11월 「금륜」 제7호

마음의 세계

우리는 흔히 말하기를 너그럽고 밝아서 트인 마음을 하늘같이 넓은 마음이라 찬양하고, 옹졸하고 막막한 마음은 바늘귀만도 못한 마음이라고 꾸짖고 빈축하곤 합니다.

그런데 우리 인간이 느끼고 생각하고 판단하는 일체 인식작용이나 무의식 등 그 무엇이든 마음을 떠나서는 아예 이루어질 수가 없는 것입니다.

그러기에 『화엄경』에도 '일체 만법이 오직 마음뿐이요, 마음 밖에 따로 아무 것도 있을 수 없거니, 마음과 부처님과 중생의 이 세가지가 차이가 없느니라.(三界唯一心 心外無別法 心佛及衆生 是三無差別)'고 하였습니다.

이와 같이 비단 사람뿐 아니라, 일월성수(日月星宿)나 삼라만상 일체 존재가 마치 바람따라 물 위에 맺혀지는 거품과도 같이 마음 위에 이루어진 현상에 불과하기 때문에 경(經)에도 우주만유는 오직 마음으로 이루어졌다고 하여 '일체유심조(一切唯心造)'라 하는 것입니다.

다만 우리 중생이 무지와 무명(無明)에 가리어 일체 만유의 실상(實相)인 마음 곧 불성(佛性)을 깨닫지 못하고 그 현상인 상대적인 물질세계만이 실재(實在)한다고 집착하기 때문에 한량없는 번뇌망상을 일으켜, 현대와 같이 불안하고 혼란한 사회현상을 자아내게 되는 것입니다.

그런데 그러한 중생들이 생활하는 경계를 『법화경』에서는 그 번뇌의 정도에 따라서 십법계(十法界)로 구분하고 있습니다.

우선 번뇌와 업장이 가장 무거운 지옥세계로 부터 일반 동물인 축생세계, 매양 굶주리고 헤매는 귀신세계, 힘이 세고 싸움만을 일삼는 아수라(阿修羅)세계, 그리고 선악(善惡)이 거의 상반되고 사뭇 분별이 많은 우리 인간세계, 선량하고 안락한 천신(天神)들의 천상세계 등 아직 마음의 진리에 어두운 여섯 갈래[六道]의 범부세계와, 마음의 실상을 깨달은 성자(聖者)의 세계로서, 스승에 의지하여 깨달은 성문(聲聞)세계, 스스로 명상을 통하여 깨달은 연각(緣覺)세계, 자기 뿐 아니라 모든 중생을 깨닫게 하기 위하여 육바라밀(六波羅蜜:보시·지계·인욕·정진·선정·지혜)을 닦는 보살세계, 그리고 지혜와 자비 등 일체 공덕을 원만히 갖춘 바로 진여불성(眞如佛性) 자체인 부처님 세계들입니다.

그러나 이와 같은 구분은 우리 인간의 차원에서 분별한 방편적인 구분에 지나지 않으며, 마음의 본성인 불성(佛性) 곧 우리의 본래면목을 깨달은 성자의 청정한 안목에는 위에서 열거한 지옥에서 부터 부처님의 세계까지가 다 한결같이 미묘 청정한 불성으로 이루어진 불국토(佛國土) 아닌 데가 없습니다.

그것은 일체 물질의 근본요소인 전자(電子)나 양자(陽子)나 중성자(中性子) 등의 소립자(素粒子)로 부터 동물과 식물과 광물 그리고 하늘의 뭇 별들에 이르기까지 모두 한결같이 마음이라 하는 가장 순수한 생명에너지로 이루어져 있기 때문에 일체 존재의 근본에 통달한 대아(大我:

성자)의 경계에서는 천지 만물이 오직 마음뿐이요, 그 마음이 바로 부처님(진정한 의미의 하나님이기도 함)이기도 하는 것입니다.

『법화경』「비유품」에 이르기를 '어떤 가난한 사람이 부자인 친구집에 가서 술에 취하여 잠이 들었는데, 주인 친구는 요긴한 일이 생겨 외출하게 되자, 그는 친구의 옷 속에 보배를 매어주고 떠나게 되었다. 이윽고 잠을 깬 가난한 사람은 그 사실을 모르고 하릴없이 유랑하면서 간신히 세월을 보내다가 얼마 후에 우연히 옛 친구를 만나게 되어 그 말을 듣고, 그 보배의 덕택으로 단번에 빈궁한 신세를 벗어나 행복하게 되었다.'는 법문이 있습니다.

그런데 그것은 우리 인간이 무지와 번뇌에 사로잡혀 그지없이 헤매다가 다행히 성자의 가르침을 만나서 자기가 본래부터 갖추어 있는 불성을 깨닫고 애꿎은 인생고(苦)를 벗어나 영생의 안락을 얻게 되는 간곡한 비유담인 것입니다.

이와 같이 우리 인간의 본성은 완전 무결한 불성이기 때문에 우리들이 본래 성품인 불성을 등지고, 현상적인 물질만을 집착하여 탐내고 증오하는 생활을 되풀이하는 한, 마치 그리이스 신화에 나오는 사뭇 허기진 탄탈로스(Tantalos)의 사무친 기갈과도 같이 인간존재의 처참한 고난의 형벌은 영구히 가실 수가 없는 것입니다.

따라서 오늘날 우리 인류사회가 당면한 인과응보(因果應報)의 고질적인 병폐와 역사적 위기를 극복하는 오직 하나의 확실한 대도(大道)는 일찍이 수많은 성자들이 밝히신 바, 우주와 인생의 근본 생명인 불성 곧 부처님을 굳게 믿고, 스스로 부처님이 되기 위하여 마음에 순간 찰나도 부처님을 여의지 않으면서 공변된 도덕적 생활에 최선을 다 하는데 있는 것입니다.

  그러한 영원히 행복한 길, 그 길을 위하여 무수한 성자들과 순교자들이 난행고행(難行苦行)을 거듭하고 생명을 바쳐서 개척한 영생불멸의 고향으로 통하는 광명의 길, 유물주의(唯物主義)의 탁류에 허덕이는 현대인들이 살아 남을 오직 한 줄기 이 구원의 길을 우리들이 마다할 아무런 이유도 없는 것입니다.

  나무 마하반야바라밀!

1987년 강천회보

금륜(金輪)의 첫걸음

비록 몽매에 사무친 그리운 귀향의 길이라 할지라도 고달픈 나그네에게는 가파른 산넘어 아득한 마을일 것이며, 번뇌의 해탈과 영생의 행복을 지향하는 위없는 정도(正道)일지라도 삼독심(탐욕·분노·어리석음)에 얽매인 중생들에게는 천리만리 머나먼 꿈나라에 지나지 않을 것입니다.

그러나 석가모니 부처님을 비롯하여 인생과 우주의 실상(實相)을 여실히 깨닫고 참다운 자아(自我)를 성취한 거룩한 성자들에게는 마치 닿기만 하면 황금빛으로 변한다는 그리이스 신화에 나오는 헤르메스(Hermes)의 지팡이와도 같이, 영원히 행복한 금빛 찬란 극락의 정토(淨土)아닌 데가 없습니다.

사실 우리 인간은 본질적으로는 바로 행복 자체인 부처님이며, 우리가 살고 있는 사바세계가 그대로 극락세계인데, 인생의 모든 불행과 갈등은 참다운 진리를 깨닫지 못한 어리석은 중생들의 자업자득이 아닐 수 없습니다.

똑같은 하나의 사건도 역사적 사회적으로 그 처지와 경우가 다른 사람들에게는 각기 동일한 견해일 수는 없으며, 또한 차원을 달리하여 일체 욕망을 초월한 색계(色界)중생이나 의식만이 존재한 무색계(無色

界)중생들의 견해 또한 저마다 지은바 행업(行業)에 따라서 천차만별이기 때문에 중생들의 상호불신과 갈등과 불행은 필연적인 인과응보의 죄과(罪果)인 것입니다. 그러기에 우리 중생의 참 생명이요 근본 고향인 부처님이 되지 못하는 한, 하염없는 인생의 불안과 짖궂은 생사윤회(生死輪廻)의 멍에는 영구히 벗어날 기약이 없습니다.

그래서 석가모니 부처님은 과거 전생에 살타왕자로 태어났을 적에는 부처님 되기를 서원하여 굶주린 범에게 한 생각의 회한도 없이 자기 몸을 보시하였으며, 또는 설산동자로서 히말라야 산중에서 수행(修行)할 때에는 추호의 주저함이 없이 악마에게 몸을 던졌고, 또한 헤매는 중생을 연민하는 마음이 사무쳐 눈물이 마를 날이 없다는 상제(常啼)보살이었을 적에는 해탈의 지혜인 반야(般若)를 얻기 위하여 혼연히 뼈를 부수어 골수를 꺼내서 팔기까지 하였습니다.

이렇듯 갖은 난행고행(難行苦行)의 시련 끝에 깨달은 부처님의 가르침인 불법(佛法)은 심심미묘하여 이루 헤아릴 수 없으나 이를 요약하면 바로 육바라밀(六波羅蜜)로서 곧, 마음에 집착없이 베푸는 보시(布施)와, 행동과 언어를 바르게 하는 계율을 지니는 지계(持戒)와, 마음에 거스릴 때 강인하게 참고 견디는 인욕(忍辱)과, 모든 선행(善行)을 한사코 끊임없이 닦아나가는 정진(精進)과, 애써 들뜬 마음을 거두어 근본 마음자리인 청정한 불심(佛心)에 고요히 잠기는 선정(禪定)과, 우주만유의 실상은 일체 지혜공덕을 원만히 갖춘 바로 부처님이라는 생각을 여의지 않는 지혜(智慧) 등 위없는 최상의 진리입니다.

그런데 이 육바라밀을 더욱 간략하게 표현하면, 몸과 입으로는 올바른 계율을 지키며, 다만 순간 찰나도 생명의 실상인 부처님을 여의지 않는 가르침으로서 참으로 영원한 행복에 이르는 성불(成佛)의 지름길이 아닐 수 없습니다.

이러한 부처님의 교법이 구르고 굴러 모든 삿된 견해를 모조리 무너뜨리므로 법륜(法輪)이라 하며, 바로 진리 자체이기에 진여(眞如)라 하고, 일체 번뇌를 소멸한 영생의 고향이므로 열반(涅槃)이며, 인생과 우주의 본래면목이기에 주인공(主人公)이요, 모든 불안과 갈등이 없는 영생 안온한 이상향이기에 극락(極樂)이며, 헤아릴 수 없는 모든 지혜 공덕을 원만히 갖추고도 오히려 영겁토록 파괴되지 않는 영생불멸의 실체이기 때문에 금강륜(金剛輪) 곧 금륜(金輪)이라 합니다.

이제 우리 인류의 오랜 역사적 시련을 극복하고 진정한 자아인 부처님이 되고, 최선의 이상향인 극락세계를 이룩할 시절과 인연이 성숙하였습니다. 그래서 삼천년만에 오직 한 번 피어오르는 찬란한 우담발라화 꽃과도 같이 우리 금륜회보(會報)가 바야흐로 어기센 첫 걸음을 내닫기 시작하였습니다.

우리 고해(苦海)중생을 태우고 필경 돌아가야 할 성불의 고향으로 인도하는 세찬 금륜의 수레바퀴는 오직 아집(我執)과 법집(法執)을 여읜 육바라밀의 순수한 기름에 의하여서만, 장엄한 금바라화(金波羅華)꽃이 만발한 해탈의 가향(家鄕)에 도달할 수가 있습니다.

나무 마하반야바라밀!

1986년 5월 「금륜」 창간호

금륜도(金輪圖) 해설

천상천하 온 누리에서 가장 귀중한 보배는 부처님[佛]과 불법(佛法)과 불제자[僧] 곧 불법승 삼보(三寶)입니다. 그리고 삼보의 구체적인 체성이 바로 금강륜(金剛輪) 곧 금륜(金輪)입니다.

따라서 금륜은 일체 만유의 근본 바탕이 되는 단단한 기운인 지(地:□)와 물 기운인 수(水:○)와 불 기운인 화(火:△)와 움직이는 기운인 풍(風:◡)과 장애없는 기운인 공(空:◌)등 5대(大) 곧 5륜(輪)의 본질로서 정신과 물질이 원융하게 융합된 형이상학적인 존재 자체이며, 물리적으로 표현하면 가장 순수한 에너지(Energy)입니다.

그래서 경(經)에는 천하를 다스리는 전륜성왕(轉輪聖王)이 등장할 때는 먼저 이 금륜을 감득하고 금륜을 굴려서 4천하를 다스린다고 상징적으로 표현하였으며, 범부 중생이 모든 번뇌를 소멸하고 금강삼매(金剛三昧)에 들게되면 금강륜을 현전에 보고 증험하여 범부를 여의고 성자가 된다고 하였습니다.

따라서 금륜은 과거 현재 미래를 통하여 영원히 소멸되지 않고 온 누리에 털끝만한 빈틈도 없이 두루 존재한 우주의 실상이니, 일체 만유는 바로 금륜으로 이루어진 찬란한 광명세계입니다.

비록 우주가 생성하여 생물이 발생하고 또한 파괴되어 드디어는 허무가 되어버리는, 이른바 성주괴공(成住壞空) 4겁(劫)을 되풀이하고, 일체 존재가 생주이멸(生住異滅)과 생로병사(生老病死)를 영겁이 거듭한다 할지라도 근본 바탕인 금륜은 호리도 변함이 없는 영원한 실체입니다.

이러한 금륜의 상징이 바로 금륜도(金輪圖)인데, 이는 지대(地大)의 (□)·수대(水大)의 (○)·화대(火大)의 (△)·풍대(風大)의 (◐)·공대(空大)의 (◯) 등의 5대(大) 곧 5륜(輪)을 종합한 도식으로서, 우리의 근본 자성인 불심(佛心)을 상징하는 의미에서 불심인(佛心印)이요, 또한 부처님의 일체 지혜 공덕인 5지(智)를 관찰하여 자신이 바로 5지여래(智如來)되는 5지 총관도(總觀圖) 또는 5륜관도(輪觀圖)라고도 하며, 일체 만덕을 갖춘 卍(만)자를 비롯하여 우리 한글이나 동서 모든 문자의 근본 골격이 되므로 자륜(字輪)이라고도 합니다.

그래서 밀교(密敎) 계통의 절에서는 대일여래(大日如來) 곧 법신(法身) 부처님의 상징으로 5륜탑(輪塔)을 조성하여 숭앙하기도 합니다.

광주 금륜회관 개관 축하법어

 오늘 금륜회관의 개관경찬(慶讚)법회는 싸늘한 초겨울날씨와 착잡한 사회생활 속에서 피곤한 우리 사부대중의 스산한 마음을 훈훈하게 어루만져 주고 있습니다.

 여러모로 어려운 여건 속에서 이러한 축복된 개관 법회를 봉행하게 된 것은 오로지 존경하는 금륜회 법우 여러분들의 지극하신 신심과 투철하신 보살행의 결정으로서 산승이 외람되이 출가사문을 대표하여 충심으로 수희(隨喜) 찬탄과 존경과 치하의 합장을 드리는 바입니다.

 아직 불연(佛緣)이 성숙하지 못하여 광주직할시에 불교회관 하나도 없음을 못내 섭섭하게 생각하였는데 이제 순수한 재가불자님들의 발보리심의 정화(精華)로써 여법한 금륜법당이 이루어지게 된 것을 거듭 경하 축복하여 마지않습니다.

 오늘날 어느 계층이나 유무식을 불문하고 갈등과 혼란을 거듭하는 현대사회의 위기현상에 대하여 심각한 불안과 우려를 느끼지 않을 수가 없습니다. 그리고 더욱 답답하고 우울한 것은 이러한 위기를 극복하고 인간의 고질적 병폐인 탐욕과 분노를 정화하는 명쾌한 해답을 내리지 못하고, 갈수록 파멸의 낭떠러지로 치닫고 있으니 참으로 통탄할 일이 아닐 수 없습니다.

그런데 우리 개인이나 가정이나 국가 사회를 막론하고 모든 혼란과 불행의 근원은 바른 인생관과 가치관의 상실에서 오는 것임은 췌언(贅言)할 필요도 없는 엄연한 사실입니다.

그러기에 현대와 같이 각종의 이데올로기가 얼키고 설켜서 그 매듭을 풀 수가 없고 가장 정당하고 평화로와야 할 종교마저도 수많은 교파와 종파 또는 문파 등으로 난립하여 자기들의 교리와 주장만이 최상 유일이라고 우겨대는 다종교의 혼란상을 자아내고 있습니다.

그런데 이러한 불행한 현상을 극복하는 오직 하나의 길은 우리 불교와 같이 일체 만유의 근본 실상을 확연히 밝히고, 참다운 자기를 발견하고 영원한 이상세계인 불국정토를 이룩하는 가르침이 아니고서는 아예 찾아볼 길이 없는 것입니다.

그러나 비록 불교라 할지라도 편협하게 어느 종파나 문중 등에 집착하여 원융무애한 중도사상인 정통불법을 외면하고서는 소용돌이치는 현대사회의 혼탁한 물결을 맑힐 수는 없습니다.

부처님께서 소상히 밝히신 바, 우주의 일체 만유는 바로 진리자체인 진여불성이 스스로의 인연 따라 생성하고, 또한 인연 따라 소멸하는 이른바 연기법의 영원한 일대행상(一大行相)이 아닐 수 없습니다.

이러한 불교의 연기법의 도리는 가장 근원적이고 철저하게 인과의 도리를 밝힌 진정한 과학이며, 물질과 정신의 근본실상과 그 존엄성을 여실하게 도파(道破)한 가장 궁극적이고 보편적인 철학이며, 영원한 행복을 원만하게 성취하는 진정한 종교가 되는 것입니다.

이렇듯 불교는 종교인 동시에 철학이요 과학이기 때문에 유사이래

동서양의 모든 문화현상은 필경, 인과필연으로 바로 진리자체인 불교로 회귀하여 돌아오지 않을 수 없는 것입니다. 여기에 우리 불교인의 자랑과 환희와 피할 수 없는 무거운 역사적 사명이 있습니다.

그러기 때문에 오늘 우리 불교가 서야 할 좌표는 이미 부처님께서 밝히시고 역대 성현들이 극명히 천명하신 바, 원통무애한 정통불법이 아니면 안되는 것입니다.

그래서 우리 불교의 구제대상은 어느 특정 계층만이 아닌 모든 국민이며 세계 모든 민족이며 유정무정의 일체 중생인 것입니다.

또한 현대인이 사뭇 절규하여 마지않는 정치적 자유와 경제적 평등도 불교의 근본진리이자 바로 우주의 대법칙이기도 한 연기법에 입각하여 그에 따른 '무아(無我)·무소유(無所有)'의 보살행의 실천에 의해서만 이루어질 수가 있는 것입니다.

그런데 이러한 근원적인 통찰과 의식의 개혁이 없이 다만 피상적으로 현실사회의 구조적인 모순만을 제거하려고 안간힘을 쓰는 한, 우리 인간은 혼란과 분열의 수렁에서 영구히 헤어날 기약은 없을 것입니다.

혼탁한 탁류를 맑히려면 먼저 그 근원을 다스려야 하듯이 우리들이 가장 보편적이고 궁극적인 불교인생관을 확립하고 그에 따른 도덕적 실천에 노력한다면, 인류사회의 모든 병폐와 불행은 그 자취를 감추고 마치 먼동이 터올 때 어둠이 사라지듯 진정한 자유와 평등의 복지사회의 여명이 찬연히 밝아오게 될 것입니다.

존경하는 금륜회 법우 여러분! 그리고 동참하신 사부대중 여러분!

영생불멸하는 진여불성인 금강륜 곧 금륜이란 영겁을 통하여 무시무종(無始無終)으로 구르고 굴러서 파사현정하는 진리의 수레바퀴 곧, 삼세 모든 부처님의 법륜인 것입니다.

여러 법우들께서는 금륜회의 명의(名義) 그대로 금강불괴의 평등대비를 견지하시고, 인생고해에 시달리는 모든 중생의 자유와 평등과 상호간의 관용과 타협과 영생의 복락을 위하여 순교적인 선구자가 되실 것을 확신하는 바입니다.

그리고 오늘의 이 축복된 금륜회의 개관법회는 바로 광주의 우람하고 장엄한 불교회관의 창립으로 직결될 것을 확신하고 축도하는 바입니다.

그래서 문자 그대로 빛나는 고을, 우리 광주가 자비와 지혜 광명을 온 누리에 홍포(弘布)하는 거룩한 진리의 도읍이 될 것을 합장기원하며 산승의 축사를 가름합니다.

나무 본사석가모니불!

나무 마하반야바라밀!

1986년 12월 10일 광주금륜회관 개관법회에 보내신 축하 법어임

2편
법문의 말씀(法語)

이 법어는 1984년 안성 칠장사에서 성도재일(成道齋日) 용맹정진기간에 하신 소참 법문입니다

1. 참선(參禪)의 바른 길

본원(本願)의 정립(定立)

부처님의 계율 중에서 불성(佛性)에 알맞는 계율, 이것이 불성계(佛性戒)입니다.

보통 계율은 그냥 '이것은 하지 말라. 저것은 해라.' 하는 간단한 것인데 불성계는 불성(佛性:부처님의 성품) 따라서 그대로 지키는 계율입니다. 따라서 보살계는 불성계에 해당합니다.

보살계 가운데는 적극적인 계율과 소극적인 계율이 있습니다. '무엇 무엇을 하지 말라.'는 계율은 소극적인 계율이고, '무엇을 해야 한다.'는 계율은 적극적인 계율입니다. 그런데 이러한 적극적인 계율을 불교술어로 작지계(作持戒)라 하고 '무엇 무엇을 하지 말라.' 하는 소극적인 계는 지지계(止持戒)라 합니다. 이러한 계율 가운데서 작지계 중의 하나가 '법사(法師)를 만나면 반드시 법문을 청하라.'는 것입니다. 법사를 만나면 반드시 법문을 청해서 법문을 들어야만 계율에 해당한다는 것입니다. 만일 법사를 만나고도 법문을 청하지 않으면 계율을 파계하는 것이 됩니다.

그리고 법사한테 법문을 청할 때는 반드시 같은 자리에 앉지 말고,

이와 같이 높은 자리를 마련해 놓고서 법문을 청하라는 것입니다. 그것은 법사가 소중한 것 보다도 부처님 법이 그만치 소중하고 부처님 법을 대변해서 말을 하는 사람이므로 법을 존중하는 의미에서 반드시 높은 자리를 마련해 가지고서 법문을 청하라는 것입니다.

따라서 산승(山僧)도 무슨 법문을 잘하는 것도 아니고 높은 것도 아니고 다만 부처님 법(法) 따라서 부처님 법을 말하기 위해서 이와 같이 높은 자리에 앉아 있는 것입니다.

우리들은 각기 자기 소원이 있습니다. 작든 크든 소원이 있는 것인데 이러한 우리 소원 가운데서 가장 큰 소원, 모든 소원을 다 합한 소원을 '본원(本願)'이라 합니다.

지금은 별로 없습니다만 왜정 때 보면 서울에는 본원사(本願寺)라 하는 절이 여러 군데가 있었고, 지방의 작은 도시에도 역시 본원사라는 절이 있었습니다. 이러한 절 이름은 부처님의 본원을 주로 내세운다는 뜻입니다.

우리는 모두가 다 성불(成佛)하고자 합니다. 그런데 우리 원이 크지 않으면 성불의 대도(大道)까지 잘 못 들어갑니다.

『법화경(法華經)』에 보면 우리 행위 가운데서 '서원안락행(誓願安樂行)이라' 서원은 '우리가 맹서하고 무엇 무엇을 하겠다.' 하는 것이 서원 아니겠습니까. 서원을 세우면 그냥 우리 마음이나 몸이나 안락스럽다는 말입니다.

우리는 공부할 때에 조금 피로하면 '아, 이거 참 내가 너무 무리했구나.' 조금 고생스러우면 '고생스럽구나.' 이렇게 말을 합니다. 그러나 서원이 크면 그런 고생은 안중에도 없습니다. '기어코 내가 성불해야 하겠다.' 또는 '많은 중생을 제도해야 하겠다.' 이러한 큰 서원을 품으면 조그만 고생이나 그런 것이 안중에 없는 것입니다.

따라서 우리가 마땅히 성불해야 하는 것인데 또한 기왕이면 고행을 떠나서 안락스럽게 해야 할 것인데 어떻게 하면 안락스럽게 할 것인가 하는 법문 가운데서 가장 먼저 해야 할 것이 '서원안락행'이라는 법문입니다. 위대한 서원을 세우면 그때는 안락스럽다는 말입니다. 그런데 그러한 모든 서원 가운데서 제일 큰 서원이 아까 말씀마따나 본원(本願)입니다.

그러면 어떤 것이 본원인가?

부처님의 본원(本願) 곧, 부처님은 대체로 어떤 분이고 부처님은 어떠한 목적 의식이 있는 것인가?

본원을 『약사경(藥師經)』에 보면 12대원(十二大願)이라, 열두가지 큰 원으로 본원을 풀이했습니다. 또 『대무량수경(大無量壽經)』에 보면 48원(四十八願)이라, 마흔여덟 가지로 본원을 대변했습니다. 또 온통 몰아서 『심지관경(心地觀經)』에는 사홍서원(四弘誓願)이라, 네 가지 큰 서원으로 말씀했습니다.

그러니까 가장 간추리면 '사홍서원'이 되는 것입니다. 우리가 다 아는 바와 같이 중생무변서원도(衆生無邊誓願度)라, 중생이 끝도 갓도 없으나 한사코 다 제도하고, 번뇌무진서원단(煩惱無盡誓願斷)이라, 한도 끝도 없는 번뇌를 맹세코 다 끊고, 법문무량서원학(法門無量誓願學)이라, 위없고 한량없는 법문을 기필코 다 배우고, 불도무상서원성(佛道無上

誓願成)이라, 더 이상 위없는 무상불도(無上佛道)를 필경에 이루리라는 것이 부처님의 가장 간추린 근본서원입니다. 이러한 본원을 우리가 확실히 믿어야만 부처님의 우주를 섭리하는 그런 목적의식을 알 수가 있다는 말입니다.

어떤 사람들은 '기독교는 하나님의 섭리를 말한다. 그러니까 불교와는 맞지 않다.' 이렇게 섣불리 말합니다. 그러나 그렇게 말할 필요는 없습니다. 다만 기독교 쪽은 우리 불교보다 조금 더 인격적으로 풀이했다는 점만 차이가 있을 뿐이지 내나야 우주의 근본서원, 우주의 근본 목적의식을 표현한 점은 거의 비슷비슷합니다.

우주는 하나의 생명체인데 생명체가 어떠한 목적의식이 있는가? 그러한 목적 의식은 아까 말씀한대로 본원인데, 마흔여덟 가지 서원 또는 열두 가지 서원 또는 네 가지 큰 서원, 이런 것을 다 몰아서 한 말로 풀이하면 '무상불도를 성취하고 무량중생을 제도한다.'는 것입니다. 이것이 우주의 목적의식입니다.

우리는 지금 참선(參禪)하고자 하는 목적 의식을 가지고 이 자리에 모였습니다. 참선은 이러한 무상불도를 성취하는 즉, 우주의 목적 의식이자 우리 중생의 가장 높은 서원, 제일 거룩한 원을 성취하고자 하는 가장 가까운 길이요 가장 확실한 길인 것입니다.

요즘 신문쪽지를 보면, 참선은 비단 불교인 뿐만 아니라 천주교에서도 하나의 명상법(瞑想法)이라고 해서 가르치고 있다고 합니다. 또한 우리 불교에서 참선에 유능한 분들을 초빙해서 참선법을 묻기도 한다고 합니다. 이런 정도로 인류문화의 최고봉으로, 인류의 수행방법으로는 가장 수승(殊勝)한 법으로 지금 각광(脚光)을 받고 있는 것이 참선법입니다.

행법(行法)의 간택(簡擇)

대체로 참선(參禪)은 어떻게 해야 하는가? 역시 본원(本願) 즉, 근본서원이 앞서야 합니다.

참선에 대해서 상당히 연구한 분도 정작 공부할 때는 참선법에 대해서 혼동을 느낍니다. 또, 세간이나 또는 여러 종파에서 수행하는 법에 관해서 하도 말씀들이 많고 정보가 많으니까 혼미를 느껴서 갈팡질팡합니다. 이러한 가운데서 오늘 모이신 분들은 혼미하지 않고서 그 본체를 드러내는 우주의 목적 의식 즉, 부처님의 본뜻과 우리가 계합(契合)하는 법을 먼저 마음에 간직하셔야 합니다.

그것이 실상관(實相觀)입니다.

보통은 참선하는 법으로 위대한 법사가 어떠한 문제를 제시하면 그 법문을 가지고서 계속 의심을 합니다. 이번에 조선일보에 효봉대선사의 열반상이 나왔습니다만 거기에 보면, 효봉선사께서는 돌아가실 때까지 임종 순간 숨을 거둘 때까지 '무(無), 무(無), 무(無)'라고 하셨다 합니다. 그러니까 이것은 조주무자(趙州無字)라 하는 즉 '무(無)'라는 화두(話頭)를 의심을 하신 것이지요. 이러한 방법도 훌륭한 방법입니다. 또한 이러한 방법으로 해서 위대한 도인들이 많이 배출되셨습니다.

그러나 참선하는 방법은 이러한 것만이 전부는 아닙니다. 『반야심경(般若心經)』이나 또는 『금강경(金剛經)』에서 말씀한 오온개공관(五蘊皆空觀)이라, '우리 몸이나 마음이나 또는 일체 중생이 모두가 다 바로 보면 본래로 텅 비었다.'고 관찰하는 법도 있습니다.

불교를 믿는 분 가운데는 『금강경』을 하루에 몇 번씩 외우는 분도 있습니다. 그와 같이 하시는 분들은 주로 공관(空觀) 즉, 천지우주가 바로 보면 텅 비었다 하는 제법개공관(諸法皆空觀)이라, 제법이 다 비었다고 관찰하는 법을 취해서 공부하는 것입니다. 이것도 역시 좋은 방법입니다. 그러나 또한 이것만이 최상의 길은 아닙니다.

또 어떤 법은 부처님을 흠모하고 불성(佛性)을 참구(參究)할 때에 '저 서산에 지는 해를 봐라.' 합니다. 불교말로 하면 일상관(日想觀)이지요. 이런 법도 역시 부처님께서 제시하신 좋은 관찰방법입니다.

우리 본래 자성(自性)이 우리 본래 생명이 바로 불성(佛性)이거니, 뉘엿뉘엿 서산에 지는 장엄스러운 태양을 바라보며, 바라고 애쓰고 거기에다 마음을 딱 모으고 닦아나가면 원래 마음이 부처거니 차근차근 산란스러운 마음은 사라지고 불성으로 가까워진다는 것입니다.

또 어떤 법문은 '극락세계의 땅을 봐라.'고도 합니다. 우리가 생각할 때에 어째서 하필이면 땅을 보라고 했는가 하지만 이것은 보통 우리 눈으로 보는 이런 땅이 아니라, 광명이 빛나고 투명 찬란한 극락세계의 땅입니다. 이것을 또 애쓰고 봐나가면 우리 번뇌가 차근차근 녹아져서 정작 찬란스러운 우주와 광명으로 빛나는 극락세계를 본다는 것입니다. 이러한 것도 역시 우리가 공부하는 한 방법입니다.

또는 어떠한 문제를 의심하는 즉, '무(無)'라 하는 화두를 의심하는 공부 또는 '판때기 이빨에 털 나온다.'는 판치생모(板齒生毛)라는 화두를 의심하는 공부와 같은 그런 문제의식 공부도 굉장히 길이 많고 여러 갈래가 있습니다. 허나 이런 법 모두가 다 성불(成佛)하는 법입니다.

그런데 우리는 지금 현대화하는 지극히 어려운 때에 살고 있습니다. 이런 때에는 무슨 문제를 분석적으로 국부적으로 하나만 취하면, 반드시 반정립(反定立)으로 우리한테 어떤 부정적인 것이 오는 것입니다. 따라서 현대는 일체 문화를 종합하는 시대의 추세이기에 수행법도 그런 방식으로 취해야 하는 것입니다.

조금 어려운 말씀입니다만 이런 것은 앞으로 두고 두고 알아두어야 할 문제이기 때문에 제가 굳이 말씀을 드리는 것입니다. 현대란 사회는 그냥 그렁 저렁 공부할 때가 아닙니다. 굉장히 복잡한 학문도 여러 가지로 많이 있고 또 지식의 범람 가운데 있어서 이런 시대에는 가장 합리적이고 보편적인 행법(行法)을 취해야 한다는 말입니다.

'공(空)만 보는 것이 옳다.' 또는 '화두만 의심하는 것이 옳다.' 해서 어떤 특정적인 것으로만 고집하는 방식으로 해서는 잘 안 통합니다. 지금 천주교 신부들이 초빙해간 우리 스님네들이 참선법을 어떻게 지도하는가 저는 잘 모르겠습니다만, 만일 어떠한 특정적인 하나의 방법만 고집스럽게 지도한다고 하면 문제가 큽니다. 참선의 본질과는 십만팔천리나 어긋나고 만 것이기 때문입니다.

실상관(實相觀)

그러니까 지금 여기 남아서 공부하실 분이나 집에 돌아가셔서 앞으로 참선에 대해서 관심을 두고 공부하실 분이나 염두에 두실 문제가 무엇인가 하면 바로 실상관(實相觀)입니다. 곧 우주의 전모(全貌)를 그냥 한꺼번에 관찰하는 법입니다.

물론 우리는 지금 범부(凡夫)의 영역에 있으므로 불성(佛性)을 못 봅니다. 부처님의 참다운 생명도 못 보고 부처님의 지혜도 우리는 모릅니다. 또한 부처님의 지혜란 것은 말이나 문자로 표현도 못하고 생각으로 헤아리지도 못합니다. 따라서 어느 개념이나 어떤 말 몇 마디로 부처님의 실상(實相)을 한꺼번에 몰록 다 말할 수는 없습니다.

진리라는 것은 다른 말로 하면 진여(眞如) 또는 도(道)·열반(涅槃)·극락(極樂)·법성(法性) 또는 불성(佛性)·실상(實相)·실재(實在)·자성(自性)·청정심(淸淨心) 등 모두가 다 표현만 다르지 내용이나 뜻은 똑같습니다. 그때 그때 부처님께서 중생의 근기 따라서 또는 각 경전 따라서 표현만 달리했을 뿐입니다.

이러한 진여는 즉, 말이나 또는 문자로 표현하지 못하는 진리의 당체(當體), 진리 그 자리는 이언진여(離言眞如)라, 말씀을 여읜 진여라는 말입니다. 말씀을 떠나버린 진여, 진리 자체를 우리 범부들은 못 봅니다. 마치 물질을 분석해 나가서 궁극에 텅 빈 장(場)이 되어버리면 그때는 어떤 소립자(素粒子)도 없이 텅 비어서 어떠한 전자현미경으로도 못 봅니다.

그러나 도인들은 텅 비어버린 그 자리를 분명히 본다는 것입니다. 그런데 말로는 다 표현을 못 합니다. 그러한 말로 표현하지 못하는 그 자리는 부처님 말씀에도 '아라한도(阿羅漢道)를 성취한 아라한도는 번뇌가 다한 성자의 높은 자리 아닙니까. 그러한 성자가 몇 천만년을 두고 부처님 공덕을 말해도 다 말할 수 없다.'고 하셨습니다. 그와 같이 개념적으로는 표현을 못합니다. 따라서 진리당체 자리는 이언진여(離言眞如)라, 말씀을 떠난 진여라는 말입니다.

그러나 그런 자리도 역시 부처님의 심심미묘(深甚微妙)한 지혜로써 밝혀놓은 의언진여(依言眞如)라, 말씀에 의지한 진여라는 말입니다. 부처님께서나 도인들은 중생이 불쌍하니까 비록 말씀을 가지고서 말로는 다 표현 못하지만 그래도 부처님의 심심미묘한 지혜로서 가장 간명하게 진여의 실상(實相)을 말씀하셨습니다. 그것이 소위 말하는 실상관(實相觀)입니다.

실상(實相)을 간단히 표현한 것이 어떤 것인가 하면 천태지의(天台智顗:538~597) 선사(禪師)의 식으로 표현한다면 '공(空)·가(假)·중(中) 삼제(三諦)'라 합니다. 불교철학 가운데서 제일 체계가 잘 선 것이 천태지의 선사의 천태학입니다. 말이 너무나도 전문적으로 들어갑니다만 거기에 보면 우리가 수행하는 법 가운데서 가장 높은 법이 마하지관(摩訶止觀)인데 그 법이 어떤 것인가 하면 부처님의 실상, 우리 마음 실상을 바로 관찰하는 법으로 공(空)·가(假)·중(中) 삼제(三諦)입니다.

'공(空)'이 무엇인가 하면, 바로 보면 우주는 텅 비어있다는 말입니다. 아까 말씀대로 참구하거나 분석해 보면 아무 것도 없다는 것입니다.

그러나 다만 비어있지 않고 빈 가운데는 현상적으로는 묘유(妙有)로 충만해 있다는 것입니다. 그 자리가 거짓 가(假) 자 '가(假)'입니다.

또한 그러한 공(空)만도 아니고 또한 가(假)만도 아닌 것이기 때문에 '중도(中道)'라는 것입니다.

다른 말로 하면 변증법(辨證法)인 셈이지요. 공(空)도 아니고, 또는 가(假)도 아니고 중도(中道)란 즉, 말하자면 정(正)도 아니고 반(反)도 아니고 합(合)이라는 말입니다. 이렇게 부처님의 실상을 표현했습니다.

조금 더 간추리면 진공묘유(眞空妙有)라는 말로 표현했습니다. 천지우주는 바로 보면 그저 텅 비어서 물질은 본래 없는 것입니다. 사실 물질은 본래 없는 것입니다. 우리 불자님들이나 현대인들은 분명히 알아야 합니다. 물질은 본래 없습니다. 다만 무엇인가 알 수 없는 하나의 파동(波動)에 불과합니다. 지금은 물리학도 그러한 것을 증명하고 있습니다. 무엇인가 알 수 없는 그 무엇의 파동, 그것이 물질에 지나지 않습니다.

불교에서는 그러한 문제를 보다 더 극명(克明)하게 세밀히 풀이했습니다. 그것이 무엇인가 하면 물질은 하나의 염파(念波)에 불과하다 곧, 우리 생각의 파동에 불과하다는 것입니다.

조금 더 어렵게 말하면 '천지우주는 모두가 다 중생의 공업력(共業力)으로 이루어졌다.'는 말입니다.

산(山)이나 내(川)나 천지우주가 사람의 마음으로 이루어졌다고 하면 처음에는 믿기가 어렵습니다. 그러나 사실은 그렇습니다. 우리 중생의 생각하는 힘인 업력(業力)이 쌓이고 모여서 전자(電子)가 되고 또는 양핵(陽核)이 되어서 천지우주가 이루어진 것입니다. 이런 것을 불교에서는 말씀을 다 하고 있습니다. 물론 아직은 물리·화학적으로 증명한 것은 아니지요.

아무튼 실상경계는 아까 말씀드린 진공묘유(眞空妙有)라, 원래 물질은 텅 비어서 없는 진공(眞空)이고, 다만 텅 비어서 없는 것이 아니라 묘유(妙有)라, 묘한 무엇인가가 있다는 것입니다. 그러나 우리 중생은 추유(麤有) 즉, 거치러운 것 밖에는 못 봅니다. 우리 중생은 더러운 것 밖에는 못 봅니다. 참다운 묘유(妙有)는 못 봅니다.

우주의 실상은 진공인 동시에 바로 묘유입니다. 공(空)인 동시에 가(假)요, 공도 아니고 가도 아니기 때문에 중도(中道)입니다. 법신(法身)만도 아니고 보신(報身)만도 아니기 때문에 그야말로 참 아미타불(阿彌陀佛)인 것입니다.

따라서 많은 수행법이 있으나 그와 같은 실상묘법(實相妙法)으로 비록 지금 내가 못 봤지만 '내 몸뚱이나 내 마음이나 천지우주 생명이나 모두가 다 진공묘유(眞空妙有)구나.' 『반야심경』식으로 하면 '색즉시공(色卽是空)이구나.' 조금 더 변증법적으로 말하면 '공(空)·가(假)·중(中)이구나.' 여기다가 생명을 부여하면 그때는 '법신·보신·화신 아미타불이구나.' 이렇게 납득하는 것이 우주만유의 본질·실상을 알고 들어가는 것이 됩니다. 그 자리를 딱 짚어야 합니다. 그래가지고 참선도 하고 염불을 해야 공부가 가속도로 나아가집니다.

『보적경(寶積經)』에 이런 말씀이 있습니다. '백천만겁 구습결업(百千萬劫 久習結業) 이실상관 즉개소멸(以實相觀 卽皆消滅)이라.' 우리 중생은 누구나가 다 백천만겁 동안 익히고 쌓인 그런 업장이 있습니다. 미워하고 또는 사랑하고 또는 분별하고 말입니다. 이러한 업장들이 실상을 관찰하는 것으로써 즉시에 다 소멸된다는 말입니다.

앞서 말씀한 바와 같이, 우리가 『반야심경』식으로 해서 공(空)을 관찰해도 무방하고, 화두(話頭)를 참구해서 의심해도 무방합니다. 또는 그냥 부처님의 이름만 외워도 무방합니다. 관세음보살, 나무 아미타불 해도 무방합니다. 다 성불하는 법(法)입니다.

그러나 가장 가까운 길인 참선(參禪)식으로 하는 법은 우리 마음을 바로 실상(實相)에다 안주(安住)해버리는 것입니다. 그래야 선(禪)이 됩니다. 어느 특정적이거나 지엽적인 문제가 아니라, 진리의 본체(本體)에다가 마음을 딱 두어야 참선이란 말입니다.

비록 화두를 들고 또는 공을 관한다 하더라도, 공이나 화두 그것이 실상을 대변하면 좋지만 그냥 공에 치우치고 또는 상대적인 의심에 치우쳐 그것만이 다라고 하면 그때는 참선이 못됩니다.

선오후수(先悟後修)

참선이란 선오후수(先悟後修)가 되어야 합니다. 우리 불자님들은 이것을 잘 명심해야 하겠습니다.

선오후수라, 먼저 개념적으로 깨달아버리는 것입니다. 그렇게 하려면 아까 말한 바와 같이, 실상관(實相觀)이 우리 마음에 확연히 박혀야 합니다. '다만 내가 업장에 가리워서 모를 뿐, 내 본바탕·천지우주 바탕은 실상묘유(實相妙有)요 진공묘유(眞空妙有)다. 이것은 색즉공(色卽空)이다. 변증법적인 표현으로는 공(空)·가(假)·중(中)이다. 인격적인 표현은 법(法)·보(寶)·화(化) 삼신(三身) 아미타불(阿彌陀佛)이다. 또는 이러한 생명의 활력이 관세음보살이다.' 이와 같이 파악을 해버려야 합니다. 그래가지고 공부를 해야 만이 백천만겁구습결업이, 백천만겁 동안 쌓이고 쌓인 그런 업장이라 하더라도 즉시 다 소멸한다는 말입니다.

보조(普照知訥:1158~1210) 국사의 보조법어(普照法語)에도 있는 말씀이고 규봉 종밀(圭峰宗密:780~841) 스님의 저서나 『육조단경(六祖壇經)』에도 있는 말씀입니다만 '일상삼매(一相三昧)·일행삼매(一行三昧)'라, 삼매(三昧)라는 것은 우리 마음을 정심에다가 안주(安住)시키는 것이 삼매인데 일상삼매(一相三昧)는 무엇인가 하면 '천지우주가 오직 하나의 상(相), 오직 절대의 상(相)이다.' 이것이 일상삼매입니다. 천지우주는 오직 하나의 상(相) 뿐이요 둘이지 않습니다.

법성게(法性偈)에서 '법성원융무이상(法性圓融無二相)이라.' 법성(法性)은 불성(佛性)과 똑같은 뜻입니다. 법성은 다 원융해서 두 상이 없다는 뜻입니다. 천지우주는 오직 진리의 한 덩어리입니다. 다만 중생은 이것을 둘로 보고 셋으로 보고 구분할 뿐입니다. 이러한 법성(法性)·불성(佛性)에다 마음을 안주해 두어야만이 우리 마음이 불성과 계합(契合)됩니다.

천지우주의 본바탕인 불성이 오직 하나이거니 우리가 둘이나 셋으로 자꾸만 분별해서 보고, 다만 공(空)도 아니고 의심하는 것만도 아닌데 공(空)만 들이 보아쌓고 의심만 들이하면, 그때는 우리 마음이 모든 진리를 다 원만하고 조화롭게 갖추고 있는 불성과 계합이 안된다는 말입니다.

일상삼매란 천지우주를 오로지 하나의 덩어리로 본다는 말입니다. 실상관(實相觀)은 천지우주를 하나로 보는 것입니다. 하나로 보거니 어떻게 내가 있고 네가 있겠습니까. 둘로 볼 때에 벌써 거기에서 죄가 발생합니다. 죄는 다른 것이 아닙니다. 천지우주가 하나의 부처인데 둘로 보는 것입니다. 이것이 분열(分裂)입니다.

제 아무리 좋은 제도가 생기고, 제 아무리 철학적인 어떠한 교설(敎說)이 생긴다 하더라도 진리의 본체를 둘로 보는 한(限)에는 이런 인류 문화는 참다운 평화를 구가(謳歌)할 수가 없습니다. 본래 하나의 진리인데 둘로 보고 셋으로 보면 어떻게 우리 인류가 평화스럽게 되겠습니까.

일상삼매는 말씀마따나 모든 존재의 뿌리를 모든 존재를 하나로 보는 삼매라는 말입니다. 즉 말하자면 진공묘유(眞空妙有)로 본다는 말입니다. 또는 무량광명(無量光明)으로 본다는 말입니다. 아미타불의 풀이는 무량광불(無量光佛)이고 무량수불(無量壽佛)이고 또는 청정광불(淸淨光佛)입니다.

그런데 그런 하나로 보는 견해, 천지우주를 하나의 덩어리로 보는 그런 견해를 안 끊이고 사뭇 이어가는 것이 일행삼매(一行三昧)입니다.

천지우주를 한 덩어리로 보는 견해인 일상삼매(一相三昧)를 안 끊이고 사뭇 이어가는 것이 일행삼매(一行三昧)입니다.

천지우주를 한 덩어리로 보는 그 견해는 일상삼매이고 이러한 것을 간단(間斷)이 없이 계속하는 염념상속(念念相續)이라, 앞 생각 뒷 생각에 딴 잡된 생각이 안 끼이도록 까지 사뭇 이어가는 것이 일행삼매입니다.

일상삼매·일행삼매를 해야만이 참다운 선(禪)입니다.

우리 불자님들, 좀 어렵지만 꼭 일상삼매를 우리 생명과 같이 중요시해서 마음에다가 심어두셔야 합니다.

부처님 법문에 '심불상속고 부득결정신(心不相續故 不得決定信)이라.' 우리가 딱 믿어서 후퇴없는 믿음이 필요한데, 그것이 결정신(決定信)인데, 우리가 어째서 결정코 변하지 않는 믿음인 결정신을 못 두는가 하면 우리 마음이 자꾸만 간단(間斷)하기 때문입니다. 끊어지고 말기 때문입니다.

심불상속고라, 마음이 상속하지 못하기 때문에 다시 말하면 일상삼매를 관하는 즉, 천지우주를 하나의 부처로 보는 견해를 계속시키지 못하니까 우리한테 결정신앙심이 안 생긴다는 말입니다.

수행(修行)의 단계(段階)

수행의 단계로는 어려운 것도 많이 있습니다만 제일 간명(簡明)한 것이 사도(四道)입니다.

맨 처음에는 가행도(加行道)라,

우리는 지금 용맹정진(勇猛精進)을 하려고 이렇게 모여 있는 것입니다. 용맹정진의 별명이 가행정진(加行精進)입니다. 평소에 하던 공부를 우리 수행을 더욱더 가속도로 증장시킨다는 말입니다. 따라서 가행정진이나 용맹정진은 원래 똑같은 뜻입니다.

따라서 가행도(加行道)는 평소에 하는 공부에다 조금 더 우리 힘을 가해서 정진력을 더하는 것입니다. 앞으로 우리가 가행정진을 하게 되는 셈이지요.

가행도를 하게 되면 어떻게 되는 것인가? 가행도를 하게 되면 그 다음에는 무간도(無間道)가 옵니다. 가행도를 잘못하면 무간도가 안 오겠지요.

무간도(無間道)가 무엇인가 하면, '천지우주가 청정미묘한 부처뿐이구나.' 하는 생각이 사이없이 쭉 이어간다는 말입니다. 공부를 열심히 하면 분명히 딴 생각은 전혀 안 나오는 무간도가 옵니다. 오직 부처님 생각으로, 천지우주가 하나로 딱 되어 버린다는 말입니다.

내 몸도 비고 천지가 비었다는 공관(空觀)을 억지로 안해도 자기 몸은 텅 비어버리는 것입니다. 그래서 무간도가 되면 자기 몸에는 아무런 부담이 없는 것입니다. 자기 몸이 터럭 하나의 무게도 없는 것을 느끼는 것입니다. 오직 가행도를 애쓰고 나감으로써 그런 때가 오는 것입니다.

그와 같이 무간도를 거치면 필연적으로 우리 본자성(本自性)이 불성(佛性)이기 때문에 그때는 해탈도(解脫道)라, 불성을 견증(見證)하는 것입니다. 찬란스러운 내 본생명의 고향, 내 마음의 고향, 내 생명의 본주인공을 본다는 말입니다. 이것이 해탈도(解脫道)입니다.

이래서 우리는 벌써 업장을 다 벗어버리고 '좋다, 궂다, 사랑한다, 밉다.' 하는 것을 다 떠나버립니다. 이렇게 해서 견성오도(見性悟道)합니다. 불성을 보고 도를 깨닫는다는 말입니다.

그러나 이것이 구경지(究竟地) 성불(成佛)은 못됩니다. 비록 우리가 불성을 봤다 하더라도 아직은 습관성은 남아 있기 때문입니다. 습관성 곧 번뇌의 뿌리 그것을 뽑으려면 또 승진도(勝進道)라, 해탈도에 입각해서 더욱더 정진을 한다는 말입니다. 말하자면 보임수행(保任修行)을 한다는 말입니다.

부처의 성품을 본 것을 잘 지키면서 또, 함부로 행동하면 안되니까 잘 닦고 닦으면 그때는 드디어 번뇌의 종자가 다 뿌리가 뽑혀서 완전무결한 성불인 대각(大覺)의 자리가 오는 것입니다.

이렇게 가행도·무간도·해탈·승진도 이것이 사도(四道)입니다.

우리는 아까 말씀드린 바와 같이 일상삼매 일행삼매라, 천지우주가 하나의 부처덩어리인 것이요 천지우주는 실은 부처뿐인 것입니다. 그리고 절대로 간격이 없습니다. 이런 말씀을 여러분들이 공부하다가 자꾸만 되풀이 해야 합니다. 우주는 간격이 없는 틈이 없는 하나의 부처 뿐입니다. 단지 중생이 잘못 봐서 간격을 세우고 구분을 세우고 차별을 세웁니다. 다른 말로 하면 일미평등(一味平等)한 불성(佛性)이라, 하나의 맛이고 평등한 불성 뿐이라는 말입니다.

무명(無明)이란 무엇인가? 일미평등의 불성 곧 천지우주가 하나의 생명체인 불성임을 잘못 보는 것이 무명인 것입니다.

그리고는 우리가 실상(實相)자리, 실상묘유(實相妙有)자리, 우리 마음의 고향자리, 영원의 자기 주인공자리, 이 자리를 지켜서 일행삼매로서 가행정진을 해가지고서, 다시 다른 생각이 끼일 수 없도록까지 무간도

(無間道)에 들어가야 합니다.

무간도에 들어가야 정말로 행복을 느낍니다. 무간도만 들어가면 마치 저 열반(涅槃)에서 불어오는 맑은 청풍(淸風)이 자기를 엄습하는 그런 상쾌함과 표현할 수 없는 희락을 느끼는 것입니다. 그러기에 희락지(喜樂地)요 또는 환희지(歡喜地)입니다.

무간도를 거쳐서 들어가면 들어갈수록 우리 행복은 더 가증(加增)됩니다. 무간도만 들어가면 그때는 이제 순교(殉敎)나 생사(生死)에 대해서 자재(自在) 하겠지요.

간절한 구도심(求道心)

석가모니 부처님께서 과거 전생에 요법(樂法) 바라문이라, 법을 아주 간절히 구하는 바라문이셨던 때가 있었습니다. 그때는 무불(無佛)시대였습니다. 우리는 지금 행복을 느낍니다. 석가모니 부처님의 후세에 나와 부처님 법 가운데서 공부를 하니까 행복을 느낍니다. 그러나 부처님 법과 같은 그런 법이 없다고 하면 그야말로 이와 같이 혼돈무궤도(混沌無軌道)한 때는 참으로 곤혹을 느낄 것입니다.

지금 별것이 다 있지 않습니까. 마인드콘트롤(Mind control)이 있고, 무엇이 있고 해서 굉장히 복잡합니다. 불교 가운데도 여러 가지 행법(行法)이 많이 있습니다.

저번에 불교 종교지를 보니까 일본 일련종(日蓮宗)의 한 종파인 창가

학회(創價學會)의 교도 수가, 벌써 한국에서 가입되어 있는 것만 50만이 넘는다고 합니다. 이 사람들은 조직이 강해서 앞으로 더욱더 교세가 강해지겠지요. 이런 혼돈 가운데서 바로 못 잡으면 우리가 공부도 바로 안되고 또 부처님의 소중한 불법을 지킬 수 없습니다. 그러나 그렇더라도 역시 무불시대, 부처님 법이 안 나온 때보다는 훨씬 행복합니다.

그런데 요법(樂法) 바라문은 이제 부처님 법이 없는 무불시대에 나왔다는 말입니다. 그러나 요법 바라문이 원래 선근(善根)에 따라서 간절히 도(道)를 구하고 싶었다는 말입니다. 진리를 구하고 싶었다는 말입니다.

오늘 이렇게 오신 분들은 다 과거숙세(宿世) 무수생(無數生)의 선근 때문에 진리를 구하는 마음이 간절한 분들입니다. 그와 마찬가지로 요법 바라문도 역시, 부처님 법도 없고 참다운 도(道)가 없어서 10년 이상이나 스승을 찾아 헤맸던 것입니다. 그러나 참다운 법을 일러주는 사람이 없거든요.

그리고 어느 때나 정도(正道)에는 마구니[魔]가 따릅니다. 깨달아버리면 마구니 역시 정도입니다만 깨닫기 전에는 역시 마구니가 따릅니다. 마구니가 이제 바라문으로 바라문도 역시 진리를 구하는 사람들 아닙니까. 마구니가 바라문 모양으로 변화해 가지고 요법 바라문 앞에 가서

"그대가 참말로 진리를 구하는가?" 하니까

"그렇다."고 한다는 말입니다.

"그대가 정말로 그대의 신명(身命)을 바치고서 진리를 구하는가?"

"그렇다."고 합니다. 그러니까 다시 바라문으로 변한 마구니가,

"그러면 내가 진리의 한 귀절을 읊을테니, 그대가 과연 그대의 피부를 벗겨서 종이를 삼고, 그대의 뼈를 분질러서 붓을 삼고, 그대의 피를 뽑아 먹을 삼아서 내가 읊는 진리의 게송(偈頌)을 진리의 귀절을 적을 수가 있는가?" 이렇게 물었습니다. 그러니까 요법 바라문이

"그야 쉽다."고 말하자마자 자기 피부를 벗겨서 햇볕에 말리는 것입니다. 진리를 위해서는 조금도 주저할 수 없는 간절한 구도정신이 있었겠지요.

경(經)에서 그 대목을 보면 요법 바라문이 그와 같이 자기 피부를 벗겨서 말리고, 무슨 말이 나오면 곧 적으려고 뼈를 분지르려 하니까 마즉소멸(摩卽消滅)이라, 마구니는 간 곳이 없다고 하였습니다. 마구니라는 것은 우리 마음에 틈이 있어야 나타나는 것입니다. 마구니가 틈을 엿보는 것입니다. 우리 마음에 틈이 없으면 마구니는 모양을 못나투는 것입니다.

지성(至誠)이면 감천(感天)이라, 그때에 저 공중에서 부처님의 낭낭한 음성이 울려퍼지는 것입니다. 찬란한 오색구름 가운데서 부처님의 낭낭한 음성이 무상대법(無上大法)을 설(說)하는 것입니다. 그래서 '요법' 바라문은 그 무상대법을 듣고서 대각(大覺)을 성취했다는 것입니다.

우리는 '무상대도를 성취하고 무량중생을 제도한다.'는 서원(誓願)을 가지고 가행도(加行道)를 지나서 무간도(無間道)를 통과하고, 한사코 해탈도(解脫道)에 나아가서 승진도(勝進道)라, 그렇게 해서 무상대도(無上大道)를 성취하시길 간절히 바라면서 오늘 산승(山僧)의 법문을 마칩니다.

2. 참선(參禪)의 기초(基礎)

선(禪)은 인류문화의 정수(精髓)

 우리 인간이 생각하는 능력이 있는 한에는 완전무결한 모든 지혜를 다 알고 싶어하는 욕망이 있습니다. 또한 동시에 인생고(人生苦)를 떠나서 완벽한 행복을 바라는 욕망도 있습니다. 또한 동시에 자기 행동이나 자기 말이 모두가 다 합법적(合法的)인 즉, 도덕율(道德律)에 맞는 윤리행동을 취하고 싶은 욕망도 있습니다. 이러한 진리적인[眞] 면으로 보나 또는 선(善)으로 보나 또는 아름답다[美] 하는 우리 정서(情緖) 면으로 보나, 어떤 면으로 보나 완전무결한 행복을 취하는 욕구가 누구한테나 있습니다. 이것이 생각하는 동물인 사람의 특징입니다.
 이러한 인류의 문화유산 가운데서 최고의 문화유산, 최고의 문화 형태가 바로 선(禪)입니다. 또한 이러한 것을 성취할 수 있는 가장 완벽한 가르침이 역시 선(禪)입니다.
 그래서 선(禪)을 문제시하는 셈입니다만, '선(禪)이 무엇인가?' 하는 문제는 굉장히 큰 문제입니다. 알고 보면 진리는 하나이기 때문에 복잡한 문제는 아니지만, 지금 각 종파는 종파마다 선을 다르게 말하고 또 같은 종파에 속해 있는 스님네도 스님네마다 자기들 개인 의견 따라 각기

선(禪)을 말하기 때문에 복잡합니다.

　그래서 저는 이번 용맹정진 기간에 하루에 한번씩 해서, 한 열번 정도 나 법문을 하려고 마음 먹었습니다. 어제에 이어 오늘 두번째 말씀드립니다만 선(禪)의 잘못된 형태인 암증선(暗證禪) 곧, 어두운 가운데 암중모색(暗中摸索)하는 선이 될까봐 염려해서 제가 말씀을 한번 더 하게 되는 것입니다.

　역시 암증선을 하면 소득이 전혀 없습니다. 달마(菩提達磨,Bodhi-Dharma:?~528) 스님께서도 인용했습니다만, 마치 모래를 삶아서 밥을 만드는 것과 같이 모래가 밥이 될 수 있습니까? 그와 마찬가지로 우리한테 이익이 전혀 없습니다. 자칫하면 맹신(盲信)이 된다는 말입니다. 자칫하면 또 야호선(野狐禪)이 됩니다. 자기가 도인도 아니면서 도인인 척합니다. 이래버리면 결국은 큰 탈입니다.

　톨스토이(Tolstoy:1828~1910) 말과 같이 알고서 남을 지도하면 그것은 병이 안되고 도리어 인류의 복지가 되는 것이며, 모르고서 모르는 척하는 것도 별로 해(害)는 안되지만 모르면서 아는 척하고 남을 지도하는 것은 굉장히 큰 피해를 사회에 끼칩니다.

　따라서 암증선은 그야말로 자칫하면 없는 것만 같지 못한 없어야 할 그러한 해독을 끼칩니다. 그래서 그런 것을 염려하는 노파심에서 제가 선(禪)을 많이 아는 것은 아닙니다만 그래도 참선(參禪)에 몸을 담고서 근 40년 동안 지냈으니까, 부처님 말씀을 속임없이 그대로 전하고 싶어서 말씀을 드리는 것입니다.

선(禪)의 뜻

　　선(禪)…선나(禪那, Dhyāna)
　　기악(棄惡)·공덕총림(功德叢林)·사유수(思惟修)
　　정려(靜慮) 또는 삼매(三昧)라고도 풀이함

　선(禪)은 인도(印度) 말인 범어(梵語)로 하면 디아나(Dhyāna)라고 합니다. 한문으로 음역(音譯)하면 선나(禪那)라 하고, 일본사람들은 '젠나'의 '나'를 생략하여 그냥 '젠'이라고 합니다.
　선에 관한 책이 굉장히 많이 나왔습니다. 우리 한국에도 스님네 뿐만 아니라 스님네 아닌 분들도 선에 일가견을 가지고 있다고 해서 선을 지도하는 분도 상당히 많습니다. 우리 사부대중들도 곧 한 발 나가서 선에 대해 말씀이 되면 또 여러 가지로 구구한 말이 나온다는 것입니다. 따라서 그런 것에 대해서 혼미(混迷)를 느끼지 않으시도록 하기 위해서 제가 말씀을 드리는 것입니다.
　선(禪)을 뜻으로 풀이하면 기악(棄惡)이라, 악을 버린다는 말입니다. 선(禪)을 행하면 악을 버리고 나쁜 짓을 자연적으로 안한다는 말입니다. 선을 닦으면 자연적으로 몸도 마음도 정화되어서 나쁜 짓을 못하게 되는 것입니다.
　그 다음은 공덕총림(功德叢林)이라, 총(叢)은 떨기총으로 무더기로 많이 있다는 뜻이지요. 공덕이 부지기수로 많이 있다는 말입니다. 공덕이 하나 둘이 아니라 마치 숲모양으로 한도 끝도 없이 많은 것이 공덕총림입니다. 곧, 선을 닦으면 삼명육통(三明六通)이 된다는 말입니다.

과거나 현재나 미래를 다 아는 것이고, 자기 번뇌를 다 마지막 끊어버리는 신통(神通)도 얻고, 천지우주를 두루 통관하는 안목도 얻고, 우주만유의 모든 음성을 다 알아들을 수 있는 청각도 얻고, 또는 자기 몸을 자기 마음대로 할 수 있는 신통도 얻고 아무튼 그와 같이 모두를 알 수 있고, 모두를 할 수 있는 그러한 지혜를 얻을 수 있는 것이 공덕총림입니다. 이것이 모두가 선으로 부터 나옵니다.

지금 우리같은 수행자들이 그런 신통을 못하는 것은 선을 많이 못 닦아서 입니다. 많이 닦으면 삼명육통을 해야 하는 것입니다. 부처님께서나 그 뒤에 위대한 조사(祖師) 스님들이나 정평있는 도인들은 다 하셨습니다. 따라서 선은 공덕총림이라, 공덕이 수풀같이 많이 나온다는 말입니다.

그 다음은 사유수(思惟修)라, 생각해서 닦는다는 말입니다. 생각을 골똘히 일념(一念)으로 모아서 닦는다는 말입니다.

그 다음은 정려(靜慮)라, 고요히 생각한다는 말입니다. 따라서 선을 닦을 때는 반드시 한거정처(閑居靜處)라, 고요한 곳에서 고요한 분위기를 반드시 가져야 합니다. 그래야만이 선이 되는 것입니다. 따라서 여기에서도 특히 부엌에서 공양을 지으시는 분들은 입선(入禪) 시간만은 벙어리가 되어야 합니다. 그래야만이 자기도 공부가 되고 또한 선방(禪房)에서도 공부를 할 수가 있습니다.

또는 약간의 차이는 있으나 삼매(三昧, Samādhi)라고도 합니다. 삼매와 선(禪)을 달리 풀이한 분도 있고 또는 같이 풀이한 분도 있습니다만,

별로 큰 차이는 없습니다. 따라서 지금은 전문적인 시간이 아니고 상식적인 시간이니까, 제가 같이 쓰는 것입니다.

아까 말씀드린 바와 같이, 선(禪)은 우리 지혜나 덕성(德性)이나 정서나 모두를 다 조화롭게 성취하는 우리 인격완성의 가장 최고도의 방법인데, 풀이한다면 위와 같은 풀이가 있다는 말입니다.

선을 닦으면 자연적으로 우리 생리(生理)나 심리(心理)가 정화(淨化)되어서 악을 범(犯)할 수 없는 것입니다. 참선을 많이 했다고 하는 분들이 음식도 함부로 먹고 계행을 함부로 파계(破戒)하는 것은 참선을 많이 못한 증거입니다. 참선을 많이 했다 하면 응당, 계행은 지켜야 하고 그때는 또 저절로 지켜지는 것입니다.

어찌 그런가 하면, 우리 인간의 인격완성을 하기 위해서 뛰어 넘을 단계가 욕계(欲界)·색계(色界)·무색계(無色界)인데 참선을 많이 했다 하면 이런 삼계(三界)를 다 초월해야 하는 것입니다.

그런데 초월하는 과정에서 제일 하단계(下段階) 곧, 제일 밑이 욕계(欲界)인데, 욕계란 무엇인가? 욕계는 음식욕(食欲) 또는 이성욕(異性慾) 또는 잠욕[睡眠慾] 등 욕심의 세계이지요. 그런데 참선하는 분들이 욕계번뇌를 미처 못 떼었다 하면 말이 안되지요. 참선할 때는 응당 우리 생리나 심리가 정화가 됩니다. 따라서 파계를 할래야 할 수가 없다는 말입니다.

이러한 무량공덕이 있기 때문에 부처님께서 성도하실 때나 또는 열반에 드실 때나 선(禪)에 들었고 그 뒤의 어떤 도인도 이러한 선(禪)이 없이 견성오도한 분은 없습니다.

따라서 우리도 역시 인격을 완성하고 자기 마음의 고향을 찾아 번뇌를 여의고서 최상의 영생 행복을 얻으려면 꼭 선(禪)을 거쳐야 합니다.

선(禪)의 종류(種類)

그러면 선(禪)에는 어떠한 선이 있는가? 선(禪)의 종류(種類) 문제입니다. 지금 '선', '젠' 이것은 비단 불교에서만 말하지 않습니다. 힌두교(Hindu教)의 요가법(yoga法)에서도 선(禪)을 말했습니다. 또한 불교도 힌두교도 아닌 다른 종교에서도 역시, 말은 좀 달리한다 하더라도, 선(禪)을 말했습니다. 명상법(瞑想法)이나, 또는 도교(道教)에서의 태식법(胎息法)이라는 말이 있습니다. 그와 같이 선이라 하는 것을 이름은 달리한다 하더라도 거의 비슷비슷한 형태로 해서 다 말씀들을 하고 있는 것입니다.

따라서 우리는 그런 종류를 알아야만이 선 가운데서 가장 최선의 선(禪)인 부처님 정통선(正統禪)을 할 수가 있는 것입니다.

처음에 외도선(外道禪)이라, 외도가 닦는 선이라는 말입니다. 외도(外道)는 불도(佛道) 즉 부처님 가르침 외에 다른 가르침이 외도(外道) 아니겠습니까.

그러면 외도(外道)와 정도(正道)는 무슨 차이가 있는가? 이것을 또 우리가 알아야 하겠지요. 정도(正道)는 일체 만법(萬法)을 다 자기 마음의 소조(所造)로 봅니다. 일체 만법을 다 자기 마음 안으로 본다는 말입니다. 부처나 극락이나 또는 천체 우주 전부를 다 자기 마음 안으로 봅니다. 반대로 외도(外道)는 자기 마음 밖에 법(法)을 두는 것입니다. 즉 말하자면, 일체를 일원적(一元的)으로 안 보고서 이원적(二元的)으로 보는 것입니다. '마음과 물질이 별도로 있다.' 하는 것은 역시 외도입니다. 마음 밖에 물질이 있다면 벌써 외도입니다. 마음 밖에 태양이 있다는 것도, 내 마음 밖에 네가 있다고 하는 것도 외도입니다.

불법은 오직 한마음이요, 한마음 속에 천지우주를 다 넣어 버려야 정도입니다. 마음 밖에 도를 구하면 외도고 일체를 마음 안에서 구하면 정도입니다. 이런 것은 꼭 마음에 다 명심하여야 합니다. 이런 것이 어째서 그러는가? 이제 설명을 좀 하겠습니다.

 1. 외도선(外道禪)-인과(因果)를 불신(不信)하고 유루공덕(有漏功德)을 위하여 닦음

외도선(外道禪)은 인과(因果)를 불신(不信)하는 것입니다. 인과를 믿지 않는다는 말입니다. 선(善)을 행하면 반드시 선(善)의 과보로 해서 락(樂)의 보(報)가 있고, 악(惡)을 행하면 악의 과보로 해서 나쁜 고(苦)가 있고, 또 도업(道業)을 닦으면 그 과보로 성불(成佛)이 있다고 하는 이러한 인과(因果)를 믿지 않습니다.

그리고는 유루공덕(有漏功德)이라, 루(漏)는 샐 루자로 번뇌나 때라는 뜻으로 해석이 됩니다. 따라서 유루라는 것은 번뇌가 있다는 것이지요, 번뇌가 있는 그런 공덕을 위해서 닦는 것입니다.

가사 '높은 지위에 오르고 싶다.', '남한테 대우를 받고 싶다.' 또는 '무슨 재주를 부리고 싶다.', '오행에 통해서 무슨 술법을 하고 싶다.' 이런 등등의 것이 유루공덕입니다. 다시 바꿔서 말하면 해탈을 구하지 않고 즉 자기라는 개성의 망아(忘我), 망령된 나를 버리고 해탈한다 하는 해탈을 구하지 않고서 무엇인가 자기 이익만을 구하는 공덕, 그것이 유루공덕입니다. 따라서 가사 우리가 불공(佛供)을 모신다 하더라도, 불공 모시면서 자기 집안의 여러가지 운수도 좋은 방향으로 나가기를 바라지만 성불을 바라는 마음이 꼭 깃들어야 합니다. 그래야만 유루공덕이 안됩니다.

인과를 믿지 않고서 그러한 때문은 공덕을 구해서 닦는 것이 외도선입니다.

2. 범부선(凡夫禪) - 인과(因果)를 신(信)하고 유위공덕(有爲功德)을 위하여 닦음

그 다음은 범부선(凡夫禪)이라, 범부(凡夫)란 성인(聖人)과 상대해서 하는 말 아닙니까. 우리가 모두 성인이 못되었으면 범부 아닙니까. 인과(因果)를 믿고 불법을 믿는 가운데서 아직 성인이 되지 못한 사람이 범부입니다. 범부는 불법을 안 믿는 사람은 제외합니다. 불법을 믿는 가운데서 아직 성도(成道) 즉, 견성오도(見性悟道)를 해서 성자가 못된 때가 범부입니다.

범부선이 무엇인가 하면 인과는 믿지만 또 역시 유위공덕(有爲功德)

이라, 이것도 유루공덕이나 대략 같은 뜻으로 풀이가 됩니다. 다만 번뇌가 유루에 비해서 약간 적은 그런 음영(陰影) 즉, 소위 말하는 뉘앙스(nuance)가 있겠지요. 인과를 믿지만 아직은 번뇌를 못 떼어버린 공덕을 바라는 것입니다.

우리는 모두 범부인지라, 다만 번뇌를 못 떼어버린 범부니까 재수 바라고 운수 바라고, 시험에 합격도 바라고 그런 것을 희구하겠지요. 이런 것은 아직은 범부선으로 범부가 하는 공부에 불과합니다.

3. 소승선(小乘禪) - 아공(我空)을 신(信)하고 해탈(解脫)을 위하여 닦음

그 다음은 소승선(小乘禪)이라, 도인(道人)도 역시 지위가 있는 것입니다. 범부를 넘어서 도인 지위에는 올라갔지만 대승과 소승이 있게 되는 것입니다. 소승선은 아공(我空)을 신(信)하고 즉, '나'라는 것이 비었다는 것을 믿고, 해탈(解脫)을 위해서 닦는 선입니다. 자기 재수나 운수를 생각하는 정도는 넘어버려서 벌써 내가 비었다 하고, 아상(我相)을 넘으니까 그때는 그런 섣부른 어중뙨 어떤 것은 바라지 않겠지요.

그러나 이 아공(我空)을 즉, 내가 비었다는 것을 느낀다는 것이 굉장히 어려운 문제입니다. 불교가 들어가기도 어렵지만 정작 목적을 이루기는 참으로 어렵고 오랜 길입니다. 그러나 참선(參禪)만 바로 닦으면 그때는 비약적으로 쉬운 길입니다.

왜 내가 비었는가? 우리 몸뚱이는 지(地)·수(水)·화(火)·풍(風) 사대

(四大)가 임시간 모아진 세포에 불과합니다. 다시 현대적으로 말하면 산소·수소·탄소·질소 등 여러 원소가 그때그때 우리 업(業) 따라서, 업의 에너지(energy) 기운 따라서 이렇게 임시간 모여 있습니다. 즉 불교에서 말하면 인연생(因緣生)이라, 각 원소가 인연 따라서 잠시간 모여 있다는 말입니다. 그리고 인연이 다 하면 그때는 흩어지고 맙니다.

텅 빈 들 가운데다 집을 하나 짓는다고 하면 집을 짓기 전에는 아무 것도 없지요. 집을 지었다가 필요 없어 뜯어버리면 또 아무 것도 없습니다. 그와 마찬가지로 나라는 존재가 부모님이 계시기 전에 어디에 있었습니까? 내가 생겨나기 전에는 우리가 어떤 모습이었는가를 알 수 없습니다. 이런 모습은 절대로 아닙니다. 나라는 존재가 없다가 무수한 인연 따라서 잠시간 이런 몸이 되었습니다. 마치 들 가운데다 집 한 채 지었다가 집을 뜯어버리면 아무 것도 없듯이 그와 똑같습니다. 나라는 존재는 이런 모양은 다시 없습니다. 죽어지면 또 다른 모양으로 태어나겠지요. 십년 뒤에 지금 이런 모양이 어디에 있겠습니까?

아공(我空)을 신(信)하는 것은 굉장히 어려운 것입니다만 꼭 그래야만이 공부가 됩니다. 나(我)란 사실은 비어있는 것입니다.

내 마음은 무엇인가? 내 마음은 불교말로 해서 수(受)·상(想)·행(行)·식(識)이라 우리가 감수(感受)하고, 상상(想像)하고, 의욕(意慾)하고, 분별(分別)하는 이런 부스러기가 모여서 내 마음이 되었습니다. 물론 마음의 본체는 부처이지만, 우선 내가 쓰는 이 마음은 본체인 부처마음에다가 금생에 나와서 감수하고, 상상하고, 의욕하고, 또는 분별시비하고 이런 부스러기가 모여서 내 마음이 되었다는 말입니다. 이것을 떠나서 내 마음은 없습니다. 내 몸도 각 세포가 잠시간 모여 있고 내 마음도 역시 감수, 상상 또는 의혹, 분별시비하는 이런 것이 모여 있기 때문에 이것을 떠나서는 내 몸이나 마음이 없습니다.

불교말로 하면 '인연가화합고(因緣假和合故)로 즉공(卽空)이라', 인연으로 잠시간 화합하였기 때문에 즉시 공이라는 말입니다. 인연이 잠시간 화합되어서 그때그때 순간순간 변화해 갑니다. 이 몸은 1초 전과 1초 후가 똑같지가 않습니다. 우리 중생은 바로 못 봐서 그런 것이지, 우리 세포는 1초 전과 1초 후가 똑같지가 않습니다. 그냥 변화되어 갑니다. 내 마음도 역시 조금 전의 마음과 지금 마음이 똑같지가 않습니다. 오직 한결된 마음은 도인이 되어야 비로소 한결됩니다. 그래야 변치 않는 영생에 안주하여 있게 됩니다. 이와 같이 나란 것이 허망한 것이니까 내가 공하다는 것을 믿고서 해탈을 위해서 닦는 것이 소승선(小乘禪)입니다.

그러니까 여기는 벌써 도인(道人) 지위입니다. 내가 없음을 깨달으면 벌써 도인입니다. 우리 번뇌의 종자는 못 끊었다 하더라도 내가 없음을 느끼면 그때는 벌써 도인입니다. 그냥 느낌이 아니라 체험으로 느껴 깨친다는 말입니다.

 4. 대승선(大乘禪) – 아공(我空) 및 법공(法空)을 신(信)하고 해탈(解脫)을 위하여 닦음

그 다음은 대승선(大乘禪)이라, 이것은 아공(我空) 및 법공(法空)을

믿는 것입니다. 내 몸이나 마음을 구성하는 것도 공(空)이지만 일체만법(一切萬法) 즉, 산이나 들이나 또는 태양이나 별이나 천체나 남이나 나나 일체 법이 다 비었다는 법공(法空)을 믿는 것입니다.

소승들은 내가 비어 있는 것을 느낀다 하더라도 일체 법이 비었다는 줄은 모릅니다. 그러나 대승은 일체 만법이 비었음을 아는 것입니다.

그러기에 영가현각(永嘉玄覺:647~713) 스님도 '각후공공무대천(覺後空空無大千)이라.' 깨달은 뒤에는 삼천대천 세계가 다 텅 비어 있다고 했던 것입니다.

『반야심경(般若心經)』은 '아(我)도 공(空)이요, 또 일체 만법도 공(空)'이란 것을 말씀한 법문입니다. 『금강경(金剛經)』 또한 '나도 공이요, 일체 만법이 공인 것'을 해설한 경전입니다.

불교 공부는 내가 원래 비어 있고 우주 전부가 비었다는 것을 모르면 잘 안 되는 것입니다. 참선도 역시 우리가 화두를 드나 염불을 하나 이와 같이 아공·법공을 느껴야 합니다. 그래야 망상이 잘 끊어집니다.

망상(妄想)은 무엇인가? 좋다 궂다 하는 그런 망상이 어디서 연원(淵源)되었는가 하면 그런 것은 모두가 '네가 있다, 내가 있다 또는 만법(萬法)이 있다.'고 하는 데서 이루어집니다. 내가 없고 네가 없어 보십시오. 또 천지 만물이 텅 비었다고 생각해 보십시오. 무슨 망상이 나오겠습니까. 따라서 우리가 번뇌를 녹일 때는 반드시 이와 같이 공(空)을 느껴야 합니다.

그러기 때문에 우리가 『반야심경』을 외우는 것이 그런 이유 아닙니까. 『반야심경』은 어떤 불사(佛事)에나 외우는 것입니다. 그것은 일체 만법이 원래 비었기에 그러는 것입니다. 또 번뇌를 녹이기 위해서는 그와 같이 빈 마음으로 다 놓아버려야만이 공부가 되는 것입니다.

조주(趙州:778~897) 스님한테 엄양(嚴陽) 스님이란 분이 가서 "한 물건도 가지고 있지 않을 때 어떻게 합니까?" 하고 물었습니다.

참선에서는 한 물건도 가지지 말라는 것이거든요. 그것은 물질적인 물건보다도 우리 마음으로 '시(是)야, 비(非)야, 좋다, 궂다, 이쁘다, 밉다.' 하는 것을 말하는 것입니다.

그렇게 물으니까 조주 스님께서 말씀이

"놔 버려라, 방하착(放下着)하라." 하니까 그 스님께서 하시는 말씀이

"한 물건도 가지고 있지 않은데 무엇을 놓을 것입니까?" 가지고 있어야 놓을 것인데, 가지고 있는 것이 없는데 무엇을 새삼스럽게 놓을 것입니까? 그러니까 조주 스님께서

"그러면 지고 가거라." 하셨습니다.

선문답(禪問答)은 이같이 아주 그야말로 참 절실하고 직절(直截)한 것입니다. 세상에 한 물건도 없는데 말입니다. 조주 스님한테 묻는 그 사람은 한 물건도 없다는 거기에 집착했던 것입니다. 있고 없는 그러한 자리를 떠나기 위해서 이런 법문이 있는 것입니다.

이런 것은 여러분들이 앞으로 음미해보시면 되겠습니다만 아무튼 우리는 먼저 천지우주가 텅텅 비어 있다는 소식을 잘 알아야 합니다. 우리 눈앞에 아무 것도 없지는 않지만 우리 중생이 보는 것은 가짜고, 앞서 시간에 말씀한 바와 같이 변계소집성(遍計所執性)이라, 중생의 망념으로 보아 있는 것같이 보이는 것입니다.

괴로워하는 것은 자기가 잘못 보고, 자기의 망념 때문에 괴로워합니다. 나쁘고 좋은 것이 실제로 있는 것이 아니라 우리가 아직은 범부의 지위에서 자기가 잘못 봐서 잘못 본 그것 가지고 스스로 괴로워하는 것입니다.

5. 최상승선(最上乘禪)-본래(本來) 부처로서, 일체무루공덕(一切無漏功德)이 원만히 구족(具足)함을 신해(信解)하고 닦는 선(禪)
· 여래선(如來禪):지적(知的)
· 조사선(祖師禪):리적(理的)

그 다음 다섯번째는 최상승선(最上乘禪)이라, 이것은 가장 높고 수승한 참선이라는 말입니다.

우리가 문제로 할 것은 최상승선입니다. 우리가 아직은 저급하고 비록 대승·소승의 성자(聖者)라 하더라도 아직 부족한 셈입니다. 따라서 우리가 문제시 할 것은 역시 가장 최고의 선, 최상승선을 문제시 해야 하는 것입니다. 우리는 이제 이 최상승선(最上乘禪)을 가지고서 씨름하고 나가야 하는 것입니다.

이것이 어떤 것인가 하면, 여래선(如來禪)·조사선(祖師禪)을 말합니다. 어떤 분별하기 좋아하는 분들은 여래선은 밑에 있고 조사선은 위에 가 있다고 합니다만 그렇게는 안되는 것입니다. 부처님 법문에서 미루어 보나 그 뒤에 정통 도인 말씀을 미루어 보면 이것은 둘이 아니라 결국은 하나인 것입니다. 단지 그런 가운데서 지적(知的)인 면은 여래선에 해당하고 또 리적(理的)인 면, 본체적(本體的)인 체적(體的)인 면은 조사선에 해당한다고 비유해 볼 수 있는 정도입니다. 이런 문제는 전문적인 문제니까 이것을 연구할 분들은 연구하시고 우선은 그러한 줄만 대강 알으시면 됩니다.

따라서 가장 높은 선이 어떤 것인가 하면 본래 부처로서 일체 무루 공덕(無漏功德), 번뇌가 없는 공덕을 원만히 갖추고 있음을 확실히 믿고서 닦는 선입니다. 우리는 지금 번뇌(煩惱)에 결박(結縛)되어 있습니다만 부처의 안목에서 본다면 번뇌에 결박된 그대로 부처입니다. 최상승선을 닦는 분들은 그것을 잘 느껴야 합니다. 지금 우리는 못 나고 못 생기고 남도 미워하고 있습니다만, 그러한 번뇌로 묶여있는 채로 우리가 보면 범부라 하더라도, 부처의 청정한 눈으로 보면 똑같은 부처입니다.

부처님이 중생을 제도할 때는 짐짓코 일부러 중생의 근(根)을 빌려 쓰는 것입니다. 그러나 빌려 쓰지 않고 부처의 안목 그대로 보면 다 부처뿐입니다. 그 한계를 잘 알아야 합니다. 닦은 뒤에 부처가 아니라 번뇌가 구족한 번뇌가 있는 그대로가 바로 보면 다 부처입니다.

'내가 지금 구박(具縛)되어 있지만, 번뇌에 묶여 있지만 바로 본래 부처니까 나한테는 석가모니나 어떤 부처님이나 도인들이나 그분들과 똑같이 일체 공덕을 다 갖추고 있다.'고 확실히 믿어야 합니다.

다시 말씀드리면, 도인이 된 셈 치고 닦아야 합니다. 그래야 최상승선인 것입니다.

'과거에 내가 무슨 허물이 있다. 내가 잘못했다. 참회해야 하겠다.' 그런 것은 마땅히 해야하지만, 그것은 아직은 높은 단계는 못됩니다. 과

거는 다 잊어버리고, 오직 나한테 갖추고 있는 불심(佛心)만 문제로 해서 '내가 본래 부처인데.' 하고 아만을 부리면 안됩니다만, 부처가 된 셈치고 닦아야 최상승선인 것입니다.

나도 비고 천지도 비었으니까 역시 부처와 내가 둘이 아닙니다. 따라서 여기에 있는 아공(我空)·법공(法空)을 우리가 꼭 느껴야 합니다. 그리고 여기에 입각해서 내가 부처임을, 즉 아공·법공으로 해서 다 비었지만 또 다만 빈 것이 아니라 부처와 똑같이 무량공덕을 갖추고 있다는 것을 느끼고 닦아야 하는 것입니다.

따라서 우리는 이러한 최상승선을 문제로 하여 닦도록 하십시다.

선(禪)의 방법(方法)

1. 공안선(公案禪) 화두선(話頭禪)…참구적(參究的)
2. 묵조선(默照禪)…의지적(意志的)
3. 염불선(念佛禪)…지(知)·정(情)·의(意)의 조화적(調和的)

선(禪)에는 어떤 방법이 있는가?

선의 방법으로 공안선(公案禪)이라, 공안은 화두(話頭)와 똑같은 뜻입니다. 지금 우리가 드는 '무자(無字)' 화두나 '판때기 이빨에서 털 나온다.(板齒生毛)'는 화두나 또는 '뜰 앞의 잣나무[庭前柏樹子]'라는 그런 화두나, 또는 '이뭐꼬[是甚麼]'라 하는 즉 '나한테 한 물건이 있으되

밝기는 해[日] 보다 밝고 검기는 칠 보다 검고 항시 내가 움직이는 가운데 있으되 거두어 얻지 못하는 이것이 무엇인고.(有一物 明如日 黑似漆 常在動用中 動用中收不得者 是甚麽)' 하는 이러한 나의 본질을 구하는 화두, 그러한 문제를 우리가 의심하면서 닦는 선법이라는 말입니다.

이것도 역시 최고 상승선, 가장 높은 선에 속합니다. 따라서 이것도 성불에 가까운 길이지요. 그러나 이것만이 다가 아닙니다. 이것은 최고선의 하나의 방법일 뿐입니다.

어떤 분들은 어느 훌륭한 스님한테 자기 근기에 맞는 화두를 탄다고 합니다. '나한테는 무슨 화두가 좋습니까' 해서 화두를 탑니다. 그런데 화두를 주시는 분이 그 사람 근기를 잘 아시는 분 같으면 좋은데 모르시는 분은 엉뚱한 화두를 주어 놓으면 곤란하겠지요.

부처님 법이란, 어떠한 법이나 끄트머리 궁극은 다 불법인지라 종단(終端)에는 다 불법에 가는지라, 무슨 법이나 안 쉬고 가면 다 갈 수가 있습니다.

산(山)으로 가는 길은 많아서 동(東)으로 가나 서(西)로 가나 조금 험준한 길이 있다 하더라도 안 쉬고 가면 산 봉우리로 올라가듯이, 부처님 법은 무슨 법이나 안 쉬고 가면 다 성불되고 맙니다.

그렇다 하더라도 역시 자기 근기에 안 맞으면 그때는 조금 터덕거립니다. 따라서 우리가 화두를 받을 때는 자기 근기를 알 수 있는 분한테 꼭 알맞는 법을 받아야만이 자기 인생과 시간을 허비하지 않습니다.

그리고 공안선·화두선에서 의심하는 것은 오직 근본문제, 우주 근원문제, 내 본질의 문제, 내 자성의 문제를 의심하겠지만 의심하는 것은 꽤 괴로운 것입니다. 우리 사람의 심리활동 가운데서 믿는 마음은 마음이 편하고, 의심하는 마음은 굉장히 괴로운 것입니다. 그 의심도 한번 두번 하고 하루 이틀 하면 모르지만 한달이나 몇년이나 한다고 하면 상당히 괴롭습니다.

특히 우리같이 출가한 사람들은 또 모르거니와 재가불자로서 집안에 계신 분들로서 사업도 하고 또는 여러 가지 가정적인 일을 보시는 분들이 의심하는 버릇만 자꾸 붙여 놓으면 자칫하면 남도 의심하게 되는 것입니다. 또 공부란 것은 항시 안쉬고 해야 할 것인데 의심만 자꾸 하면 자기 사업도 하기가 곤란스럽습니다. 그런 불편스러운 점이 있습니다.

따라서 의심하는 이것은 역시 최상승선으로 가장 좋은 선(禪)의 하나의 방법은 되겠지만, 선방에서 오로지 하시는 분들은 하기가 좋아도 일상적인 생활불교로서는 조금 불편합니다. 그리고 우리가 부처님한테 오로지 바쳐버리는 마음이 의심하는 수행법을 취하면 그때는 조금 감소가 됩니다.

따라서 지적(知的)인 분들은 참구하는 화두가 무방하다 하더라도, 부처님한테 모두를 의지하는 오로지 신앙적인 분들은 조금 마음에 저항을 느낍니다. 즉 말하자면 우리 정서(情緒)가 만족을 느끼지 못합니다.

그 다음은 묵조선(默照禪)이라, 이것은 화두가 없이 그냥 앉아서 자기 마음을 비춰보는 것입니다. 어떤 문제도 설정하지 않습니다. 묵조선을 하는 분들은 대체로 단전주(丹田住)라, 아랫배에 힘을 두고서 공부를 합니다.

원불교에 가서 보면, 저도 거기에서 한 철을 공부했습니다만 아무 문제가 없이 아랫배 단전에다 힘주고서 공부를 합니다. 그러면 원래 부처인지라 결국은 부처가 될거라고 합니다. 이것도 역시 각 도인들이 한 선법(禪法)입니다.

화두선도 위대한 도인들이 많이 나왔으나 묵조하는 선도 역시 위대한 도인들이 많이 나왔습니다.

아무튼 안 쉬고만 하면 됩니다. 그러나 우리가 생각해 볼 때에 성불의 길이 그냥 쉽게 몰록 된다면 쉽지만, 며칠이나 몇 달에 안되고 또 몇 년에 안되는 경우에는 싫증을 냅니다.

또 우리가 부처까지 올라가는 길은 상당히 먼 길입니다. '파딱하면 되어 버린다. 당하(當下)에 개오(開悟)라. 말 한 마디에 그냥 다 깨달아버린다.' 이런 말씀도 있습니다만, 그렇게 쉽지는 않습니다. 물론 근기가 상근기가 되는 분들은 말 한마디로 깨달을 수도 있겠습니다만, 보통은 다 오랜 시일과 오랜 과정을 거쳐야 하는 것입니다.

그렇게 하는 과정에서 아무 문제가 없이 가만히 앉아서 닦는 선은 공부가 잘 안 나아가집니다. 물론 호흡법도 하고 잘 되어가지고서 정화되면 되겠습니다만, 묵조선(默照禪)은 어느 특수인한테는 상당히 좋은 선법이나 일반적으로 누구나가 하기는 어렵고 싫증을 내기가 쉽다는 말입니다.

그 다음은 염불선(念佛禪)이라, 우리는 염불선과 그냥 염불과의 구분을 해야 합니다. 잘못 구분하면 이것도 혼동되어 버립니다.

지금 어느 큰스님들 말씀도 "염불은 그저 하근기(下根機)중생이 한다. 염불은 근기 낮은 분이 하는 것이다." 이렇게 함부로 말씀하시는 분도 있습니다. 따라서 그런 말씀을 들은 분들은 '염불이 무슨 선(禪)이랴.' 이렇게 또 말씀합니다. 그런데서 그냥 일반 염불과 염불선의 한계를 잘 알아야 합니다.

그와 같이 말하는 보통 염불은 부처를 자기 밖에서 구하는 것입니다. 또 극락세계를 자기 밖에서 구하는 것입니다. 그러나 자기 자성(自性), 자기 마음의 본질이 부처고 또는 우주가 바로 부처요, 우주가 바로 극락세계입니다.

우리 마음이 미혹(迷惑)되면 천지우주가 바로 고생이 충만한 사바세계(娑婆世界)입니다만 우리 마음 깨달으면 사바세계가 바로 극락세계입니다.

우리가 아는 바와 같이 누른 안경을 쓰고 보면 다 누렇게 보이듯이 미혹된 범부중생의 눈으로 보면 사바세계요 극락을 볼 수 있는 부처의 안목으로 본다고 하면 그때는 다 극락세계로 보이는 것입니다. 우리 사람이라 하는 업장이 가린 탐(貪)·진(瞋)·치(癡) 삼독심(三毒心)에 가린 안목으로 보는 것이니까 극락으로 안 보이는 것입니다.

따라서 부처를 자기 마음 밖에서 구하고, 극락을 자기 마음밖의 저 만치 십만억 국토 밖에서 구하는 염불은 방편염불(方便念佛)입니다. 우리가 흔히 말하는 염불은 방편염불입니다. 진실이 아니라는 말입니다.

그러나 참다운 염불이 바로 염불선(念佛禪)인데, 이것은 '자기 마음의 본바탕이, 자기 마음이 바로 부처다 또한 동시에 우주가 바로 부처다.'고 생각하는 것입니다. 이와 같이 하는 염불이 바로 염불선입니다.

생각해 보십시요. 참선이 무엇인가? 참선은 바로 내 부처를 구합니다. 천지우주 만유가 바로 부처인 것을 우리가 느끼고 생각하면서 내가 부처가 되는 것을 선(禪)이라 하는 것입니다. 그러므로 그와 같은 염불은 바로 선(禪)에 해당하는 것입니다.

따라서 방편적으로 하는 즉, 자기 마음 밖에서 부처와 극락을 구하는 식이 아니고 '내 마음이 바로 부처다. 내 마음의 본바탕이 부처다.'고 확실히 느끼고서 '극락 또한 내 마음 속에 있다.' 이렇게 느끼고서 하는 염불은 염불선(念佛禪)입니다.

묵조선(默照禪)은 주로 의지적(意志的)이라, 단전주할 때는 의지가 강하지 않으면 못합니다. 따라서 의지가 강한 쪽으로 수승한 선이고, 화두선(話頭禪)은 지적(知的)으로 참구하기 좋아하는 분들에게 적합한 지적으로 수승한 선인 것입니다.

그러나 부처님은 하나의 원리나 이치가 아니라 생명이기 때문에 일체 공덕을 다 갖춘 생명이기 때문에 다시 말하면 인격이기 때문에 부처님을 하나의 생명으로 구해야 하는 것입니다. 우리가 자기의 영원적인 님도 구하고 또는 사랑도 구하고 하듯이 말입니다.

부처님은 사랑 가운데 사랑이요, 님 가운데 님입니다. 일체 만유의 님이요, 평생 우리가 닦다가 종국에는 돌아가야 할 필경의 의지처, 이것이 부처입니다. 따라서 그러한 부처님을 참다운 님으로 한다는 말입니다.

그렇기 때문에, 다만 지적(知的)이나 의적(意的)에 그치지 않고 우리 인간 심리의 모두인 지(知)와 정(情)과 의(意)를 모두 조화적(調和的)으로 구하는 선법이 염불선입니다. 우리 마음으로 만족을 못 취하고 우리 마음이 안심이 못되면 공부를 오래 못합니다. 싫증나서 말입니다. 그러나 부처님을 자기 님으로 구하는 선법, 이것은 벌써 우리 감성이 만족한지라 구하면 구할수록 더 그립다는 말입니다.

따라서 우리 사부대중께서 하는 이런 선법 저런 선법 다 좋습니다. 또 해보면 다 그만치 거기에 따른 재미가 있습니다. 도인들이 제시한 법이니까 말입니다.

그러나 현대와 같이 이렇게 불안스러운 때 가정생활로 해서 여러 가지 액난이 많은 때 또는 항시 어느 때나 누구나가 할 수 있는 방법으로서 염불선(念佛禪)은 좋습니다.

천지우주가 바로 부처인지라 사람을 봐도 부처요, 개를 봐도 부처입니다. 어떤 때나 부처로 생각해도 손해가 없습니다. 가장 좋은 생각, 가장 좋은 행동, 가장 좋은 말이 부처입니다. 장사하는 사람이 자기 집에 들어오는 손님에 대해서 부처라고 생각해 보십시요. 인상이 좋아져서 그냥 장사가 흥왕합니다. 부처라고 생각하는 그 생각이 가장 옳은 생각이므로 옳은 생각을 하고 있으면 장사나 무엇이나 어떤 분야나 다 우리가 성공을 하게 되는 것입니다.

따라서 염불선(念佛禪)은 어떤 때나 할 수가 있고 누구나 하기 쉽고 제일 좋은 방법입니다. 그래서 부처님께서 가장 말씀을 많이 하셨습니다. 부처님 경전 가운데 200부 이상에서 염불을 말씀하셨던 것입니다.

그리고 제가 앞서 말씀한 바와 같이 어느 선법(禪法)으로 하더라도, 이미 힘을 얻은 분들은 좋지요. 그러나 아직 그런 선으로 해서 힘을 얻지 못한 분들은 이런 것을 느껴서 염불선을 하시는 것이 가장 합당합니다.

또 어떤 염불을 할 것인가 하는 것이 문제입니다.

그러나 내 자성(自性)인 동시에 우주의 본체인 부처님의 대명사가 바로 아미타불입니다. 아미타불에 귀의한다고 할 때에는 '나무 아미타불(南無阿彌陀佛)'입니다. 아미타불이 우리 중생을 구제하는 면에서는 '관세음보살(觀世音菩薩)'입니다. 다 똑같습니다. 나무 아미타불, 문수보살(文殊菩薩), 보현보살(普賢菩薩)이 따로 있는 것이 아니라 하나의 부처님인데, 다만 중생을 교화하는 공덕(功德) 면에서 이름만 차이가 있을 뿐입니다. 중생을 교화하는 면에서 중생을 자비로 제도하는 면에서 관세음보살이고, 또 지혜로운 면에서 문수보살·대세지보살입니다. 우리 영혼을 천도하는 면에서는 지장보살(地藏菩薩)이고 말입니다. 하지만 모두 다 하나의 부처님입니다.

공부하는 분들은 주문을 외우나 화두를 드나 나름대로 공부가 되면 재미를 느낍니다. 따라서 자기가 하는 공부법만이 제일 좋다고 합니다. 재미를 봤으니까 말입니다. 그러기에 고집을 부립니다. 그 공부에 대해서 어느 정도 득력(得力)을 좀 해놔서 말입니다. 그러나 그것만이 제일인 것은 아닙니다.

우리가 벌써 한 고비를 넘어버리면 하나인지라 상관이 없지만 고비를 넘도록까지는 어렵습니다. 다시 말하면 희락(喜樂)이라, 희락은 기쁨을 맛보는 것이지요, 우리 중생의 삿된 그러한 고통을 떠나서 영생에서 오는 희락을 맛본 뒤에는 하나가 되어 버립니다. 그러나 미처 거기까지 이를 때가 어려운 것입니다. 그러나 여러 가지 행법 가운데 희락(喜樂)에 이르기까지 하기 쉬운 것이 곧, 염불선입니다.

선(禪)의 자세(姿勢)

　　일상삼매(一相三昧)…여묘포서(如猫捕鼠)
　　일행삼매(一行三昧)…여계포란(如鷄抱卵)

그러면 참선하는 자세는 어떻게 해야 할 것인가?
참선은 일상삼매(一相三昧)와 일행삼매(一行三昧)로써 해야 합니다.
일상삼매(一相三昧)는 무엇인가? 비유하면 여묘포서(如猫捕鼠)라, 고양이가 쥐를 잡을 때는 한눈을 팔지 않습니다. 쥐란 놈이 하도 재빠르니까 한눈을 팔면 쥐를 놓쳐 버립니다. 따라서 마치 고양이가 한눈도 팔지 않고 쥐를 노려보듯이 그와 마찬가지로 우리 마음이 '내가 부처요, 천지가 바로 부처라.'는 그 마음을 잠시도 놓지를 않는다는 말입니다. 고양이가 쥐를 노리듯이 오로지 거기에다 마음을 안주시키는 것입니다. 이러한 식이 일상삼매입니다.
일행삼매(一行三昧)는 여계포란(如鷄抱卵)이라, 마치 어미 닭이 계란을 품듯이 하는 것입니다. 어미 닭이 계란을 품으면서 파뜩파뜩 함부로 경망하면 계란이 부화가 되어 닭이 되겠습니까? 어미 닭이 계란을 품을 때는 오랫동안 참고서 품어야만이 닭이 됩니다. 그와 마찬가지로 비록 우리가 지금 천지우주를 부처라고 본다고 한다 하더라도 우리가 아직 진짜 부처는 다 못된지라, 진짜 부처가 되려면 '내가 부처요, 천지우주가 부처인 것'을 항시 느껴야 합니다. 항시 느끼고 있으면 그때는 우리 마음 가운데 번뇌가 녹아져서 자연적으로 부처가 되고 마는 것입니다.

따라서 참선은 마치 닭이 계란을 품듯이 오랫동안 염불하고 염불하고 또는 화두들고 화두들어야 한다는 말입니다. 이것이 일행삼매입니다. 이렇게 해서 공부하시기를 바랍니다. 여러분은 기왕 선(禪)을 시작하신 것이니까 선 가운데 최고 상승선(上乘禪)을 하되 그 가운데 공안·화두를 드는 선도 있고 또는 묵조하는 선도 있고 또는 염불하는 선도 있는 것인데, 그 가운데서 우리가 간택(簡擇)하면 됩니다.

화두 드는 선은 참구적으로 좋고, 묵조는 의지 쪽으로 좋고, 염불하는 선은 지와 정과 의가 다 조화된 선이라는 것을 생각하면서 골라서 하시기 바랍니다.

선정(禪定)의 십종공덕(十種功德)

1. 안주의식(安住儀式) 2. 행자경계(行慈境界)
3. 무번뇌(無煩惱)   4. 수호제근(守護諸根)
5. 무식희락(無食喜樂) 6. 원리애욕(遠離愛慾)
7. 수선불공(修禪不空) 8. 해탈마견(解脫魔羂)

9. 안주불경(安住佛境)   10. 해탈성숙(解脫成熟)

『월등삼매경(月燈三昧經)』七

여기에는 돌아가셔서 선을 지도할 만한 선생님도 계시는 모양이니까 선(禪)의 공덕에 대해서 대강 또 말씀을 드리겠습니다.

물론 선이 자기 성취의 최상의 길입니다만 또한 구체화시켜서 선의 공덕(功德)을 대강 알아야만 선이 좋다는 것을 더욱더 역설할 수가 있겠습니다.

선정(禪定)을 닦음으로 해서 얻어지는 공덕을 열 가지로 말한 것입니다. 선정에는 무량공덕이 있고 종당에는 다 성불이 되겠지만, 우선 이와 같이 공덕을 나누어서 간추린 것입니다.

한 가지는 안주의식(安住儀式)이라, 이것이 무엇인가 하면 우리가 참선을 닦으면 자연적으로 우리 몸이 정화되고 마음이 안정되어서 우리 행동이 얌전하게 된다는 것입니다. 아주 안온한 행동을 취한다는 말입니다.

그 다음은 행자경계(行慈境界)라, 선정을 닦으면 자비심이 많아집니다. 우리 행동이 거치르면 자비심도 나올 수가 없습니다만 선을 닦으면 우리 생리가 정화되고 마음이 정화되는 관계상 저절로 자비심이 나온다는 말입니다. 자비심을 스스로 내는 경계가 행자경계입니다.

다음은 무번뇌(無煩惱)라, 번뇌가 없다는 말입니다. 탐(貪)·진(瞋)·치(癡) 삼독심(三毒心)은 역시 우리 생리나 마음이 정화가 안되어서 발동되는 것입니다. 그런데 참선을 하면 저절로 탐심이나 진심이나 치심이 발동을 하지 않는 것입니다. 그래서 무번뇌입니다. 번뇌가 없게 된다는 말입니다.

그 다음은 수호제근(守護諸根)이라, 참선하면 자연적으로 우리의 6근(根)인 눈·귀·코·입·몸·뜻을 보호해서 우리의 시각·청각·후각·미각·촉각 등 감각들을 바른 방향으로 유도한다는 말입니다.

부설(浮雪) 거사(居士) 게송(偈頌)에 이런 말이 있습니다. 부설거사는 거사로서는 아주 위대한 분 아닙니까.

'목무소견무분별(目無所見無分別)이요.' 눈으로 무엇을 보아도 분별이 없다는 말입니다. 우리 눈으로 보는 것은 소견(所見)으로 보지 않아 분별이 없고,

'이청무성절시비(耳聽無聲切是非)라.' 우리 귀로는 소리를 듣는다 하더라도 소리에 대한 시비(是非)를 내지 않는다는 말입니다. 선(禪)을 닦으면 자연적으로 시비나 어떤 분별은 내기가 싫은 것입니다. 또 저절로 낼 수가 없게 됩니다. 차근차근 부처가 되어 가니 무슨 시비를 내겠습니까. 눈에는 보이는 소견에 따른 분별이 없고, 또 우리 귀는 무슨 소리를 듣는다 하더라도 좋다 궂다 하는 시비를 안 낸다는 말입니다.

'분별시비도방하(分別是非都放下)하고' 분별이나 시비를 다 놓아버리고서,

'단간심불자귀의(但看心佛自歸依)라.' 다만 자기 부처한테 귀의할 뿐이라는 말입니다.

공부하는 분들은 이래야 합니다. 눈으로 보아도 분별을 안내고, 귀로 들어도 시비를 안 느끼고, 다 놓아버리고서 오직 부처한테만 귀의

한다는 말입니다. 그래야만 우리가 성불을 합니다. 그런 경계가 수호제근(守護諸根)입니다. 우리 6근(根)을 다 청정한 쪽으로 보호한다는 말입니다.

다음은 무식희락(無食喜樂)이라, 안 먹어도 희락을 느낀다는 말입니다. 우리 범부가 생각할 때 사람의 행복은 잘 먹고 의식(衣食)이 좋고 모두 그런 것을 행복으로 느낍니다만 실은 그런 것은 욕계 번뇌가 끼어 있을 때의 말입니다. 번뇌가 떨어졌을 때는 음식에 대해서는 별로 생각이 없는 것입니다.

그리고 또 우리가 참선하면 경안(輕安)이라, 자기 몸도 가뿐하고 마음도 가볍습니다. 자기 몸과 마음에 별로 부담을 느끼지 않습니다. 이 정도가 되어야 선에서 조금 힘을 얻었다고 하는 것입니다. 득력(得力)이라 하는 것입니다.

이렇게 되어서 이런 경계가 지나가면 그때는 희락지(喜樂地)라, 기쁨을 느낀다는 말입니다. 한없는 환희심을 느낍니다. 그때는 그냥 감사해서 눈물이 주룩주룩 나올 정도로 환희심을 느낍니다. 따라서 이런 경안을 얻어 몸도 마음도 가뿐하여 아무 부담없이 상쾌하고 그와 동시에 희락지라, 희락을 느끼면 그때는 음식에 대한 생각이 없습니다. 이성(異性)·음식(飮食) 또는 지위(地位)에 생각이 없는 것입니다. 따라서 안 먹어도 희락을 느끼고 기쁨을 느끼는 것입니다.

그 다음은 원리애욕(遠離愛慾)이라, 이성간의 사랑이나 모든 애욕(愛慾)을 다 떠나버린다는 말입니다. 우리가 생각할 때는 조금 무미하다고 생각할려는가 모르지만 실은 무미하지가 않는 것입니다. 선(禪)을 닦아

얻는 행복은 어디다 비교할 수가 없는 것입니다.

일곱번째는 수선불공(修禪不空)이라, 비록 아공(我空)·법공(法空)을 느끼고 우리가 공을 닦는다 하더라도 공관(空觀)을 많이 한다 하더라도 공관에 사무치고 참선에 사무치면 다만 공에 머물지 않고서 참다운 진공묘유(眞空妙有)라, 영원적인 불성(佛性)을 우리가 본다는 말입니다. 공(空)을 말로만 추상적으로 말할 때는 공에 치우칩니다만 닦아서 얻은 공은 공에 안 치우칩니다. 바로 진공묘유, 불성을 얻는 것입니다. 바로 닦으면 수선불공이라, 우리가 공에 안 떨어진다는 것입니다.

또 해탈마견(解脫魔羂)이라, 마구니의 그물을 다 벗어버리는 것입니다. '좋다, 궂다 또는 없다, 있다.' 하는 여러 가지 우리의 욕망, 이런 저런 번뇌의 얽힘이 마견(魔羂)인데, 그런 마견을 다 벗어버린다는 말입니다. 마구니의 걸림을 우리가 다 해탈한다는 말입니다.

그 다음은 안주불경(安住佛境)이라, 부처님의 경계에 편안히 머문다는 말입니다. 번뇌가 없거니 응당 부처님의 경계에 편안히 머물겠지요.

다음은 해탈성숙(解脫成熟)이라, 차근차근 해탈되어서 우리 마음에 있는 마지막 번뇌의 씨까지 다 뽑아버린다는 말입니다. 그래서 그때는 성불이 된다는 것입니다. 이런 것이 참선 공덕으로 오는 것입니다. 요새 말로 하면 우선 참선하고 있으면 우리가 혈액 순환이 좋아져서 이산화탄소같은 그런 것도 역시 차근차근 다 제거되는 것입니다.

원래 불성(佛性)이란, 무한의 힘이 있고 무한의 공덕이 있는지라 참선을 닦으면 닦을수록 자기가 모르는 영원적인 무한의 힘이 자기한테 오는 것입니다.

염불(念佛)의 십종이익(十種利益)

1. 명중호지익(冥衆護持益)   2. 지덕구족익(至德具足益)
3. 전악성선익(轉惡成善益)   4. 제불호념익(諸佛護念益)
5. 제불칭찬익(諸佛稱讚益)   6. 심광조호익(心光照護益)
7. 심다환희익(心多歡喜益)   8. 지구보덕익(知具報德益)
9. 상행대비익(常行大悲益)   10. 입정정취익(入正定聚益)

『정토론(淨土論)』

그 다음에는 우리가 닦는데 따라서 얻어지는 이익이 화두나 묵조나 다른 공부에도 있습니다만 특히 염불하는 이익을 말하는 것에 염불십종이익이라, 화두나 또는 묵조나 그런 공부에도 거의 비슷비슷하나 특히, 염불하는 분들은 이런 공이 있다는 말입니다.

첫째 명중호지익(冥衆護持益)이라, 명중(冥衆)은 사람 눈에 안 보이는 귀신이나 신장(神將)·용(龍)·야차(夜叉) 등 그런 존재들을 말하는 것입니다. 우리 눈에는 안 보인다 하더라도, 용이나 또는 천상인간이나 귀신이나 그런 신장들이 굉장히 많은 것입니다. 우리가 염불을 하면 이런 분들이 좋아서 우리를 지키는 것입니다. 그러한 눈에 안 보이는 신장이나 그러한 명중(冥衆)이 우리를 지키는 이익이 있는 것입니다.

그 다음은 지덕구족익(至德具足益)입니다. 염불하면 우리가 부처 이름을 자꾸 외우고 생각하는지라 우리가 걸음걸음 부처 이름을 외우면 걸음걸음 부처가 되어 가는 것입니다. 본래 부처거니 내가 부처님을 믿고 부처 이름을 외우는데 어찌 부처가 안되겠습니까.

따라서 우리가 염불하고 있으면 걸음걸음 부처가 되어가는 관계상 부처한테 갖추어 있는 무량공덕을 우리가 스스로 갖춘다는 말입니다. 그래서 염불을 많이 한 분들은 후덕하게 보이는 것입니다.

그 다음은 전악성선익(轉惡成善益)이라, 염불하면 우리 심신(心身)이 정화(淨化) 되어서 모든 악(惡)을 능히 다 끊어버리게 됩니다. 부처님을 생각하고 외우면 오역(五逆)·십악(十惡)등 모든 죄의 업장(業障)을 없애고 말할 수 없이 큰 선근(善根)을 성취하는 이익이 있다는 말입니다.

다음은 제불호념익(諸佛護念益)이라, 부처님은 생명으로 보아야 합니다. '부처를 불러도 부처는 모른다. 그냥 내 마음만 맑아진다.' 이런 것이 아니라, 부처님은 일체 공덕을 갖춘 천지우주의 생명이기 때문에 우리가 한번 부르면 부른만치 다 아시는 것입니다. 우리가 절을 하면 다 보시는 것입니다. 우리가 느끼는 것 우리가 부르는 것 우리가 하는 것을 다 아시는 것입니다. 그리고 우리가 부르면 부를수록 그때는 좋아하시는 것입니다. 따라서 제불(諸佛)이 일체 부처가 다 우리를 보호하고 지키고 생각한다는 말입니다. 그런 이익이 있는 것입니다.

다음은 제불칭찬익(諸佛稱讚益)이라, 또한 동시에 모든 부처가 우리를 칭찬한다는 말입니다. 세상에서 제일 좋은 이름이요, 제일 높은 이름인 부처 이름을 외우는데 칭찬을 안하시겠습니까?

여섯째 심광조호익(心光照護益)이라, 부처님은 광명(光明)입니다. 부처님의 생명이 광명인지라, 우리가 부르고 외우면 그 광명이 우리한테 와서 우리를 비추고 보호한다는 것입니다.

그 다음은 심다환희익(心多歡喜益)이라, 외우면 외울수록 정화되어서 우리 마음이 환희심을 느낀다는 말입니다. 해보신 분들은 알겠지요.

그 다음은 지구보덕익(知具報德益)이라, 그때는 그냥 너무 고마워서 일체 중생에게 덕을 베풀고 부처님 은혜를 보답할려고 애쓰게 됩니다. 자기 환희심을 느끼고 자기 행복감에 겨워서 이런 공덕을 남한테 돌리고 부처님한테 그 은덕을 갚는 행동을 취하게 되는 것입니다.

그 다음은 상행대비익(常行大悲益)이라, 항시 대비(大悲)의 자비심을 내고 자비스런 행동을 하게 되는 것입니다.

그 다음은 입정정취익(入正定聚益)이라, 이런 분들은 결정코 성불하고 극락세계에 간다는 말입니다.

우리 중생이 극락에 가고 못 가는 구분으로 삼정취(三定聚)라는 말이 있습니다. 그 가운데 사정취(邪定聚)라, 업장이 아주 무거운 사람들은 극락에 못가게 되는데 이것이 사정취입니다. 또한 업장이 별로 안 무거운 사람들, 어정쩡한 그런 분들은 부정취(不定聚)라, 어떤 때는 극락에 가기도 하고, 어떤 때는 못 가기도 한다는 말입니다. 즉 말하자면 극락에 가고 못 가는 기로(岐路)에 있다는 말입니다. 이 분들이 부정취입니다. 그리고 아까 말씀한, 업장이 가볍고 염불이나 화두를 많이 들어서 정화된 분들은 결정코 극락에 가고 성불한다는 말입니다. 그분들이 정정취(正定聚)에 해당합니다.

오늘은 제가 말씀을 너무 많이 드려서 이만 마칩니다.

3. 실상염불(實相念佛)·참선(參禪)·삼매(三昧)

행해상응(行解相應)

우리는 불법에 모두 귀의했지만 아시는 바와 같이 같은 불법(佛法)에도 우리나라에는 지금 18종파나 있습니다. 또한 그런 종파내에서도 역시 똑같은 것이 아니라 자기의 개성에 따라서 자기가 어떻게 진리를 연구했는가에 따라서 각기 다릅니다. 불교가 전래된 이후 오랜 세월을 거쳐오는 동안 지나온 과정을 회고해 보면 참 복잡했습니다.

어떻게, 무엇을 스승으로 할 것인가? 행법(行法)에 있어서 큰스님들을 만나 뵈면 만나 뵌 분마다 같은 말씀을 안합니다. 물론 똑같은 말씀도 있겠지만 다른 말씀을 하시는 분이 대부분입니다. 또는 상대방을 대체로는 비방하는 말씀도 합니다.

옛날 큰스님들에게서나 현대도 마찬가지지만 이러한 데서 참다운 법, 참다운 성자가 말한 정통법(正統法)을 선택한다 하는 것은 지극히 어려운 문제입니다.

따라서 부처님 법문에 팔정도(八正道), 칠각지(七覺支)라는 법문이 있습니다만 여러분들께서는 앞으로 부처님의 기본 교리는 외우셔야 합니다. 가사 삼보(三寶)라든가, 사제법문(四諦法門), 십이인연법(十二因緣

法), 육바라밀(六波羅蜜), 팔정도(八正道) 또는 칠각지(七覺支), 이런 기본적인 법문은 별로 많지도 않으므로 꼭 외우셔야 하는 것입니다. 우리 인생의 중요한 지침이 되는 법문이므로 이런 정도는 외워야 합니다. 이런 법문은 우리 인간성을 탐구하는데 참으로 중요한 지침입니다.

그런데 칠각지 법문에서 맨 처음에 택법(擇法)이라, 자기에게 알맞는 행법(行法)을 가리는 것입니다.

사리불(舍利弗,Śāriputra) 존자가 목건련(目犍連,Maudgalyāyana) 존자한테 한번 놀러 갔습니다. 목건련 역시 부처님의 위대한 십대제자(十大弟子) 가운데서 신통제일(神通第一) 아닙니까. 그때 마침 목건련의 제자 두 분이 목건련 앞에 와서 호소를 하는 것입니다.

"우리들은 도저히 공부가 안됩니다. 벌써 출가한지 오래 되었는데도 도저히 공부가 익어지지 않습니다." 하고 호소를 하는 것입니다.

그런데 그 두 제자 중 한 사람은 출가하기 전에 성냥간(대장간)에서 풀무질하는 일을 했었고, 또 한 사람은 세탁업을 했었던 것입니다. 그런데 목건련이 그들의 근기(根機)를 잘 몰라서 곧, 그 사람의 개성을 잘 몰라서 풀무질했던 사람에게 부정관을 시키고 세탁업을 했던 사람에게는 수식관을 시켰던 것입니다.

부정관(不淨觀)이란 '내 몸도 부정(不淨)하고 천지우주가 모두가 다 더럽고 부정스럽다.' 하는 관법(觀法)으로 우리 욕심을 제거하는 법입니다. 뭐라해도 우리가 욕망을 제거한다는 문제가 가장 어렵지 않습니까?

수행법도 여러 가지로 많이 있지만 맨 처음에 어려운 수행법을 시킨다면 업장이 많은 사람은 잘 안 나아갑니다. 따라서 업장을 녹이기 위해서, 탐심이 많은 사람에 대해서는 '내 몸은 피나 고름이나 오줌이나 똥이나 그런 부정한 것으로 충만해 있고 또 죽어지면 썩어져서 냄새가 고약하고 문드러 터져 부정한 것이다.' 하는 부정관법(不淨觀法)으로 탐욕심을 제거시키는 것입니다.

그리고 산란심(散亂心)이 많은 사람에게는 수식관(數息觀)이라, 숨을 내쉬고 들이쉬는 호흡을 헤아리는 관법으로 산란한 마음을 고요하게 하는 것입니다.

목건련은 도(道)는 약간 좀 통해서 어렴풋이는 안다 하더라도 별로 지혜가 없어나서 잘 분간을 못했겠지요. 그러나 사리불은 목건련의 도반(道伴)이지만 지혜가 수승해서 그냥 척 알았다는 말입니다.

'아, 잘못 됐구나! 풀무질은 어느 정도 간격을 두고서 마치 호흡 모양으로 하는 것이니까, 풀무질을 했던 사람에게는 마땅히 수식관을 시켜야 하는 것이고, 또 빨래 세탁을 하는 직업을 가졌던 사람은 더러운 것을 자꾸만 빠는 것이니까 그 사람에게는 부정관을 시켜야할텐데…'

그래서 사리불이 목건련에게 말했습니다.

"아, 그대가 잘못되었네. 마땅히 풀무질하다 온 사람에게는 수식관을 시켜야 하는 것이고, 또 빨래를 하는 직업이던 사람에게는 부정관을 시켜야 될 것인데 잘못 되었네."

그래서 목건련이 그와 같이 그들의 적성에 맞춰서 행법(行法)을 제시하니까 이윽고 얼마 안 가서 그냥 깨달았다는 것입니다.

우리는 이런 것을 보더라도 자기 적성에 맞는 행법, 또는 부처님의 정법(正法)에 맞는 행법이라는 것이 지극히 중요합니다.

참선(參禪)한다는 것은 별로 많은 말씀을 필요로 않는 것입니다. 저번에도 말씀드렸습니다만 참선은 원래 불립문자(不立文字)라, 문자를 거기에 안 넣고 직지인심(直指人心)이라, 오직 사람 마음을 딱 집어서 마음을 깨닫게 하는 것입니다. 그렇기 때문에 원래 말도 많이 않고, 말 대신에 그냥 버럭 고함을 지르기도 하고 또는 방(棒)으로 후려치기도 하였던 것입니다. 그런데 옛날 식은 그렇게 했다 하더라도 현대같이 이렇게 복잡한 때는 역시 아까 말씀드린 바와 같이 택법(擇法)이라, 여러 가지 복잡한 가운데서 법(法)을 골라야 한단 말입니다. 그렇기 때문에 저도 별로 많은 말씀을 하고 싶지도 않고 또 잘 모릅니다만, 여러 가지 복잡한 가운데서 부처님 정법을 가려내기 위해서 부득이 제가 말씀을 하는 것입니다.

그리고 또 우리 사부대중이 참고로 해야 할 것은 행해상응(行解相應)이라, 실천하는 행(行)과 풀이하는 해(解)가 같이 상응(相應)되어야 한다는 말입니다.

그러나 어떤 분은 행(行)과 해(解)가 같이 아울러서 행(行)도 많이 하고 여러 가지 교리도 많이 아는 분들이 계시지만 더러는 치우친 분도 있습니다. 가사 책도 많이 보고 연구를 많이 했지만 별로 닦음은 없는 그런 분들은 체험이 부족해서 역시 바르게 못 느낍니다. 또 불교라는 것이 마음 닦아 가는 공부라서 마음 닦지 않으면 교리를 많이 알아도 분간을 못합니다.

불교 말로 통달보리심(通達菩提心)이라, 마음이 탁 틔여서 마음이 개운하면 바로 볼 수가 있지만, 통달보리심에 이르지 못하면, 경(經)을 보아도 이것 보면 이것이 옳고, 저것 보면 저것도 옳고, 분간을 할 수 없게 된다는 말입니다. 우리 불교공부는 교리 풀이와 행이 같이 아울러야 하는 것입니다.

또는 행(行)만 들이 많이 하고 닦기는 많이 했지만, 교리는 별로 모르는 경우에, 물론 우리가 닦아서 그냥 부처님 지위에 뛰어 올라가면 모르지만 부처님 지위에 올라가려면 쉽지가 않은 것입니다. 따라서 약간 닦았다 하더라도 부처님의 심수오묘(深邃奧妙)한 교리를 어느 정도 연구 안하면 바른 길을 모르고 바른 닦음이 되기가 어렵습니다.

그렇기 때문에 부처님 교리를 바로 알고 바로 닦기 위해서는 행해상응(行解相應)이라, 닦아서 가는 행(行)과 교리를 풀이하는 해(解)가 나란히 상대해 가야만이 우리가 바로 나아갈 수 있다는 말씀입니다.

제가 아는 분 가운데 위대한 분의 하나입니다만 지금 나이가 구십도 넘었고 옛날에 불교대학도 나온 그런 분이 계십니다. 그런데 그분한테 몇번 가서 말씀을 가만히 들어 보니까 그분은 자기 스스로는 염주를 돌리며 관음주력을 하면서 참선 말만 나오면 그때는 화두를 들어야 한다고 역설하는 것입니다. 그렇게 모순적인 말씀을 하시는 분이 한두 분이 아닙니다. 우리는 그런 것을 볼 수가 있고 또 가사 염불을 한다 하더라도 '염불은 어떻게 해야 한다.' 하고 불교를 믿는 분들의 말씀을 들어 보면 참 구구합니다.

또 우리 한국은 염불종(念佛宗)이라 하는 한 종파만 있는데 일본에는 같은 염불을 하는데도 염불종(念佛宗)이 세 파나 있고 또 그 세 파 모두가 다 각각 한 종파가 우리 한국불교 전체보다도 더 많습니다. 그 가운데 일본의 진종(眞宗)은 절 수가 만 개가 넘고 불교대학도 몇 개나 되는 종파로 그 진종(眞宗) 사람들은 염불을 하는데도 그냥 부처님 이름만 계속 부릅니다. 부처님 상호를 생각하는 것을 배격합니다. 일본 사람들은 민족성이 굉장히 배타적인 면이 강해서인지 같은 염불을 하는데도 꼭 이름만 불러야 하며 이름 부르는 이외는 그냥 배격하는 것입니다.

또 한 가지는 시종(時宗)이라, 염불을 하더라도 때를 골라서 하여야 한다는 종파이고 또 한 가지는 융통염불종(融通念佛宗)이라, 염불을 하더라도 계행(戒行) 또는 참선, 모두를 원융무애하게 하라는 종파입니다. 이와 같이 같은 염불종에도 세 파나 있습니다.

또 아시는 바와 같이 일련종(日蓮宗)과 같은 종파는 일련(日蓮:1222~1282) 대사를 부처님 다음 가는 분으로 보지 않습니까. 그 종파도 굉장히 수가 많습니다. 창가학회(創價學會)나 그런 종파는 한 종파에서 공명당이라는 정당도 내고 있습니다. 그 정도로 세력이 강하고 오백만 신도가 넘는다고 합니다. 그러나 그런 종파에서도 자기들이 하는 『나무묘법연화경(南無妙法蓮華經)』즉 일본말로 '나무 묘우호우렌게교우' 하는 『법화경(法華經)』이름을 외는 것 이외는 다 나쁘다고 비방합니다. 자기들 하는 것만이 성불하는 길이라고 주장합니다. 같은 불교도 이렇게 하는데 서로 다른 종교야 오죽이나 다른 종교를 비판하고 비방하겠습니까. 따라서 좀 어렵더라도 불교를 믿는 분들은 교리를 어느 정도 아셔야 합니다. 그래야 바른 길을 분간한다는 말씀입니다.

저도 역시 청화라는 한 개인의 개성에 제한됩니다. 절대가 아닌 것입니다. 제가 말씀드린 것도 저는 공평하려고 애씁니다만 또 역시 저라는 하나의 개인에 제한됩니다. 따라서 여러분들께서는 참고로 하시고 여러분께서 스스로 고르셔야 합니다.

저는 다만 부처님이나 부처님 뒤의 정통 조사(祖師) 스님들의 말씀을 소개할 뿐입니다. 같은 법문도 역시 정평이 있는 도인이 아니라 그렁저렁한 도인, 도인인가 아닌가 모르는 사람들의 말은 별로 참고할 필요가 없습니다.

부처님 말씀, 부처님 뒤의 정통 조사 스님의 말씀을 우리가 참고로 해야만이 혼동을 느끼지 않습니다. 부처님과 부처님 뒤에 나오신 달마(達磨) 대사라든가 또는 용수(龍樹,Nāgārjuna:200~300)보살·마명(馬鳴,Aśvaghoṣa:200~300)보살 또는 육조혜능(六祖慧能:638~713)스님, 한국으로 말하면 원효(元曉:617~686)대사·의상(義湘:625~702)대사·보조(普照知訥:1158~1210)국사·태고(太古普愚:1301~1382)국사·무학(無學自超:1327~1405)대사·진묵(震默:1562~1633)스님·서산(西山休靜:1520~1604)대사·사명당(四溟堂惟政:1544~1610) 이런 분들 말씀은 다 옳다고 봐야 하는 것입니다. 그런 분들 말씀만 주로 해서 이제 소개를 드리는 것입니다.

사종염불(四種念佛)

1. 칭명염불(稱名念佛)…부처님의 명호(名號:이름)를 외우는 염불
2. 관상염불(觀像念佛)…부처님의 원만한 덕상(德像)을 관찰하면서 하는 염불
3. 관상염불(觀想念佛)…부처님의 무량공덕을 상념(想念)하면서 하는 염불
4. 실상염불(實相念佛)…실상(實相) 곧, 진리를 관조(觀照)하는 염불

염불도 칭명염불(稱名念佛), 관상염불(觀像念佛) 또 관상염불(觀想念佛), 실상염불(實相念佛) 이렇게 네 가지 종류로 보통 말합니다.

맨 처음 칭명염불(稱名念佛)이라, 부처님 이름 즉 부처님의 명호(名號)를 외운다는 말입니다. 부처님의 이름은 명호(名號)라 합니다. 우리 같은 사람의 이름은 명호라 하지 않습니다.

따라서 관세음보살이나 아미타불이나 약사여래나 이런 이름은 명호가 되겠지요. 이러한 부처님의 명호를 부르면서 외우는 염불이 칭명염불입니다. 아까 제가 말씀한 바와 같이 일본 사람들 염불은 명호만 부르는 염불이 제일 많습니다. '명호만 불러서 무슨 공덕이 있으랴.' 이렇게 말하는 분도 있겠지요.

부처님에 대해서 주로 말씀한 경전이 많이 있으나『대무량수경(大無量壽經)』에는 특히 나무 아미타불, 관세음보살에 관해서 말씀을 많이 했습니다.『대무량수경』에 보면 아미타불이 중생을 제도하려고 과거에

원력(願力)을 세웠다는 것입니다. 원력이 끝도 갓도 없이 많지만 그 원력을 간추려서 48원(四十八願)이라, 마흔여덟 가지 원을 세웠다는 말입니다. 모두가 다 '중생을 어떻게 하면 빨리 극락세계로 인도할 것인가, 어떻게 하면 무상대도(無上大道)로 인도할 것인가?' 이런 것을 염원(念願)해서 세운 원력(願力)입니다.

그 원력 가운데서 제18원(第十八願)이라, 열여덟번째 원이 염불왕생원(念佛往生願)이라, '부처님 이름을 부르면 극락세계에 태어난다.' 이렇게 보장한 서원이 있습니다. 염불하면 반드시 왕생이라, 성불하는 것이나 극락세계에 가서 나는 것을 보고 왕생이라 합니다.

따라서 부처님 이름만 외우며 염불하는 종파들은 그것만 내세워서 '부처님이 보장했으니 틀림없다.' 그렇게 주장합니다. 물론 이것도 또한 사실입니다. 비록 관찰(觀察)도 참구도 않고 이름만 외운다 하더라도 꼭 성불이 됩니다. 부처님 말씀을 안 믿을 수가 없는 동시에 생각해 보더라도 그럴 수 밖에 없습니다. 어째서 그런가 하면, 원래 부처인지라 또는 부처님의 이름은 사람 이름과 달라서 부처의 공덕을 간직해 있는 이름이기 때문입니다. 사람 이름도 그 사람 이름을 자꾸만 부르게 되면 그 사람 영상(映像)이 떠오르는데 하물며 부처님 이름은 부처님의 공덕을 거기에 다 간직한 이름이요 우리가 본래 부처인데 말입니다.

그러기에 명호부사의(名號不思議)라, 이름 자체가 부사의라는 말입니다. 우리같은 김아무개, 박아무개라는 이름은 부사의한 것이 아닙니다. 중생이 아무렇게나 지은 이름이지만 부처님 이름은 부처님께서 친히 무량공덕을 갊아있게[藏], 담게시리 만든 진리의 이름이기 때문에 이름만 불러도 우리의 업장이 녹아지는 것입니다. 또 우리가 본래 부처이고 말입니다.

따라서 자꾸만 외우면 외울수록 우리 마음에 부처의 종자가 더 심어지고, 업장의 종자는 차근차근 감소가 됩니다. 그렇게 되어서 부처를 생각하는 마음은 더욱 강해지고 드디어 우리 마음에 부처님을 생각하는 마음만 남으면 그때는 성불하게 되겠지요. 원래 부처니까 말입니다. 따라서 염불만 해도 성불한다는 말씀이 조금도 틀림없는 말씀입니다.

그러나 부처님 이름만 외워서는 어쩐지 좀 무미합니다. 우리가 공부가 되어 상당히 올라가서는 가만히 있어도 염불이 되는 것이지만 처음 어느 단계까지 올라가려면 역시 이름만 외워서는 좀 미심쩍습니다. '내가 이름만 외워서 어떻게 될 것인가.' 하고 말입니다.

그런 때에 관상염불(觀像念佛)이라, 부처님의 자비롭고 만덕을 갖춘 원만상호(圓滿相好)를 관찰한다는 말입니다. 부처님을 우러러 보면서, 앙모(仰慕)하면서 염불을 한다는 말입니다. 그러면 염불이 더 잘 되겠지요. 따라서 그냥 이름만 외워서 너무 무미할 때는 이와 같이 부처님의 원만한 상호를 생각하고, 덕스러운 얼굴을 보면서 이름을 외우고 염불을 하는 것입니다.

그 다음은 관상염불(觀想念佛)이라, 부처님은 그야말로 자비나 지혜나 여러 가지 재주가 한량이 없지 않겠습니까. 이러한 부처님의 무량한 그런 공능(功能), 공덕(功德)을 상상하면서 하는 염불입니다. 이런 것도 역시 부처님을 그냥 이름만 외우는 것보다 내용이 보다 충실하겠지요. 그러나 역시 일반 대중은 하기가 어려울 것입니다. 부처님의 공덕이 무엇인지도 알 수 없기 때문입니다. 따라서 복잡한 것을 싫어하는 분들 또는 이것 저것 헤아리기를 싫어하는 분들은 이름만 외워도 분명히 성불하는 법입니다.

네번째는 실상염불(實相念佛)이라, 실상(實相) 곧 진리를 관조하면서 하는 염불입니다.

실상염불(實相念佛)

> 실상(實相)…불생불멸(不生不滅)하고 불구부정(不垢不淨)하여 영생상주(永生常住)한 진공묘유(眞空妙有)의 생명(生命) 자체(自體)를 의미함. 또한 진여(眞如)·여래(如來)·불(佛)·열반(涅槃)·도(道)·실제(實際)·보리(菩提)·주인공(主人公)·일물(一物)·본래면목(本來面目)·제일의제(第一義諦)라고도 함.

실상(實相)이나, 진리(眞理)나 또는 진여(眞如)나, 여래(如來)나 또는 부처[佛]나 열반(涅槃)이나 도(道)나 실제(實際)나 보리(菩提)나 주인공(主人公)이나 하나의 물건 즉, 일물(一物)이나 본래면목(本來面目)이나 또는 제일의제(第一義諦)나 똑같은 뜻입니다.

어떤 경(經)에서는 이렇게 말하고 어떤 경에서는 저렇게 말하고 경에 따라서 차이있게 말했으나 내용은 똑같습니다.

따라서 실상(實相)염불은 우리가 진리를 미처 모르지만, 아직 깨닫지 못했지만 부처님께서 밝히신대로 진리를 생각하면서 하는 염불입니다.

전에 말씀드린 바와 같이 우리가 보는 것은 망상(妄想)인 것이고 가상(假想)인 것입니다. 우리는 바로 못 보기 때문에 우리가 보는 것은 가상이요 부처님은 실상(實相)이기 때문에 우리가 가상을 떠나 실상을 생각하면서 염불을 한다는 말입니다.

우리 중생은 실상을 아직 못 봤습니다. 실상을 못 본 중생이 어떻게 실상을 보면서 할 것인가? 이것이 또 큰 문제가 되겠습니다.

우리가 닦아서 실상을 확실히 본다 하더라도 아직은 못 봤지만 부처님이나 도인들 말씀에 의지해서 실상이 어떻게 생겼는가 하면,

실상(實相)은 불생불멸(不生不滅)하여 원래 낳지도 않고 죽지도 않는 즉 원래 생(生)함도 없고 멸(滅)함도 없고, 또는 불구부정(不垢不淨)하여 더럽지도 않고 청정하지도 않고, 영생상주(永生常住)한 항시 죽지 않고서 머물러 있다는 말입니다.

사람이나 기타 현상계에 있는 모든 것은 항시 머물러 있지 않고 그때그때 소멸됩니다. 사람도 잠시간 머물러 있고, 우주만유도 잠시간 머물러 있습니다. 그런데 실상(實相)은 영생으로 항시 머물러 있습니다. 현상은 머물러 있지 않고 항시 변화해서 마지 않지만, 진리란 실상은 언제나 머물러 있습니다. 즉 말하자면 '실상(實相)은 낳지 않고 죽지 않고, 또는 더러운 것도 없고 청정한 것도 없고, 영생으로 항시 머물러 있는 진공묘유(眞空妙有)라 다만 텅 비어있을 뿐만 아니라 허공 가운데 가득 차 있는 묘한 그 무엇이라.'는 말입니다.

실상(實相)은 끝도 갓도 없이 허공 가운데 가득차 있는 그 무엇으로 구태여 이름지어 붙인다고 하면 '부처요 또는 도(道)요, 보리(菩提)요, 진여(眞如)요, 여래(如來)요.' 하는 것입니다.

참다운 것은 우리 중생이 볼 수 없지만 부처님 말씀에 의지해서 우리가 겨우 헤아려 본다고 하면 낳지 않고 죽지 않고 항시 영생으로 머물러 있는 모든 공덕을 갖춘 허공 가운데 가득차 있는 그 무엇이 실상입니다.

따라서 실상염불(實相念佛)은 어렵기는 제일 어려우나 부처님의 이름에 가장 합당한 이름이고 염불입니다. '아미타불(阿彌陀佛)' 하면 아미타불이란 이름과 실상(實相)과는 거의 계합(契合)하고 거의 합당합니다. 아미타불의 풀이가 무량광불(無量光佛)이요 또는 무량수불(無量壽佛)입니다. 무량광불이란 말은 광명이 우주에 가득 차 있다는 말이고 무량수불이란 영생한다는 말입니다. 또 청정광불(淸淨光佛)이요 무대광불(無對光佛)이라, 청정하고 상대가 없다는 말입니다. 이와 같이 부처님 이름은 실상에 걸맞는 이름입니다.

그러기에 우리가 실상염불을 할 때는 우리 마음을 천지우주로 해방시켜서 그 가운데 가득 차있는 그 무엇, 찬란한 그 광명, 이것을 생각하면서 하는 염불이 실상염불(實相念佛)인 것입니다. 이 염불이 실은 가장 어렵습니다. 그러나 이와 같이 실상을 생각하면서 하는 염불이라야 비로소 어제 말씀드린 바와 같이 염불선(念佛禪)이 되는 것입니다.

이름만 그저 외우고, 또는 상호만 관찰하고, 부처님의 어느 몇 가지 공덕만 생각하는 이런 염불은 아직은 염불선은 못됩니다.

원래 선(禪)이라 하는 것은, 제가 이제까지 말씀드린 바와 같이 우리 마음이 실상에 안주(安住)해서 실상인 진리에 머물러서 진리를 한시도 안 떠나는 공부가 바로 선(禪)입니다. 이것이 참선(參禪)입니다.

따라서 염불도 역시 그와 똑같이 부처님의 이름을 외우되 우리 마음이 부처님의 진리를 안 떠나야만이 실상염불이 되는 것이고 바로 염불선이라는 것입니다. 지금 한국의 여러 종단에서 염불을 합니다만 어떤분들은 실상염불이나 이런 염불선은 아주 어려워서 못한다고 배격합니다.

실상염불이 어려운 것은 사실이나 염불선이 되려면 그와 같이 자기가 부처님의 실상 곧 진리를 상상하면서 해야 염불선이 됩니다.

그러나 우리가 실지로 공부할 때는 항시 그러기는 어렵습니다. 따라서 우선 관념상 '내 본바탕도 역시 부처고, 우주가 모두가 다 부처 뿐이구나.' 이렇게 생각하면서 그냥 이름만 들이 불러도 그때는 실상염불이 되는 것입니다.

잘 명심하시기 바랍니다. 아까 말씀마따나 이름만 그냥 불러도 성불하는 법입니다. 그러나 기왕이면 이름과 그 실체 곧, 이름과 내용이 딱 알맞으면 더욱 성불이 쉽겠지요. 따라서 우리가 어렵게시리 철학적으로 생각할려면 너무 어려운 것이니까 그냥 쉽게 '내 몸의 본질도 역시 부처고, 산이나 내(川)나 천지우주가 모두가 다 부처 아님이 없다. 부처 뿐이구나.' 이렇게 생각하면서 하는 염불이면 이것이 실상염불이 되는 것이요, 또한 동시에 염불선이 됩니다.

정토경전(淨土經典)에 보면 '염불행자 인중분다리화(念佛行者 人中分陀利華)라.' 사람들이 이렇게 많이 있는 가운데서 염불하는 수행자는 분다리화(分陀利華,Puṇḍarīka:白蓮華)라 즉, 가장 향기로운 꽃이라는 말입니다.

따라서 '관음세지 기위승우(觀音勢至 己爲勝友)라.' 염불하는 분들은 그 벗[友]되는 사람들이 그냥 보통 여느 사람들이 아니라, 관음보살이나 대세지보살이나 그런 보살들이 좋은 벗이 된다는 말입니다. 우리가 부처임을 느끼고 부처 이름을 부르면 즉시에 관음보살이나 그런 보살들이 자기도 모르는 가운데 우리의 좋은 벗이 되어서 우리 주변에 있게 된다는 말입니다.

따라서 자기는 미처 모른다 하더라도 지성스런 마음으로 염불하고 있으면 벌써 보살들이 굽어보고서 우리의 벗이 되어서 우리 주변에 있다고 생각해야 하는 것입니다.

그리고 또 '염불삼매 총섭일체불법(念佛三昧總攝一切佛法)이라.' 우리 불법에 수행법이 많이 있는데 염불삼매는 일체 불법을 다 거두어 있다는 말입니다.

불교는 대도무문(大道無門)인지라, 불교가 하도 넓고 넓어서 일정한 문이 있는 것이 아닌지라 어떤 행법(行法)으로나 불법(佛法)에 들어가는 문이지만, 화두(話頭) 드는 것이나 무엇이나 다 성불하는 법이나 그 가운데서 가장 기본이 되는 행법(行法)이 역시 염불하는 법입니다.

염불하는 법을 기본으로 해가지고 화두나 묵조나 그런 다른 행법이 있습니다. 우리는 분명히 이것을 알아두어야 합니다. 그러기에 부처님께서 염불에 대한 말씀을 가장 많이 하셨고 또 정통 도인들은 다 말씀을 많이 했습니다.

그리고 어제 말씀마따나, 우리 심리(心理)는 보통 지(知)와 정(情)과 의(意)로 구분하는 하나의 속성인데 같은 공부도 역시 심리의 속성따라서 거기에 맞추어서 하면 더 빠릅니다. 그래야 빨리 합치(合致)되지 않 겠습니까.

　염불하는 공부는 우리의 지혜, 우리의 감성, 우리 의지 이것을 조화롭게 하는 공부입니다. 따라서 다른 것에 비해 훨씬 싫증도 덜 나기도 하고 또 빨리 성불하는 법입니다.

　사종삼매(四種三昧)

　　삼매(三昧,Samādhi)는 삼마제(三摩提)·정(定)·정수(正受)·조직정(調直定)·
　　정심행처(正心行處)·식려응심(息慮凝心)이라 번역함
　　1. 상좌삼매(常坐三昧)
　　2. 상행삼매(常行三昧):반주삼매(般舟三昧)
　　3. 반행반좌삼매(半行半坐三昧)
　　4. 비행비좌삼매(非行非坐三昧)

　그 다음에 사종삼매(四種三昧)라,
　선(禪)이라는 말과 삼매(三昧)라는 말을 우리는 꼭 외워 두어야 합니다. 불교를 말할 때는 꼭 삼매라는 말과 선이라는 말이 많이 나옵니다. 또 앞으로 두고두고 문제가 많이 될 것입니다.
　삼매(三昧)라는 말은 저 인도의 힌두교나 다른 종교에서도 많이 말씀을 합니다. 삼매는 삼마디(Samādhi)라 하는 말인데 보통 삼마제(三摩提)

라고 한문 음을 붙여서 말합니다만 간추려서 삼매(三昧)라고 합니다.

　삼매는 풀어서 말하면 정(定)이라, 선정(禪定)이란 뜻입니다. 우리 마음을 한 곳에 딱 머물러서 움직이지 않는다는 말입니다. 다시 말하면 잡념이 없이 하나의 것에만 몰두하는 것으로 우리 마음을 한 곳에 머물게 해서 산란스러운 마음이 없게 하는 것이 삼매입니다. 보다 더 확실히 말하면 우리 마음을 정법(正法) 즉, 바른 법에 머물게 해서 움직이지 않는 것이 삼매입니다.

　따라서 우리가 참선(參禪)할 때의 선(禪)이나 삼매(三昧)나 거의 같은 뜻입니다. 분별하기 좋아하는 사람들은 나누어서 이런저런 말을 합니다만, 내나 거의 같은 뜻입니다.

　그 다음은 정수(正受)라, 모든 사물을 바르게 감수한다는 것입니다. 우리 중생은 바로 감수를 못합니다. 자기 업장에 따라서 업에 여과(濾過)되어서 즉, 업에 걸려서 감수(感受)합니다. 따라서 판단을 바르게 못합니다. 우리 마음이 맑으면 만상(萬象)을 바로 다 비추어 볼 것인데 마음이 맑지 못하고 흐려놔서 만상을 바로 비추어 보지 못합니다. 우리 마음을 왜곡(歪曲)시켜서 만상을 수용(受用)합니다. 그런데 그렇게 하는 것이 아니라 바로 수용하는 것이 정수(正受)입니다.

　또 한 가지는 조직정(調直定)이라, 우리 마음을 조화시키고 구부러진 마음을 곧게 하는 공부가 삼매입니다.

　또 한 가지는 정심행처(正心行處)라, 앞서 말씀한 바와 같이 우리 마음을 바른 정법에 딱 머물게 한다는 말입니다.

　또 식려응심(息慮凝心)이라, 잡다한 생각을 쉬고서 우리 마음을 한 군데 머물게 한다는 말입니다. 이러한 것이 삼매의 뜻 풀이가 되는 것입니다.

그러면 삼매에는 어떠한 삼매가 있는가?

상좌삼매(常坐三昧)라, 항상 앉아서 하는 삼매입니다. 우리가 선방에서 하는 것은 주로 상좌삼매 아니겠습니까. 그러나 삼매는 앉아서 하는 것만이 삼매는 아닙니다. 사람의 행습이나 습관이 다르고 개성이 달라놔서 어떤 사람은 앉기를 좋아하고, 어떤 사람은 걷기를 좋아하고, 어떤 사람은 부처님 이름 외우기를 좋아하고, 그와 같이 차이가 많이 있어놔서 한 가지만 고집할 필요는 없습니다. 그러나 가장 많이 하는 기본적인 것은 역시 앉아서 하는 삼매입니다.

그 다음은 상행삼매(常行三昧)라, 항상 서서 하는 삼매입니다. 도량이나 부처님 주위를 뱅뱅 돌면서 하는 삼매입니다. 우리는 절에 가면 탑돌이 같은 것을 합니다. 또한 법당에서도 이따금 부처님 주위를 뱅뱅 돌기도 합니다. 이런 것은 상행삼매에 해당하는 것입니다. 앉기만 하면 다리도 아플 것이고 또 앉는 버릇을 못 붙인 분은 잘 안됩니다. 그런 분들은 산책하면서 합장하고 부처님 이름을 외워도 무방합니다.

그런데 상행삼매를 다른 이름으로 반주삼매(般舟三昧)라고도 말합니다. 반주삼매라는 말은 또 불립삼매(佛立三昧)라, 부처가 앞에 서서 나타나 보인다는 말입니다.

그런데 이 법은 어떻게 하는가 하면 일주일 동안을 한계를 두고서 하는데 옷도 하루에 한번 이상 갈아입고, 목욕도 하루에 한번 이상 하고, 누구하고 말도 전혀 않고, 음식도 하루에 오전에 한번만 먹고, 간식도 안 먹고 이렇게 하면서 자지 않고 눕지 않고 부처님 주위나 도량 주위를 이레 동안 안 쉬고서 돌면서 염불을 하는 것입니다. 찰나도 틈도 없이 이렇게 하면 웬만한 사람같으면 7일만에 반드시 부처님이 척 보인다는 것입니다. 부처님이 보이시는 것은 사람 모양을 한 모습만으로는 아니겠지요. 부처님의 무량광명이 보인다는 말입니다. 관심 있는 분들은 한번 해보십시오.

그런 때에는 '보보성성 염념유재 아미타불(步步聲聲 念念唯在 阿彌陀佛) 관세음보살(觀世音菩薩)이라.' 오직 걸음걸음, 소리소리, 생각생각에 아미타불이요 관세음보살이라는 말입니다. 걸음 걸을 때 한 걸음도 놓치지 않고서 염불하는 마음, 또 소리마다 염불하는 소리, 한 순간도 다른 생각이 없이 염불하는 생각, 이와 같이 오직 아미타불만 외운다는 말입니다. 아미타불 대신에 관세음보살도 무방하고 말입니다. 이렇게 하는 것입니다. 공부하려면 적어도 이렇게 한번씩은 해봐야 합니다.

중국의 선도(善導:613~681) 스님은 승려가 된 뒤에 평생 동안을 한 달에 7일씩 꼭 이렇게 하면서 살아 갔습니다. 따라서 그분은 평소에 앉으면 극락세계가 훤히 보였다는 것입니다.

참선공부 하려면 꼭 이와 같은 고비를 넘겨야 합니다. 일주일 동안 한다는 것이 어려운 것이나 우리가 용맹정진하는 그 뜻도 『반주삼매경(般舟三昧經)』이란 경에 의거해서 우리도 한번 해본다는 의미로 이와 같이 하는 것입니다. 우리가 근기가 약하니까 관용해서 여러 가지로 합니다만 원칙은 아까 말씀한 바와 같이 하는 것입니다. 인간은 참 허망합니다. 허망한 인간인 우리가 기왕 성불하려면 이와 같이 힘든 고비는

몇번이나 가져야 합니다.

　이렇게 항상 앉고, 항시 걷기가 어려운 사람은 또 근기에 맞추어서 반행반좌(半行半坐)라, 반쯤은 걷기도 하고 반쯤은 앉기도 하는 것입니다.

　또 그것도 하기 어려운 사람은 자기 마음 따라서 더러는 걷기도 하고 더러는 앉기도 하는 비행비좌(非行非坐)라, 걷는 것도 아니고 앉는 것도 아니면서 삼매 공부를 한다는 말입니다.

　이와 같이 공부하는 가운데서 우리는 꼭 어느 것이 옳다고 고집할 필요는 없습니다. 아까 말씀드린 바와 같이 화두하는 참선이나, 묵조선이나, 일행삼매나, 모두가 다 어떤 하나만이 옳다고 고집하면 벌써 불법(佛法)이 아닙니다. 불법은 모든 것을, 모두를 다 포함했기 때문입니다. 불법은 이슬람식이나 또는 기독교식이나 다 포함했습니다. 따라서 어느 한 가지만 고집할 필요가 없습니다.

　그런 가운데 자기한테 맞는 것을 골라서 하면 된다는 말입니다. 골라서 하되 아까 말씀마따나 반주삼매 또는 불립삼매라, 부처가 눈앞에 나타나는 그런 정도의 삼매를 한번 용맹스럽게 해야 하는 것입니다.

　우리가 올 삼동(三冬)은 안 자고 안 눕는 것도 겨우 끝에 가서 이틀만 하기로 정했습니다. 그러나 나중에 용맹정진 기간중에는 시설도 좀 더 잘 꾸며서 꼭 이와 같이 반주삼매를 모범 삼아서 한다고 생각할 때는 틀림없이 부처님을 친견할 수 있는 많은 분들이 나오시리라고 기대해 마지 않습니다.

　그렇게 되기를 기대하면서 오늘 말씀 마칩니다.

4. 본성(本性)과 현상(現相)

십법계(十法界)

 진리에 어두운 무명중생(無明衆生)과 진리를 깨달은 성자(聖者)와의 차이를 어떻게 보는가?
 불교에서는 성상체용(性相體用)이라, 이렇게 말씀합니다.
 우리 인간의 안목으로 볼 수 있는 현상계는 상(相)에 해당합니다. 그리고 우리 중생이 볼 수 없는 성자만이 볼 수 있는 본체계(本體界)는 성(性)에 해당합니다. 범부는 현상만 보고 본체인 성은 못 봅니다. 그러나 성자는 현상과 본체인 성을 한번에 다 아울러 보는 것입니다. 따라서 그것이 소위 말하는 깨달음입니다.
 또는 체용(體用)이라, 체(體)·용(用)도 역시 성(性)·상(相)의 다른 말에 지나지 않습니다. 체(體)는 본성에 해당하고 용(用)은 현상적인 활동에 해당합니다.
 우리가 공부하는 것은 우리 눈에 보이는 현상계적인 미혹(迷惑)을 떠나서 참다운 본성계(本性界)를 깨닫는 데에 수행하는 목적이 있는 것입니다. 비록 그 사람이 제 아무리 지위가 높고 학문이 깊다 하더라도 현상계만 아는 것 가지고 따지면 역시 범부의 무명을 면치 못합니다.

따라서 그 사람은 역시 무명중생에 불과합니다. 비록 학문적으로는 그 사람이 전혀 불학무식(不學無識)해서 아무 것도 모른다 하더라도 본성계(本性界)를 깨달으면 성자인 셈입니다.

우리가 아는 바와 같이 6조(六祖) 혜능(慧能) 스님은 일자무식(一字無識)이라고 합니다. 그 분이 출가 입산해서 머리도 안깎고 5조(五祖) 홍인(弘忍:602~675)대사 밑에서 공부를 했다 하더라도 학문적인 공부는 안하고 그냥 방아만 찧었습니다. 몇 백명 대중이 먹는 식량의 방아를 혼자 찧으니 힘에 겨웠겠지요. 방아가 하도 무거우니까 자기 허리에 큰 돌을 짊어지고 방아를 찧었습니다. 그렇게 8개월 동안이나 매일 방아만 찧었지만 마음을 닦았으니까 척 깨달아서 5조 홍인 대사 밑에서 몇 십년 공부하던 신수(神秀:?~706)대사보다도 먼저 5조 홍인 대사의 법을 받았던 것입니다. 그리고 그 뒤에도 머리 깎고 중이 된 것이 아니라 그냥 머리가 긴 채로 그때 나이 스물넷인데 사냥꾼을 따라다니면서 밥도 해주고 사냥꾼들 시중을 16년간이나 들었지만 고기는 안 먹었다는 것입니다. 그렇게 해서 39세 때에야 비로소 인종(印宗)법사란 분을 찾아가 계(戒)를 받고 삭발하고 승려가 되었던 것입니다. 그러나 뒤늦게 인종법사에게 계를 받았지만 이제 혜능 스님은 도인(道人)이니까 스승이 되고 계사(戒師)는 제자가 된 것입니다.

그렇게 6조 혜능 스님의 예를 본다고 할 때에 진리라 하는 것은 머리가 있고 없고에 상관이 없습니다. 오직 문제는 본성(本性)을 깨닫는가 못 깨닫는가에 차이가 있을 뿐입니다.

본성(本性)이 무엇인가 하는 것을 보다 더 설명하기 위해서 부처님 법문에 십법계(十法界)라는 것을 제시하는 것입니다.

우리들은 '인간은 만물(萬物)의 영장(靈長)이라.'고 말합니다. 허나 실은 사람밖에 모르는 그런 인본주의적(人本主義的)인 견지에서는 만물의 영장이 될려는가 몰라도 사람보다 더 높은 층계가 많이 있는 것입니다. 인간은 그러한 설부른 망상(妄想)을 버려야 합니다. 그것은 한 가지 아만심(我慢心)입니다. 인간이란 인간의 마음이 의식(意識)이 발달되어 가는 어느 어정쩡한 한 과정에 불과합니다. 사람의 몸이란 잠시간 이루어졌다 꺼지는 하나의 물거품이나 구름에 불과한 것이요, 몇 십년 지나가면 그와 똑같은 모양은 어디에도 없는데 보통은 그러한 허깨비같은 모양만 집착하고서 거기에다 충실을 기하는 것입니다.

소중한 것은 우리 마음뿐이고 의식뿐인데 마음은 소홀히 하고 모양에다만 집착을 합니다. 모양 때문에 이루어진 문화가 소위 물질문명이 되겠지만, 우리는 그러한 것을 떠나서 참다운 주인공(主人公) 곧 주인공은 우리 마음이고 의식이니까 그 주인공에 대해서 얼마나 깊이가 있는가, 얼마나 신비로운가 하는 것을 공부하는 것이 불교의 공부가 되겠습니다.

육도중생(六道衆生)

십법계(十法界) 가운데서 가장 낮은 법계가 지옥법계(地獄法界)입니다. 마치 땅속에 갇혀 있는 감옥이나 같다는 말입니다. 지옥법계는 우리 중생은 안보이니까 부인합니다. '그것은 권선징악(勸善懲惡)으로 사람들한테 나쁜 짓을 못하게 하고 좋은 짓을 하게 하기 위해서 방편으로 말했겠지' 하며 부인합니다. 그러나 분명히 존재합니다.

천지우주가 텅 비어있다는 즉, 제법공(諸法空)이란 경계에서 보면 사람도 없다고 봐야 합니다. 공에서 본다면 사람도 없는 것이지만 그러나 사람도 임시 동안 가짜로 있다고 생각할 때는 지옥도 분명히 있습니다.

현상계가 없다고 생각할 때는 천지우주가 텅 비어서 부처님의 광명뿐입니다. 그러나 우리가 리(理)에서 불성(佛性)에서 안 보고 차별적으로 본다고 할 때는 분명히 사람도 있고 지옥도 있습니다. 다만 인간의 한정된 안목으로 못 볼 뿐입니다. 우리가 전자(電子)나 또는 양자(陽子)를 눈으로 볼 수 있습니까? 못 보지요. 그와 똑같이 인간의 한정된 안목으로 안 보일 뿐이지 분명히 지옥은 존재합니다.

> 1. 지옥법계(地獄法界)…상품(上品)의 오역(五逆) 십악(十惡)을 범(犯)하여 한열규환(寒熱叫喚)의 고(苦)를 수(受)하는 최하의 경계(境界)

지옥은 상품(上品)의 오역십악(五逆十惡)을 범하여 받는 경계입니다. 오역죄(五逆罪)는 죄 가운데 가장 무거운 죄라는 것입니다.
1. 살부(殺父)라, 아버지를 죽이고
2. 살모(殺母)라, 어머니를 죽이고
3. 살아라한(殺阿羅漢)이라, 아라한은 성자를 의미합니다. 즉 말하자

면 번뇌의 종자를 다 끊어버린 사람이 아라한입니다. 따라서 성자와 같지요. 이런 성자를 죽이고

  4. 파화합승(破和合僧)이라, 진리를 위해서 공부하는 단체가 화합승인데 이간질이나 하고 화합을 깨뜨리는 것입니다.

  5. 불신출혈(佛身出血)이라, 부처님 몸에서 피를 낸다는 말입니다. 지금은 부처님이 안 계시니까 부처님 법을 훼방하고 헐뜯거나 또는 없애려고 하면 부처님 몸에서 피를 내는거나 똑같습니다. 이런 것이 오역죄에 해당합니다.

십선(十善)은 열 가지 선인데

  1. 불살생(不殺生)이라, 살생하지 않고

  2. 불투도(不偸盜)라, 도적질하지 않고

  3. 불사음(不邪淫)이라, 자기의 배필 이외의 삿된 음행을 하지 않는 것입니다. 출가승은 일체 음행을 금하고 재가승은 자기 배필 이외의 음행을 금합니다.

이러한 죽이지 않고, 훔치지 않고, 사음 않는 것이 몸으로 짓는 신업(身業)에 해당하고

  4. 불망어(不妄語)라, 거짓말 않고

  5. 불양설(不兩舌)이라, 이간하는 말 않고

  6. 불악구(不惡口)라, 욕설 않고

  7. 불기어(不綺語)라, 꾸미는 말로 궤변이나 음탕한 말을 하지 않고, 이러한 것은 우리의 구업(口業)에 해당합니다.

  8. 불탐욕(不貪慾)이라, 탐욕 부리지 않고

9. 불진에(不瞋恚)라, 성내지 않고
10. 불사견(不邪見)이라, 삿된 견해가 없는 것인데 이것은 불치(不痴)라, 어리석지 않는 것과 똑같습니다.

이런 것은 우리의 뜻으로 짓는 의업(意業)에 해당합니다.

이와 같은 것이 우리 중생이 신(身)·구(口)·의(意)로 짓는 나쁜 소행(所行) 즉, 악업(惡業)입니다.

이러한 오역을 범하고 십악을 짓는다 하더라도 낮은 단계가 아니라 상품(上品)의 높은 단계로 아주 극심한 것을 말합니다. 중품(中品)은 조금 덜 극심하고 하품(下品)은 조금 어렴풋이 짓는 것을 말하는 것인데, 지옥은 상품의 아주 극심한 오역죄나 십악을 범해서 한열규환(寒熱叫喚)이라, 너무 춥고 너무 뜨거워 아파서 부르짖는 것입니다. 이것은 구체적으로 팔한지옥(八寒地獄)·팔열지옥(八熱地獄)이라, 여덟 가지 아주 추운 지옥 여덟 가지 아주 뜨거운 지옥이 있는데 이런 고(苦)를 받는 최하의 경계(境界)가 지옥입니다.

2. 축생법계(畜生法界)…중품(中品)의 오역(五逆) 십악(十惡)을 범(犯)하여 탄담살륙(吞啖殺戮)의 고(苦)를 수(受)하는 축류(畜類)의 경계(境界)

그 다음은 축생법계(畜生法界)입니다. 이것은 일반 동물계를 말하는데 소나 개나 돼지나 새나 곤충이나 총망라한 말입니다.

상품보다 조금 정도가 낮은 중품(中品)의 오역(五逆) 십악(十惡)을 범

(犯)하여 탄담살륙(吞啖殺戮)의 즉, 서로 먹히고 잡아먹는 고(苦)를 받는 축류·축생경계라는 말입니다.

  3. 아귀법계(餓鬼法界)…하품(下品)의 오역(五逆) 십악(十惡)을 범(犯)하여 기갈(飢渴)의 고(苦)를 수(受)하는 악귀(惡鬼)의 경계(境界)

 그 다음은 아귀법계(餓鬼法界)입니다. 하품(下品)의 오역·십악을 범하여 주리고 목마른 기갈(飢渴)의 고통을 받는 나쁜 귀신인 악귀의 경계라는 말입니다. 귀신은 등급도 많고 수도 굉장히 많이 있습니다. 귀신은 또 역시 몸이 없는 의식(意識)만 있어서 신통(神通)을 합니다. 의생신(意生身)이라 마음만 먹으면 그냥 광파(光波)보다도 더 빨리 순식간에 미국도 갔다가 한국도 갔다가 하는 것입니다. 이런 귀신이 우리 사람 수보다도 훨씬 더 많은 가운데 특히 자기 배를 못 채워서 고통하는 그런 귀신이 아귀(餓鬼)인 셈입니다.

  4. 아수라법계(阿修羅法界)…하품(下品)의 십선(十善)을 행(行)하고 통력자재(通力自在)를 득(得)한 비인(非人)의 경계(境界)

 그 다음은 아수라법계(阿修羅法界)입니다. 이것도 역시 사람 눈에는 안 보입니다. 이것은 귀신보다는 등급이 조금 더 높지만 성자의 지위도 못되고 천상도 미처 못 되지만 신통을 할 수 있는 사람이 아닌 경계가 아수라법계입니다. 보통 자칭(自稱) 도사라 하고 다니는 그런 사람들을 보면 이 아수라에 집혀서 그러는 경우가 있는 것을 생각할 수가 있습니다.

아수라는 하품(下品)의 십선(十善) 곧, 십선의 정도가 잘 지키는 것이 아니라 별로 덜 지키는 하품의 십선을 행(行)하고 통력자재(通力自在)라, 신통을 자재롭게 하는 것을 얻은 비인(非人)인 사람이 아닌 경계라는 말입니다.

아수라들은 어떤 때는 우리들 앞에 극락세계 모양을 보여주기도 하고 그야말로 찬란한 경계를 보여주기도 합니다. 그러한 신통을 다 해서 자기도 보고 또 남에게 보여주기도 하는 그런 힘이 있습니다.

    5. 인법계(人法界)…오계(五戒) 또는 중품(中品)의 십선(十善)을 수(修)하여 인중(人中)의 고락(苦樂)을 수(修)하는 경계(境界)

그 다음은 인법계(人法界)라, 이것은 사람 법계입니다. 오계(五戒)를 지키고 곧 죽이지 않고, 훔치지 않고, 사음하지 않고, 망령된 말 하지 않고, 술 먹지 않는 오계를 지키고 또는 중품(中品)의 십선을 닦아서 비록 통력(通力) 신통도 못하고 좀 어정쩡 할망정 그래도 역시 아수라 보다는 더 정도가 높은 것입니다. 우리는 그것을 자랑으로 생각해야 합니다. 같은 십선도 아수라보다는 더 높은 십선을 닦아야만 사람으로 태어난다는 것입니다.

사람은 이와 같이 오계를 지킨다거나, 중품의 십선을 닦아서 사람 가운데 고락(苦樂)을 받는 경계가 사람 법계입니다.

따라서 사람으로 태어나기도 실은 쉽지가 않습니다. 우리는 뭐라해도 역시 과거 전생에 오계나 십선을 닦았기에 사람으로 이렇게 태어나 있는 것입니다.

    6. 천법계(天法界)…상품(上品)의 십선(十善)을 수(修)하고 아울러 선정(禪定)을 수(修)하여 천계(天界)에 생(生)하고 정묘(靜妙)의 락(樂)을 수(受)하는 경계(境界)

그 다음은 천법계(天法界)라, 이것은 하늘 나라 즉 천상계를 말하는 셈이지요.

상품(上品)의 십선을 닦고, 사람보다도 더 정도가 높게 지킨다는 말입니다. 아울러 고요한 데를 골라서 마음을 오로지 한 경계에 머물게 하는 정신통일의 참선으로 선정(禪定)을 많이 닦아 천계(天界)에 나서 정묘(靜妙)한 고요하고 묘한 안락(安樂)을 얻는 경계입니다.

여기에서 우리는 '그러면 천상이 사람보다 훨씬 좋겠구나.' 이렇게 생각도 됩니다만 물론 고요하고 묘한 안락을 받으니까 좋겠습니다만 천상은 고요하고 안락스러우니까 거기에 집착하고 안주하여 거기에서 벗어나려고 하지 않습니다.

사람은 고통도 있고 안락도 있으니까 고통에서 벗어나려고 하는 마음 때문에 성불도 바라는 것입니다. 그러나 천상계는 안락스러워서 거기에 머물려고 하지 나올려고는 하지 않습니다. 따라서 천상사람들은 좀처럼 성불을 못하는 것입니다. 해탈(解脫)은 못한다는 말입니다.

따라서 해탈한다는 견지에서 본다고 생각할 때는 천상은 우리 사람만도 못 한 것입니다. 사람은 그와 같이 중요한 것입니다. 비록 고락(苦樂)으로, 고도 있고 락도 있고 또는 자재롭게 신통도 못한다 할지라도 역시 그런 고통 때문에 고통이 역연(逆緣)이라, 그것이 나쁜 연이지만 거기에 거슬러서 벗어날려고 애쓰는 그 마음 때문에 오히려 해탈(解脫)하려는 인연이 되고 결국 해탈하게 되는 것입니다.

따라서 우리들은 더러 사업에 실패하는 것을 슬퍼도 하고 여러가지로 좌절도 합니다만 그런 좌절을 당하고 고생하는 그것이 우리한테는 어느 면으로 봐서는 참 좋은 것입니다.

따라서 도인들은 누가 고생한다고 그러면 그 사람 말 따라서 '참, 안 되었습니다.' 하지만 실은 거시적(巨視的)으로 그 사람 해탈을 생각해서는 고생이 나쁜 것이 아닙니다. 고생이 기연(機緣)이 되어서 무상(無常)을 느끼게 되는 것입니다.

우리가 음악같은 것도 명곡을 들어 보십시요. 명곡에는 어떤 것이나 애조가 띠어 있습니다. 인생의 허무나 무상을 음률적으로 나타내지 않은 명곡은 없습니다. 그런 것을 본다 하더라도 무상을 느끼는 것이 인간에게 굉장히 귀중한 것입니다. 무상을 느낌으로써 별것도 아닌 현실의 안락을 떠나 영생의 행복을 구하게 되는 것입니다.

사성법계(四聖法界)

7. 성문법계(聲聞法界)…해탈(解脫)을 위하여 불(佛)의 성교(聲敎)에 따라 사제(四諦)의 관법(觀法)을 닦는 경계(境界)

그 다음은 성문법계(聲聞法界)라, 성문(聲聞)부터는 벌써 성자(聖者)의 지위에 들어 갑니다. 성인(聖人)입니다. 부처님 법을 깨닫는 단계인 셈이지요.

해탈을 위하여 부처님의 성교(聲敎) 즉 부처님의 말씀에 의한 가르침인 교법(敎法)에 따라서 사제(四諦)의 관법(觀法)을 닦는 경계입니다.

사제(四諦) 법문은 '사체' 또는 '사제'로 발음을 합니다만 편음으로 사제라 하고 본음으로는 사체입니다. 이것은 고(苦)·집(集)·멸(滅)·도(道) 아닙니까. 역시 우리 불자는 '삼보(三寶)가 무엇인가? 사제(四諦)는 무엇인가? 십이인연법(十二因緣法)이 무엇인가? 또는 팔정도(八正道)가 무엇인가? 육바라밀(六波羅蜜)은 무엇인가?' 하는 기초 교리만은 외워 두어야 합니다. 그래야 다른 경전을 보더라도 그것이 기본이 되어서 해득(解得)하기가 쉽습니다. 또 그것은 우리 인생에 있어서나 일반 철학을 배울 때도 굉장히 도움이 많이 됩니다.

우리가 해탈을 위하여 부처님의 가르침 따라서 사제(四諦)법문 즉 '인생고(苦)는 무엇인가? 인생고의 원인은 무엇인가?' 하는 문제에 인생고(人生苦)는 고제(苦諦)이고, 인생고의 원인은 집제(集諦)인 것이고, 인생고를 다 없애버린 이상적인 경계가 멸제(滅諦)인 것이고, 고를 멸해버리는 길목을 말한 것이 도제(道諦)라는 사제(四諦)법으로 닦는 것이 소위 성문(聲聞)입니다. 그래서 깨달았지만 아직은 구경지(究竟地)까지 끄트머리인 정상(頂上)을 다 올라가지는 못한 경계를 말합니다.

8. 연각법계(緣覺法界)…해탈(解脫)을 위하여 십이인연법(十二因緣法)을 닦는 경계(境界)

그 다음은 연각법계(緣覺法界)라, 이것도 해탈을 위하여 닦는 역시 도인(道人)경계인데 십이인연법(十二因緣法)을 닦는 경계입니다.

12인연법도 역시 '우리 사람이 현재·과거·미래의 삼세(三世)를 통해서 어떻게 태어나고 어떻게 죽는가?' 하는 사람의 생사래왕(生死來往) 즉 낳고 죽는 경계를 열두단계로 나누어서 말씀한 굉장히 중요한 법문입니다.

부처님께서는 보리수 아래에서 주로 12인연법을 닦아서 깨달으셨다는 말씀이 경전에 있는 정도로 우리가 인생의 본질을 탐구하기 위해서, 나[我]라는 것이 허망하다는 것을 알기 위해서는 굉장히 좋은 법문입니다. 과거의 나, 현재의 나, 미래의 나 말입니다. 우리는 보통 현재의 나 밖에 모르니까 이런 몸뚱이에 집착하지만 과거의 나[我]가 무엇인가, 또는 미래의 내가 무엇인가를 안다고 생각할 때는 현재의 몸뚱이에 집착할 수가 없습니다. 이런 것을 아는 법문이 12인연법입니다.

9. 보살법계(菩薩法界)…무상보리(無上菩提)를 위하여 육도만행(六度萬行)을 닦는 경계(境界)

그 다음은 보살법계(菩薩法界)입니다. 우리는 흔히 '보살님, 보살님' 하며 쉽게 말합니다만 원칙은 성자로서 특히 자비심이 아주 수승한 분이 실은 보살인 셈이지요. 따라서 보살님이라는 말을 들으시는 분들은 자각을 하셔가지고 성자같은 정작 보살같은 그런 심행(心行)을 하셔야 할 것입니다.

보살(菩薩)이 무엇인가 하면 무상보리(無上菩提)를 위하여 위없는 진리를 위하여 육도만행(六度萬行)을 닦는 경계(境界)입니다.

육도(六度)는 육바라밀(六波羅蜜)로 역시 보살이 닦는 행동 범주인데 이것은 보시(布施)하고 또는 지계(持戒)라 계행 지키고, 인욕(忍辱)이라 참고, 정진(精進)이라 진리를 위해서 자기 신명(身命)을 내걸고 부지런히 하고, 선정(禪定)이라 마음을 고요히 하고, 그 다음은 참다운 지혜(智慧)로 바르게 행동하고, 그와 같이 보살이 닦는 여섯 가지 덕목이 육도입니다. 그러한 육도를 원만히 만행(萬行)이라, 두루 다 행한다는 말입니다. 육도만행을 다 닦는 경계가 보살법계입니다.

10. 불법계(佛法界)…자각각타(自覺覺他) 각행궁만(覺行窮滿)의 경계(境界)

그 다음은 가장 최상의 불법계(佛法界)입니다. 부처는 자각(自覺)이라,

스스로 깨닫고 또는 각타(覺他)라, 남도 깨닫게 해주는 것입니다.

성문이나 연각이나 이러한 도인들은 겨우 자각이라, 자기 밖에는 못 깨닫는 단계입니다. 보살은 자각도 하고 남도 깨닫게 하지만 아직 원만히 못되는 것인데, 부처는 자기도 깨닫고 남도 깨닫게 하는 것이 궁만(窮滿)이라, 끄트머리까지 완전무결하게 원만하다는 말입니다. 이것이 부처입니다.

법계(法界)의 본성(本性)

우리는 이와 같은 법계(法界)의 한계를 아는 것이 필요한데 다만 이러한 한계가 있을 뿐 아니라 더 나아가서 알 것은 본바탕은 부처라는 것입니다.

지금 우리가 사람으로서 현재는 인법계(人法界)중에 있습니다. 우리 의식이 인법계에 있기에 또한 코·입 등 이런 몸을 받아 나왔습니다. 만약 우리가 천법계(天法界)에 올라간다면 그때는 광명(光明)을 몸으로 합니다. 이런 허물어지고 냄새나고 더러운 몸은 아닙니다. 그러나 우리는 지금 비록 우리 의식이 인법계에 있기에 이런 몸을 받아 나왔으나 우리 의식은 무한합니다.

저번에 말씀드린 바와 같이 '일체유심조(一切唯心造)라, 일체의 모든 것이 마음으로 이루어졌고, 만법이 유식(萬法唯識)이라, 세상 일체 만물인 만법이 다 오직 식(識)·의식뿐이다.'는 이런 말은 납득하기가 참 곤란스러운 말이나 이런 데서 불교의 참으로 심오(深奧)한 뜻이 있습니다.

우리의 의식은 사람이 되었으면 사람으로서 그 사람이 김아무개는 김아무개로서 제한되어 있고 박아무개는 박아무개로서 제한되어 있어서 현재는 비록 사람의 의식을 쓰고 있지요. 그러나 우리가 쓰는 사람의 의식은 하나의 촛점에 불과하고 우리의 잠재의식인 의식의 심층(深層) 가운데는 지옥이나 축생이나 아귀나 또는 아수라나 이런 요소가 다 갊아[藏] 숨어 있습니다. 또한 동시에 그 위로는 역시 '천법계, 성문법계, 연각, 보살, 부처' 이러한 보다 높은 차원의 마음이 다 숨어 있습니다.

또한 지옥계의 지옥중생으로 태어나서 간단없이 고생을 받고 있다고 합시다. 지옥 중생은 지옥고를 받으면서 의식이 어떻게 판단도 못하고 고생만 합니다. 무간지옥(無間地獄)같은 것은 고(苦)만 사뭇 받으니까 어떻게 숨도 내쉴 틈이 없다는 말입니다. 일일일야(一日日夜)에 만사만생(萬死萬生)이라, 하루 밤 하루 낮에 만번 죽고 만번 태어나니 어떻게 생각할 틈이나 있겠습니까. 그러나 그런 고통을 받는 무간지옥일 망정 역시 그 식의 잠재의식 곧 식(識)의 심층 깊이에는 역시 사람같은 식도 있고 부처같은 식도 있다는 말입니다. 그리고 그러한 것이 공평(公平)히 있는 것이 아니라 본바탕[本性]은 부처가 본바탕이고 다른 것은 임시로 거기에 요소만 숨어있을 뿐입니다.

'심즉시불(心卽是佛)이라, 마음이 바로 부처니라.' 하는 부처님이나 도인들 말씀을 우리가 흔히 많이 씁니다. 이런 말씀은 무엇인가 하면 우리 마음이 저만치 간격을 두고서 부처가 있는 것이 아니라 바로 심즉(心卽), 마음이 곧 부처라는 뜻입니다.

우리는 비록 사람일망정 우리 마음의 본바탕, 본성(本性)은 역시 부처입니다. 지옥같은 마음, 사람같은 마음 이런 마음들이 단지 요소로만 거기에 조금씩 묻어 있을 뿐입니다. 그것도 역시 본바탕, 본저변(本底邊)은 부처라는 말입니다.

겉에 뜬 촛점에서만 지옥이고 지옥같은 인연 따라서 되니까 지옥같은 마음이 생기는 것이고, 인연 따라 업(業)에 따라서 이렇게 사람같은 모양으로 태어나서 사람같은 마음을 쓰는 것이지 이 마음도 역시 저변에는 모두가 부처뿐이라는 말입니다. 심즉시불(心卽是佛)이라, 이 마음 바로 부처입니다. 그러기에 회광반조(廻光返照)라, 이 마음 돌이켜서 저변만 보면 밑창만 보면 그때는 우리가 부처가 되고 만다는 말입니다.

따라서 우리 마음이라는 것이 '내가 누구다.' 하는 때에는 항시 이러한 것을 생각해야 합니다. 남을 미워할 때 그 미워하는 마음은 그 사람을 죽이고도 싶겠지요, 미워하는 마음이 사무치면 그 사람 죽이고 맙니다. 그 마음은 분명히 지옥 마음입니다. 남을 미워할 때는 가장 저속한 마음을 쓰는 것입니다.

그리고 가장 고귀한 마음, 본래 마음은 부처인데 이 부처 마음은 일체 중생을 다 깨닫게 하고 모든 진리를 깨닫게 하는 것입니다. 따라서 우리 불교인들은 역시 이러한 부처의 마음자리 이 마음자리를 안 놓치게 하는 것이 참선(參禪)이고, 참다운 염불(念佛)입니다.

우리가 알고 보면 부처님 가르침은 삼조(三祖) 승찬(僧璨:?~606)대사의 『신심명(信心銘)』에도 있듯이 '지도무난(至道無難)이나 유혐간택(唯嫌揀擇)이라.' 지극한 진리인 도(道)는 별로 어렵지 않으나, 오직 간택을

꺼린다 즉 우리 범부 망상(妄想)으로 자꾸만 헤아린다는 말입니다.

헤아리는 그것 때문에 자꾸 이렇게 저렇게 얽히고 설키고 합니다. 같은 형제간에도 의견이 각각 다르고 소위 민주주의 사회라 하지만 한 나라에서 정당(政黨)이 이렇게도 많이 구구하게 있는 것을 보십시요. 그런 것이 모두가 다 부처 마음이 아니라 범부의 마음으로 자기 몸뚱이를 중심으로 해서 움직이는 것입니다. 즉 말하자면 현상계를 보고서 그것만이 전부라고 생각하기 때문입니다.

불교인이 아니더라도 스피노자(Spinoza:1632~1677)같은 철인들은 참 좋은 말을 많이 했습니다.

'영원의 상에서 현실을 관찰하라. 그러면 그대 마음은 영원에 참여한다.' 이런 말은 바꿔서 보면 내나야 부처나 도인들 견지에서 현실을 보라는 뜻입니다

우리 중생은 현상적인 범부 소견에서 현실을 봅니다. 따라서 바로 볼 수가 없습니다. 산으로 비유하면 산기슭이나 중턱에서 보니까 시야가 좁아서 다 못 봅니다. 조금 공부했다 하더라도 산에 올라가다가 중턱도 못 가서 보니까 또 역시 시야가 미처 다 안 보입니다. 도인들은 산봉우리에서 사방을 다 보는 견해입니다.

우리가 남을 미워한다고 하면 미워하는 사람, 미운 사람이 따로 있는 것이 아닙니다. 자기가 무명에 가려 잘못 보고서, 잘못 보는 그 마음으로 미워합니다. 또한 남을 지나치게 애착(愛着)하면 애착하는 대상이 따로 있는 것이 아니라 바로 보면 다 부처뿐인 것인데 바로 못 보는 그 마음 때문에 자기 스스로가 좋아서 결국은 좋아하는 그 마음을 스스

로 애착하는 것입니다. 자기 마음 때문에 자기 스스로 괴로워합니다. 제마음 제가 보고서 말입니다.

우리가 염불하는 것은 부처가 현전(現前)에, 눈에 안 보이므로 일체 만유가 부처임을 재확인하기 위해서 염불하는 것입니다. 누가 미워지면 '관세음보살'이라 생각하고 분명히 바로 보면 다 그대로 관세음보살이니까 말입니다. 누가 너무 좋아지면 '이것도 역시 부처인데.' 하고 부처라 보면 누구를 특별히 좋아할 턱이 없죠. 그때는 다같이 봐야지 말입니다. 그러니 '관세음보살이라. 다 부처라.' 그러면 모든 애착이 거기에서 끊어진다는 말입니다. 이와 같이 순간 찰나라도 두두물물(頭頭物物)이 모두가 다 부처임을 재인식하기 위해서 우리가 염불하는 것입니다. 그래야만이 염불선(念佛禪)이 되고 참다운 부처님 공부입니다.

그런데 우리가 참선하는 동안에 여러 가지 경계(境界)가 많이 나옵니다. 이따금 그야말로 관세음보살같은 찬란스런 모양이 나오기도 하고, 더러는 관음보살이 수없이 보이기도 하고, 더러는 우주에 꽉 차 보이기도 합니다. 그러나 부처님은 무주정상(無住定相)이라, 부처님은 하나의 모양이 아닙니다. 부처님은 상(相)이 없습니다. 부처님은 일정한 상이 아닙니다. 따라서 우리는 무엇이 보인다 하더라도 그것에 집착하면 안됩니다.

그러나 부처님이 보이고 무엇이 보이는 것은 마음이 그만치 선량(善良)하기 때문입니다. 그러므로 '내가 좀 선량하구나, 내가 좀 공부가 되는구나!' 이렇게 자기 스스로 흐뭇하게 느낄 망정 그것이 도(道)라고 생각해서는 안됩니다. 또한 어떤 것이 보인다 하더라도 근심할 필요도 없고 슬쩍 지나가면 되는 것입니다.

　오직 문제는 구경지(究竟地)요, 실상묘법(實相妙法) · 진공묘유(眞空妙有)자리입니다. 천지우주가 텅 빈 가운데 무량광명(無量光明)이 충만하다는 표현이나 뜻은 똑같습니다. 진공(眞空)은 끝도 갓[邊]도 없이 빈 공간이요 묘유(妙有)는 다만 비지 않고 거기에 가득 찬 무엇인가 있다는 말입니다. 빛나는 무엇 그것은 무량광명이라, 한없는 광명이라는 말로 바꾸어도 무방한 것입니다.

　아무튼 무엇이 나타나든지 간에 집착 말고서 혼연스럽게 궁극의 자리, 진공묘유 자리, 천지우주에 끝도 갓도 없이 무량한 광명이 충만한 그 자리를 보고서 공부를 하면 되는데 또 너무 볼려고 애쓰면 그때는 상기(上氣)가 됩니다. 그런 때는 그냥 가만히 놓아버리면 됩니다. 가만히 바보같이 놓고 있다가 또 이제 끄떡끄떡 침몰하면 다시 챙겨서 볼려고 애쓰면 되는 것입니다. 우리가 자기 스스로 원래 부처인지라 진정으로 삿된 지옥같은 마음 안 가지고 부처같은 마음만 가질려고 애만 쓰면 자기도 모르는 가운데 어떠한 계시(啓示)가 오는 것입니다. 우리 마음이란 것이 무한의 신통을 다 갖추고 있기 때문에 바른 사람들에겐 이상한 어떤 계시가 오는 것입니다.

　그렇게 해서 이번 용맹정진 기간 동안에 기어코 높은 경계를 공부해서 결정신심(決定信心)으로 정정취(正定聚)라, 극락 세계나 우리가 성불할 수 있는 결정코 변할 수 없는 그런 자리에 오르시길 간절히 바라마지 않습니다.

5. 참선(參禪)의 장애(障碍)

번뇌(煩惱)…무명(無明)·혹(惑)·루(漏)

근본번뇌(根本煩惱)…약설(略說)하면 탐(貪)·진(瞋)·치(痴)의 삼독(三毒)

십번뇌(十煩惱)…십혹(十惑)·본혹(本惑)

1. 탐(貪) ┐
2. 진(瞋) │
3. 치(痴) ├ 오둔사(五鈍使)…사혹(思惑)·수혹(修惑) 또는 사혹(事惑)
4. 만(慢) │ ※견도(見道) 및 수도위(修道位)에서 점단(漸斷)함
5. 의(疑) ┘

6. 신견(身見) ┤ 아견(我見)
              └ 아소견(我所見) ┐
7. 변견(邊見)   │
8. 사견(邪見)   ├ 오리사(五利使)…견혹(見惑) 또는 이혹(理惑)
9. 견취견(見取見)   │ ※견도위(見道位)에서 돈단(頓斷)함
10. 계금취견(戒禁取見)   ┘

근본번뇌(根本煩惱)

우리가 범부(凡夫) 중생인 한에는 천지우주를 하나의 부처로 못 봅니다. 천지우주가 무량(無量)한 광명이 충만한 부처의 한 덩어리요 청정미묘(淸淨微妙)한 하나의 생명체인 불성(佛性)인데, 그것을 잘못 보는 것입니다. 그것은 우리의 마음이 맑지 못하고 흐리기 때문입니다.

이러한 우리의 마음을 번거롭게 하고 괴롭히고 어지럽히고 미혹(迷惑)하게 하여 더럽히는 것을 번뇌(煩惱)라 합니다. 또한 천지우주가 바로 부처인 실상(實相)을 바로 못보고 진리에 어두워서 무명(無明)이라 하고, 또는 실상을 바로 보지 못하게 하는 미망(迷妄)으로 우리의 본래 청정한 마음을 의혹(疑惑)하는 것이므로 혹(惑)이라고도 말합니다.

우리 범부중생은 마음이 바로 부처요, 천지우주가 한 덩어리 부처뿐인 것을 나요 너요 분별하고, 옳다 그르다 시비하는 어리석은 치심(痴心)이 뿌리박혀 있습니다. 이러한 치심(痴心)은 사물을 바로 못 보는 것입니다. 앞서 말씀대로 둘로 셋으로 분별해 보고, 나와 너를 한계 있게 보고, 이런 것은 모두가 다 어리석은 치심입니다.

또한 치심이 있기 때문에 우리가 탐심(貪心)을 내고 진심(瞋心)을 냅니다. 이 세 가지 독스러운 마음인 삼독심(三毒心)은 서로 상관관계가 있습니다. 우리는 탐욕을 내고도 그 마음이 독스러운 줄을 모르고, 성 내고도 그 마음이 독스러운 줄을 모릅니다. 이런 삼독심을 내면 그 즉시에 우리의 생리도 변화가 오는 것입니다.

우리는 물질과 정신이 하나인 줄을 분명히 알아야 합니다. 에너지와 물질이 둘이 아닌 것을 지금 물리학은 증명을 합니다. 에너지가 곧 물질이요, 물질이 곧 에너지인 것입니다. 그와 마찬가지로 우리 마음이 곧 물질이요, 물질이 곧 마음입니다.

우리 마음을 한번 일으키는 그 순간 우리 몸을 구성하는 물질도 역시 변화가 생기는 것입니다. 우리가 탐욕심을 한번 내면 미세할 망정 우리 몸의 세포에는 분명히 구체적으로 말하면 수적(水的)요소·자력적(磁力的)요소가 증가됩니다. 우리가 성을 내면 성내는 바로 그 순간 우리 몸을 구성하는 전자(電子)가 증가됩니다.

천지우주가 구성될 때 맨 처음에는 텅 비었습니다만 텅 빈 가운데서 중생들의 탐욕심과 또는 성내는 진심과 이런 것이 모이고 모여서 우주를 구성한 것입니다.

탐·진·치 삼독심이 가장 간략히 말하는 근본번뇌이고 조금 더 풀이해서 말하면 십번뇌(十煩惱)라, 열 가지 번뇌로 말합니다. 또한 십혹(十惑)이라고 말하는 이 번뇌가 근본번뇌이기 때문에 본혹(本惑)이라고도 합니다. 열 가지 번뇌가 근본번뇌인 셈이지요. 더 간추리면 탐심과 진심·치심이고 말입니다.

열 가지 번뇌[十煩惱]는 무엇인가 하면

맨 처음에 탐심(貪心)이라, 탐욕심이요.

그 다음에 진심(瞋心)이라, 진(嗔)자는 성낼 진자고 진(瞋)자는 눈 부릅뜰 진자입니다. 내나 뜻은 같지만 글자만 조금 다르고 두 가지를 다 쓰는 셈입니다. 성내는 마음 진심이라.

셋째번은 치심(癡心)이라, 어리석은 마음이요

네째번은 만심(慢心)이라, 곧 아만심(我慢心)이라는 말입니다. 자기가 무엇을 조금 잘하면 '나'이거니 하고 아만심을 냅니다. 아만심도 근본번뇌의 하나입니다. 우리가 범부(凡夫)인 한 '나다' 하는 마음이 있는 한에는 자기가 조금 낫다거나 남보다 조금 더 수승(殊勝)한 일이 생기면 그냥 아만심을 냅니다. 재산이나 학문이나 얼굴이나 모두 다 그런 것으로도 아만심을 냅니다.

그 다음 다섯번째는 의심(疑心)이라, 의심도 역시 근본번뇌의 하나입니다. 우리 중생은 진리를 모르는 한에는 역시 의심을 냅니다. 어제도 말씀 드렸습니다만 만물의 성상(性相)이라, 만물의 본성과 현상을 다 알아버리면 그때는 의심이 안나옵니다. 그러나 '만물의 본성이 무엇인가? 현상계의 여러가지 복잡한 현상, 이것이 무엇인가?' 이런 것을 모르면 그때는 의심이 나옵니다. 의심도 역시 번뇌입니다.

그 다음 여섯번째는 신견(身見)이라, 이것은 자기에 따른 고집이라는 말입니다. 우리 범부는 자기에 따른 나[我]라는 고집을 버리기가 제일 어렵습니다. 일체 번뇌는 '나'라는 고집때문에 일어납니다. '나'라 하는 아상(我相)이 없으면 번뇌가 일어날 턱이 없습니다. '나'라 하는 번뇌 가운데는 아견(我見)과 아소견(我所見) 두 가지가 있습니다.

아견(我見)이라 하는 것은 '나'라고 하는 견해입니다. 나의 몸이라 하는 것은 지(地)·수(水)·화(火)·풍(風) 사대(四大) 즉, 산소나 수소나 탄소나 질소나 그러한 각 원소(元素)가 합해서 겨우 몸이 이루어진 것입니다. 내 것이라고 고집할 것이 실은 아무 것도 없는 것입니다. 따지고 보면 인연법(因緣法) 따라서 잠시간 이렇게 한 세포가 이루어져 있을 뿐입니다. 또한 '내 마음은 무엇인가?' 어제도 말씀하였지만, 내 마음은 우리가 감수(感受)하는 감각작용·상상하는 작용·의욕하는 작용·분별시비하는 의식활동, 이러한 부스러기가 모여서 내 마음이 되었다는 말입니다. 불교는 이런 면에서 지극히 분석적이고도 과학적입니다.

아까 말씀드린 바와 같이 내가 잘 몰라서 내 몸을 '내 것이다.'고 소중히 아는 것이지 객관적으로 냉정히 본다고 하면 다만 인연 따라 각 세포가 모여서 하나의 존재가 이루어져 있다는 말입니다. 우리 마음도 역시 보고 듣고 느끼고 생각하는 그런 것들이 모여서 내 마음이 되었다는 말입니다. 그러한 것이 나인데 고집할 것이 아무 것도 없는 것입니다. 이런 나라는 것에 대해서는 또 나중시간에 보다 더 세밀하게 설명드리겠습니다만 이런 것이 '나'다 하는 아견(我見)입니다.

그 다음 아소견(我所見)이란, '나'다 하는 생각이 있으면 그 때는 '내 것'이라는 '내 소유'라는 생각이 따릅니다. 내 옷 또는 내 남편, 내 아내, 내 동생, 또는 내 물건 말입니다. 나라는 존재가 따지고 보면 허망한 것인데 허망한 줄을 모르고서 나한테 따르는 모든 존재나 사람을 내 것이라고 고집하는 것입니다.

성자(聖者)와 범부(凡夫)의 한계도 여기에 있습니다. 성자는 나라는 고집이 없고 내 것이라는 고집이 없습니다. 업장이 많을수록 내 것이라 하는 소유관념이 강합니다. 그 사람 행동을 보면 다 빤히 아는 것입니다. 업장이 무거운가 또는 가벼운가는 아견·아소견이 얼마나 강한가, 얼마나 집념이 강한가를 알면 되는 것입니다. 공부가 많이 되어서 번뇌가 희박한 사람은 이런 관념이 희박한 것입니다. 내 몸, 내 마음 등 '나라는 관념 또는 내 소유(所有) 관념, 이것이 신견(身見)에 해당하는 것입니다.

그 다음 일곱번째는 변견(邊見)이라, 나다 하는 관념이 있으면 '내 몸이 과연 얼마나 존재할 것인가.' 하고 의심하는 것입니다. 나라는 몸뚱이가 항시 있다고 생각하는 것이 상견(常見)인데, 범부는 욕심이 많은 지라 '나 같은 몸이 안 죽고 항시 있으면' 하고 바랍니다. 그래서 죽은 뒤에도 나 같은 몸이 다시 있을 것으로 생각합니다. 그러나 죽은 뒤에는 나 같은 몸은 어디에도 없습니다. 영원히 없습니다. 다만 나를 움직이고 있는 업식(業識)만 존재합니다. 우리가 한번 죽어지면 몸뚱이는 단 한걸음도 못 따라갑니다. 현명한 사람들은 죽음을 항시 보는 것입니다.

그런데 변견은 내가 있다고 생각할 때에 '내 존재가 항시 있으면 하겠다.' 하는 상견(常見)과 또 한 가지는 단견(斷見)입니다. '내 몸도 마음도 금생에 다 끝나버리는 것이지 내생은 전혀 없다. 전생도 없다. 우연히 내가 존재해서 내가 있는 것이지 전생도 없고 내생도 없다.' 이와 같이 아주 단절된다고 생각하는 견해입니다. 이것이 단견입니다.

그러나 우리 인간은 항상 존재하리라는 상견도 아니고 또는 금생만 존재하리라는 단견도 아닙니다. 어찌 그런고 하면 비록 내가 죽어지면 나 같은 모양은 없다 하더라도 내 마음 따라서 또 거기에 알맞는 몸을 받는 것입니다.

가사 지옥같은 마음을 쓰고 죽으면 그때는 바로 지옥에 들어가서 지옥도(地獄道)의 몸을 받는 것이고, 사람같은 행동도 하고 오계(五戒)도 지켰다고 하면 다시 사람으로 인도환생(人道還生)해서 사람 몸을 받는 것이고, 십선(十善)을 행했다고 그러면 천상(天上)에 올라가서 천상의 안락을 받는 것이고, 도업(道業)을 많이 닦아서 참선을 많이 하고 계행(戒行)을 지켰다고 하면 그때는 극락에 가서 영생(永生)의 행복을 맛보는 것입니다. 이와 같이 끊어지는 것이 아니라 비록 금생에서 우리가 알 수는 없다 하더라도 죽어지면 그와 같이 우리 행위인 업(業) 따라서 다시 받는 것입니다. 또한 과거 전생에도 역시 우리가 받아왔던 것입니다.

따라서 우리 인간은 똑같은 몸이 항상 존재한다는 상견도 아니고 또한 동시에 금생만 있고 끊어져버린다는 그런 단견도 아닙니다. 이런 상견·단견이 변견(邊見)에 해당하는 것입니다.

그 다음 여덟번째는 사견(邪見)이라, 이것은 인과(因果)의 법칙을 무시하는 견해입니다. 우리가 악(惡)을 행하면 반드시 악의 과보로 괴로운 고(苦)가 있고, 선(善)을 행하면 그 과보로 반드시 거기에 맞는 안락(安樂)이 있는 것인데 우리 중생은 그것을 부인합니다. 어찌 그런고 하면 금생에 조금 좋은 일을 했다 하더라도 그냥 고생만 받는 사람들은 좋은 일을 해도 쓸데없다고 부정합니다. 또는 금생에 별로 좋은 일을 안 했음에도 불구하고 부자가 되기도 하고 또는 지위도 높은 사람들이나 또는 옆에서 이런 것을 보는 사람들은 "아, 착한 것도 쓸데가 없다. 나쁜 짓만 하고 악한 사람도 잘 된다." 이런 말들을 하는 것입니다. 이러한 것이 인과를 부정하는 것이고 사견(邪見)입니다.

그러나 인과는 분명한 것입니다. 착한 사람이 좀 못 산다 하더라도 그것은 과거 전생에 조금 나쁜 업을 지었기에 금생에는 착한 일을 한다 하더라도 우선은 좀 그렇게 고(苦)를 받는 것입니다. 그러나 나쁜 업이 사라지면 그때는 금생에 착한 업으로 해서 다시 안락을 받는 것입니다. 이와 같이 인과(因果)라는 것은 조금도 변함이 없습니다. 불교를 믿는 분들은 우선 인과를 믿어야 합니다. 착한 일을 하면 반드시 그 과보로써 안락과 행복이 오고 악을 행하면 또 그 과보로 반드시 불행이 온다는 인과를 믿는 것이 불교인의 초보입니다.

그 다음 아홉번째는 견취견(見取見)이라, 이것은 나쁜 견해를 좋은 견해로 알고서 고집하는 것입니다. 가사 '맑스주의가 옳다. 이슬람주의가 옳다.' 이와 같이 절대주의가 아닌 것을 절대라고 생각하고 고집하는 것입니다. 정치인들이 시야비야 하는 것도 역시 마찬가지입니다. 영원적인 차원에서 본다고 하면 별것도 아닌데 야당은 야당대로, 여당은 여당대로 서로 옳다고 고집하는 것입니다. 그런 것이 모두가 다 견취견에 해당합니다. 절대적인 지혜가 아닌 것을 가지고서 절대적으로 옳다고 고집하는 견해가 견취견(見取見)입니다.

그 다음 열번째는 계금취견(戒禁取見)입니다. 이것은 어떤 계행을 지키는 것이 성불을 위한 계행도 있습니다만, 성불을 위한 것도 아니고 별것도 아닌 계행을 외도(外道)꾼들이 고집하며 지키는 것들입니다.

인도 바라문교의 한 파에는 견행(犬行)이라, 개같은 행동을 취하면 죽어서 천상에 간다는 말도 있습니다. 그래서 사람이 그냥 꼭 개와 같은 행동을 취하는 것입니다. 옷도 안 입고 그냥 발가벗고 다니면서 행동하는 것입니다. 이런 '개와 같은 행동을 취하면, 그런 고행(苦行)으로서 내생에는 천상에 간다.' 이와 같은 그릇된 것을 믿고서 그런 행동을 하는 것입니다.

고행을 하면 고행 그것이 의의가 없는 것이 아니겠지만, 고행이 바로 성불의 필연적인 길은 아닌데 고행을 취하면 성불한다고 해서 억지로 고행을 합니다. 이런 것도 역시 계금취견에 해당합니다. 즉 어느 계행이 어느 계율이나 어느 행동이 참다운 도(道)의 원인이 아닌데도 참다운 도(道)나 행복의 원인이라고 생각하고서 고집하고 그러한 법을 지키는 것이 계금취견에 해당합니다.

위와 같은 열 가지가 근본번뇌(根本煩惱)입니다.

따라서 우리가 다른 번뇌는 다 외울 수가 없다 하더라도 근본번뇌만은 외워두어야 그때그때 우리가 피하고 지킬 수가 있게 되지 않겠습니까.

탐심(貪心)내지 말고, 진심(瞋心)내지 말고, 어리석은 치심(癡心)내지 말고 또는 아만심(我慢心)내지 말고, 진리에 대해서 의심(疑心)하지 말고, 또는 신견(身見)이라, 자기의 몸뚱이나 자기 소유에 대해서 욕심내지 말고 우리가 사는 한에는 전연 욕심을 내지 않을 수는 없겠습니다만 우리가 관심은 둔다 하더라도 탐욕심인 지나친 욕심을 내면 반드시 화(禍)가 옵니다.

그리고 우리 인간의 생명에 관해서 금생 내생을 통해서 다 끊어버린다는 관념이나 나와 같은 몸이 항시 있으리라는 관념인 변견(邊見)을 갖지 말고, 다만 인연 따라서 행동 따라서 이런 몸이 생기므로 행동을 내가 좀 더 좋게 하면 보다 더 좋은 데에 태어날 것이고 나쁘게 하면 나쁜 데로 추락할 것이고, 또는 선을 행하면 안락의 과보가 있고 악을 행하면 불행의 과보가 틀림없이 있다는 인과를 믿어야 할 것이지 삿된 견해[邪見]를 믿지 말고, 또는 옳지 못한 무슨 주의나 사상같은 나쁜 견해를 옳다고 생각해서 그런 견취견(見取見) 때문에 하나의 단체를 만들어서 괜히 사회를 혼란스럽게 하지 말아야 합니다. 대체로 단체라는 것은 보통은 다 견취견이라, 이런 견해를 가지고 하나의 이념을 삼고 강령을 만들고 단체를 꾸밉니다. 또는 성불의 원인도 아니고 또는 천상에 가는 원인이 아닌데도 삿된 법을 가지고서 고집하고 닦는 계금취견(戒禁取見)을 갖지 말아야 합니다.

견혹(見惑)과 사혹(思惑)

이러한 열 가지 번뇌 가운데서 탐심·진심·치심·아만심·의심의 다섯 가지 번뇌를 오둔사(五鈍使)라, 다섯 가지 둔한 것이라고 말합니다.

어째서 그런가 하면, 이것은 끊기가 어렵기 때문입니다. 견성오도(見性悟道)해서, 공부를 애쓰고 해서, 갓 도인(道人)이 된다 하더라도, 이 다섯 가지 번뇌는 다는 못 끊어버리는 것입니다. 그와 같이 어려운 것입니다.

탐심이나, 진심이나 치심, 아만심이나 의심 이런 번뇌의 거치러운 것은 끊어버린다 하더라도 그 뿌리, 번뇌의 종자는 잘 못 끊어버립니다. 우리가 도통(道通)한 뒤에도 오랫동안 닦아서 끊어야 하는 것입니다. 따라서 이것은 그렇게 빨리 몰록해서 못 끊어버리고 둔하게 끊으니까 오둔사(五鈍使)라 이름합니다.

따라서 사혹(思惑)이라, 생각생각에 생각을 많이 하고 관념도 하고 또는 염불도 많이 하고 화두도 많이 들고 이와 같이 해서 오랫동안 끊어야 하기 때문에 사혹이라는 말도 합니다.

또는 수혹(修惑)이라, 닦고 닦아서 끊으니까 수혹이라고도 이름합니다.

또는 사혹(事惑)이라, 현상계의 모든 것이 그런 번뇌에 걸려 따르는 수가 많으니까 사혹이란 말도 씁니다.

이같이 제가 여러 말씀을 괜히 드리는 것 같습니다만, 혹시 이것저것 이런 술어가 나오면 서로 혼동을 느끼지 않도록 하기 위해서 입니다. 이런 다섯 가지 번뇌는 떼기가 지극히 어렵기 때문에 오둔사(五鈍使)라, 우리가 오랜 시간을 거쳐서 둔하게 끊을 수 밖에 없다는 말이요 또는 사혹(思惑)이라, 생각을 오래 해서 많은 생각 끝에 비로소 끊어진다는 말입니다.

그러나 그 다음에 있는 신견(身見)·변견(邊見)·사견(邪見)·견취견(見取見)·계금취견(戒禁取見) 이런 것은 빨리 끊어집니다. 우리가 공부해서 견성오도(見性悟道)라, 우리 본성품인 불성(佛性)·법성(法性)을 볼 때에, 그냥 순간에 다 끊어 버린다는 것입니다.

우리는 견도(見道)와 수도(修道)를 구분해서 생각해야 합니다. 견도(見道)는 우리 본 성품 즉, 진리를 보고서 깨닫는다는 말이고 수도(修道)는 견도한 뒤에 성불까지 가는 과정에서 닦는 것을 수도라고 합니다. 우리는 보통 상식적으로 수도라 하면 곧장 닦아도 수도라고 합니다만 엄밀히 개념을 구분해 보면, 견성(見性)한 뒤에 닦는 공부가 수도입니다.

그런데 오둔사(五鈍使)는 번뇌를 끊기가 하도 어려우니까 견도(見道)할 때, 즉 말하자면 우리가 도통할 때, 그 당시나 또는 성불하기까지 사뭇 애쓰고 끊어야 하지만 그러나 뒤에 든, 내 몸이라는 신견, 또는 내 몸이 항상 있다든가 끊어졌다든가 하는 변견, 또는 인과를 믿지 않는 삿된 견해, 견취견, 계금취견 이런 것은 이치에 관한 번뇌이기 때문에 소위 이론적인 번뇌이기 때문에 견도위(見道位)에서 돈단(頓斷)이라, 견성오도(見性悟道)할 때 문득 다 끊어버린다는 말입니다.

이것은 빨리 끊을 수 있다고 해서 오리사(五利使)라 합니다. 그야말로 아주 빨리 별로 힘 안 들고 끊는다고 해서 리사(利使)라는 말을 쓰지요. 그러나 이것은 견성한 사람에 한해서인 것이지 일반 사람들이야 어려운 문제가 되겠습니다만 아무튼 빨리 끊는다고 해서 오리사(五利使)라, 또는 돈단(頓斷)이라 이런 말을 쓰는 것입니다.

그리고 또 다섯 가지, 이것은 이론적인 견해에 따른 번뇌니까 견혹(見惑)이라는 말도 합니다. 아무튼 우리는 이와 같은 근본번뇌만은 외워두고서 그때그때 자기 스스로 행동할 때나 생각할 때에 '이것이 무슨 번뇌구나.' 하고 구분하면서 번뇌를 떼어야 하겠습니다.

간추리면, 탐심(貪心)이나 진심(瞋心)이나 어리석은 마음 치심(痴心)은 삼독심(三毒心)에 해당하는 것이고 이것을 부연시키면, 탐심·진심·치심·아만심(我慢心)·의심(疑心), 또는 자기 몸에 대해서 내가 있다 하는 고집(我見), 또는 내 소유물에 대한 고집[我所見]인 신견(身見)·그 다음에는 내 몸뚱이가 금생과 내생에 있다는 고집[常見]이나 내 몸뚱이가 금생만 있고 끊어져 버린다는 고집[斷見]인 변견(邊見)·그 다음에는 인과를 부정하는 고집인 사견(邪見)·그 다음에는 별로 신통치 않은 견해를 좋다고 고집하는 견취견(見取見)·그 다음에는 해탈이나 또는 천상에 태어나는 원인이 아닌데도 원인이라고 생각하면서 어떤 것을 지키는 고집인 계금취견(戒禁取見), 이런 것이 근본번뇌입니다.

　우리가 생각해 보면, 생활하는 가운데 거의 태반이 이와 같은 번뇌 가운데서 생활하고 있습니다. 우리는 인격 완성을 부인하고 또는 영생의 행복을 부인한다면 이런 것이 아무 것도 아니겠습니다만, '기어코 영생한다. 기어코 무한의 행복을 맛본다 기어코 최상의 인격이 된다.' 이렇게 생각할 때는 싫으나 좋으나 이 열 가지 번뇌는 항시 기억해 가면서 끊어야 하는 것입니다.

백팔번뇌(百八煩惱)

수번뇌(隨煩惱)…백팔번뇌(百八煩惱)

육근(六根)…안근(眼根)·이근(耳根)·비근(鼻根)
　　　　　　설근(舌根)·신근(身根)·의근(意根)　⎫
육경(六境)…색(色)·성(聲)·향(香)·미(味)·촉(觸)·법(法)　⎬ 18번뇌
육식(六識)…안식(眼識)·이식(耳識)·비식(鼻識)·설식(舌識)　⎭
　　　　　　신식(身識)·의식(意識)

이기(已起)…이미 일어난 번뇌　－ 18번뇌　⎫
　　　　　　　　　　　　　　　　　　　　　⎬ 36번뇌
미기(未起)…아직 안 일어난 번뇌－ 18번뇌　⎭

과거·현재·미래 <삼세(三世)>×36번뇌=108번뇌

그 다음은 수번뇌(隨煩惱)라, 번뇌는 많다고 해서 무량번뇌(無量煩惱) 아닙니까. 한도 끝도 없는 번뇌입니다. 하여튼 우리 중생이 생각하고 느끼는 것은 거의가 다 번뇌이니까 무량번뇌가 되겠습니다만 다는 알 수 없는 것이고, 그런 가운데 기본적인 것이 열 가지 번뇌인 근본번뇌(根本煩惱)이고, 또 거기에 따르는 수번뇌(隨煩惱)가 백팔번뇌(百八煩惱)입니다.

우리 보살님이나 거사님들이 대체로 많은 분들이 백팔 염주를 걸고 계시지요. 그렇지만 백팔 염주나 백팔번뇌가 무엇인가? 하고 물었을 때, 딱 막혀버리면 좀 답답할 것입니다. 우리가 염주를 거는 정도 같으면 적어도 백팔번뇌는 무엇인가 정도는 알아야만 자기 스스로도 그만치 마음이 흐뭇하고 남이 묻더라도 명쾌히 대답을 할 것입니다.

백팔번뇌는 무엇인가 하면, 백팔번뇌 풀이도 여러 가지가 있으나 가장 외우기 쉽게 한 것을 여기에서 말씀드리겠습니다.

이제 육근(六根), 육경(六境), 육식(六識), 이런 말을 씁니다만 불교를 초보적으로 공부 하신다 하더라도 이런 정도의 불교술어는 외워두어야 합니다. 그래야 불경(佛經)을 볼 때에 뜻이 알아집니다.

기독교인들 모두 바이블(성경) 외우는 것 보십시요. 불교인들은 참 너무나 불경(佛經)을 소홀히 생각합니다. 적어도 『반야심경(般若心經)』한 편은 죽죽 외우면서 해설을 해야 할텐데 불교를 믿는 분들이 "『반야심경』한번 풀이해 보십시요." 하면 할 분들이 참 드물 것입니다. 그래서 불교를 믿는 분들은 보다 더 공부를 좀 하셔야 합니다.

물론 마음 닦아서 깨달아버리면 다 알겠습니다만, 그래도 역시 현대사회가 하도 복잡한 때요 무수한 정보가 이렇게 혼탁(混濁)하니 얼켜 놔서 우리가 바른 것을 해설 못하면 자칫 혼미(昏迷)를 느낍니다.

저번에 말씀마따나 유치원생도 그때부터 벌써 하나님 부처님을 구분하는 때란 말입니다. 이런 때에 우리가 적응해서 불교 교리(敎理)도 역시 기본적인 것은 꼭 외워두어야 합니다.

육근(六根)은 안근(眼根) - 우리 눈의 하나의 생리적인 근본 뿌리를 말하는 것과, 이근(耳根) - 우리 귀의 뿌리, 비근(鼻根) - 코 뿌리, 설근(舌根) - 우리 혀 뿌리, 신근(身根) - 우리 몸의 촉각의 근본을 말하는 감각기관과, 의근(意根) - 우리 뜻의 근본을 말하는 것으로, 이것이 육근(六根)입니다. 그러니까 우리 사람인 한에는 눈·귀·코·혀 또는 몸·뜻 이것을 다 갖추고 있어야 안되겠습니까.

그 다음은 육경(六境)이라, 이것은 색(色) - 우리 눈에 보이는 일체 유(有)의 현상계인 색(色)과, 다음 성(聲) - 소리와, 다음 향(香)기와, 그 다음 맛[味]과, 그 다음은 촉(觸)감과, 그 다음 이것이다 저것이다 분별하는 여러 가지 법(法)이라 이 여섯 가지입니다.

우리가 육근(六根)이 있는 한에는 거기에 상대해서 육경(六境)은 분명히 존재합니다.

앞서 말씀드린 바와 같이 불교말로는 육근청정(六根淸淨)이라, 육근이 정화가 되어 버리면 그때는 천지우주가 하나의 부처로 다 환원되어서 부처로만 보이겠지만, 우리 범부는 그렇게 못되어 육근이 있는 한에는 거기에 따르고 상대해서 색을 보고, 소리를 듣고, 또는 향기를 맡고, 또는 맛을 보고, 촉감을 느끼고 또는 옳다 그르다 분별하는 것입니다.

그렇게 우리 육근(六根)이 환경인 이러한 색이나, 소리나, 향기나, 맛이나 또는 촉감이나, 또는 어떤 법(法)이나 이런 육경(六境)에 상대해서 분별하고 느끼는 식(識) 활동, 이것이 육식(六識)입니다.

우리 눈이 색을 대하면 안식(眼識)이라, '검다. 희다.' 느끼는 그것이 안식이고, 우리 귀가 소리를 대하면 '소리가 곱다. 또는 거칠다.' 하는 그러한 청각을 느끼고[耳識], 또한 우리 코가 냄새를 대하면 냄새를 맡는 후각을 느끼는 것이고[鼻識], 또는 우리 혀가 어떤 음식을 대하면 맛이 '쓰다. 달다.' 하는 설식(舌識)을 느낍니다. 또는 우리 몸이 어떠한 무엇에 감촉하면 '차다. 덥다.' 하는 촉감을 느끼게 되는 것이 신식(身識)인 것이요, 또는 우리 마음이 무슨 이치를 대할 때는 '좋다. 궂다.' 하고 분별하는 의식(意識)이 있습니다. 이런 여섯 가지가 육식(六識)입니다.

따라서 이런 것은 범부계(凡夫界)에서는 모두가 다 번뇌가 되어 버리니까 우리 육근(六根)에 따른 번뇌가 여섯 가지, 육경(六境)에 따른 번뇌가 여섯 가지, 육식(六識)에 따른 번뇌가 여섯 가지로 합하면 열여덟 18번뇌이고,

또 이기(已起) 미기(未起)라, 이기는 이미 일어난 번뇌요, 미기는 아직 일어나지 않은 번뇌라는 말입니다. 이미 일어난 번뇌가 18이고, 아직 일어나지 않은 잠재한 번뇌가 18이고, 합해서 36번뇌가 됩니다.

또 과거·현재·미래의 삼세(三世)의 번뇌라, 과거 번뇌 36이요, 미래 번뇌 36, 현재 번뇌가 36이라, 합해서 108번뇌가 됩니다.

다른 어려운 108번뇌 풀이도 있습니다만 이것이 가장 간명하고 외우기가 쉽습니다. 그러니까 108번뇌를 외워두시기 바랍니다.

이렇게 해서 근본번뇌(根本煩惱)와 또 좀 미세한 수번뇌(隨煩惱)에 대한 말씀을 다 드린 셈입니다. 아무튼 아까 말씀드린 근본번뇌는 꼭 외워서 우리 행동의 지침을 삼아야 합니다. 이중 '탐(貪)·진(瞋)·치(痴)·만(慢)·의(疑)' 이것이 다섯 가지 끊기 어려운 번뇌입니다. 번뇌가 있는 사람들은 성자의 법(法)도 자꾸만 의심을 합니다. 남도 의심하고 말입니다.

요즘 의심하는 수행법(修行法)을 취하는 분이 많이 있습니다만 그런 의심은 이런 번뇌의 의심(疑心)에 안 들어갑니다. '제일의제(第一義諦)' 즉 말하자면 '참다운 하나'를 참구하고 의심하는 것이기 때문에 이 의심 번뇌에 안 들어갑니다. 우리가 그렇게 한계 있게 알아야 합니다 .

그러나 이런 번뇌 가운데서 우리가 가장 주목할 점이 무엇인가 하면 여기에 있는 신견(身見)을 두고두고 생각을 많이 해야 합니다. 이놈의 '나'라는 생각 때문에 결국은 모든 번뇌가 일어납니다. '나'라는 생각, 그놈 못 떼면 우리가 성자의 길은 참으로 맛을 못보고 만 셈이 됩니다. '나다, 내 소유다.' 하는 생각 때문에 말입니다.

번뇌(煩惱)의 팔풍(八風)

팔풍(八風)…이(利)·쇠(衰)·훼(毀)·예(譽)·칭(稱)·기(譏)·고(苦)·락(樂)

불경(佛經)을 보면 '팔풍(八風)에 휘둘리지 말라.'는 말씀들이 가끔 나옵니다. 이것은 풍수지리학에서 말하는 그런 팔풍이 아니라, 우리 '번뇌의 팔풍(八風)'을 말한 것입니다.

첫째는 이(利)라, 즉 우리에게 이로운 것이지요. 가사 뇌물을 주면 장관들도 이따금 뇌물 때문에 수뢰죄(受賂罪)로 걸리지 않습니까. 이런 것도 역시 한 가지 이(利)에 우리 마음이 팔린 것입니다. 우리 마음이 끌린 것입니다.

그 다음 둘째는 쇠(衰)라, 이것은 모두가 잘 안되는 경우 가사 일이 여의롭게 안되어 사업에 실패한다거나 또는 잘못되는 그런 경우에도 역시 우리 마음이 비관도 하고 타락도 하는 것입니다. 그것이 쇠라 하는 것입니다.

그 다음 셋째는 훼(毁)라, 헐뜯고 비방한다는 말입니다. 어느 누구나 칭찬하면 다 좋아합니다. 별로 못난이도 칭찬하면 좋아하지만 훼방하면 그냥 싫어합니다. 또 자기가 분명히 나쁜짓을 했는데도 비방하고 비판하면 싫어합니다. 이것이 훼입니다.

그 다음 넷째는 예(譽)라, 기릴 예자 입니다. 우리를 기리어 찬사를 주고 명예를 받으면 우쭐해가지고서 또 마음에 동요를 느낍니다. 이것이 예입니다.

그 다음 다섯째는 칭(稱)이라, 칭찬한다는 말입니다. 칭찬받는 것도 역시 우리 마음에 동요를 주는 것입니다.

그 다음 여섯째는 기(譏)라, 기롱할 기자 입니다. 나무라고 꾸짖고 욕도 하고 실없이 희롱하고 비방한다는 말입니다. 이러한 때에 역시 동요하는 것입니다. 이러한 것에 동요 안해야 비로소 참다운 수행자인 것입니다. 이로울 때, 또는 무엇인가 실패할 때, 자기를 훼방할 때, 또는 자기가 명예로울 때, 자기를 칭찬할 때, 또는 자기를 기롱할 때, 이런 때에 동요하지 않는 것이 수행자이고, 또 도인들은 이런 분이 되겠지요.

그 다음은 고락(苦樂)이라, 우리는 괴로울 때 또 동요하고 또는 안락할 때 동요하게 됩니다. 이것이 팔풍(八風)에 해당합니다.

참선(參禪)의 팔재환(八災患)

팔재환(八災患)…선정(禪定)을 방해하는 팔종재환(八種災患)
우(憂)·희(喜)·고(苦)·락(樂)·심(尋)·사(伺)·입식(入息)·출식(出息)

그 다음은 팔재환(八災患)이라, 이것은 참선하는 분들이 한사코 떼어야 할 장애입니다. 깊은 삼매(三昧)에 들면 팔재환(八災患)은 없는 셈이지만 깊은 삼매에 못 들면 결국은 다 팔재환(八災患)이 있습니다.

그것이 무엇인가 하면 우(憂)라, 즉 우수(憂愁)라는 말입니다. 참선하다 보면 잠재의식에 있는 우리 의식이 발동하는 때가 많이 있습니다. 따라서 어떤 때는 그냥 불현듯이 우수에 잠기게 되는 때가 있습니다.

참선할 때는 지금 마음만 발동(發動)하는 것이 아니라 금생(今生)에 쓰던 마음이 다 발동하는 수도 있고 또는 과거세(過去世)에 쓰던 마음이 발동하기도 합니다. 그러기 때문에 지금까지 내가 기억하지도 못했던 우수가 불현듯이 발동해서 마음이 시름해 오기도 하는 것입니다.

또 희(喜)라, 어떤 때는 생각지도 않은 기쁜 일이 생각나서 허허 웃기도 합니다. 참선할 때 보면 어떤 분들은 그냥 아주 큰 소리로 고성(高聲)을 지르면서 횡설(橫說)을 터뜨리는 분도 있습니다. 이런 것은 지금 현재 심행(心行), 현재 마음은 그렇지 않지만 과거 잠재의식에 기쁜 일이 있으면 그 놈이 발동하여서 그런 것입니다.

다음은 고(苦)라, 다리도 아프고 또는 마음도 괴롭고 여러가지 고(苦)가 옵니다. 우리가 참선해서 습인(習忍)이라, 오랫동안 습관들여 익히게 되면 문제가 아니지만 처음 하는 사람들은 누구나가 다 아픕니다. 활동하는 분들이 두 시간 세 시간 이렇게 앉아 계시니 아프지 않겠습니까. 숨도 갑갑하고 말입니다.

불경(佛經)을 보면 '인후개통획감로미(咽喉開通獲甘露味)라.' 목구멍이 툭 튀어서 감로수를 맛본다는 것입니다. 보통 참선하는 분들은 다 목구멍이 갑갑합니다. 발부터 머리까지 툭 트인 사람들은 처음에는 없습니다. 오랫동안 하다 보면 툭 틔어버립니다만 처음에는 갑갑한 것입니다. 따라서 응당 고(苦)를 느낍니다.

또 어떤 때는 조금 잘 되는 때는 아주 쾌락(樂)을 느낍니다. 방이 더워도 눈에서 바람이 획획 부는 것을 느끼고 또 분명히 바람이 납니다. 눈에서 바람소리가 날 정도로 바람을 느끼는 것입니다. 가슴도 시원하고 눈도 시원하고, 밤새껏 눈을 뜨고 있어도 눈의 피로도 모르고 말입니다. 이런 때는 기쁨을 안 느끼겠습니까. 이런 안락스러운 때가 오는 것입니다. 이런 것은 도인(道人)이 못되어도 오는 것입니다.

그 다음은 심(尋)이라, 찾을 심자로서 이것은 '좋은가, 궂은가, 그른가, 어떤가' 분별하는 거치러운 마음보고 심이라 하는 것입니다.

그 다음은 사(伺)라, 우리가 '좋은가, 궂은가' 시비 분별하는 가운데서 조금 더 미세한 것을 살필 사자, 사(伺)라 합니다. 그러니까 거치러운 분별은 심(尋)에 해당하고, 조금 미세한 분별은 사(伺)에 해당합니다. 우리가 보통 앉아보면 결국은 욕심, 탐심 또는 분별하는 마음 때문에 한 시간 동안 앉아봐도 보통 거의 다 그걸로 끝나고 맙니다.

그 다음은 입식(入息)이라, 우리가 들이마시는 들숨이라는 말입니다.

그 다음 마지막은 출식(出息)이라, 내쉬는 날숨입니다. 참선 해보면 호흡, 이것이 얼마나 원수인가를 알 수 있습니다. 호흡이 갑갑하면 그냥 죽을 지경입니다. 방이나 덥고 습기나 적어 좀 건조해 보십시요. 갑갑해서 참 곤란을 받습니다. 또 콧병이 있으면 참선은 못하고 맙니다. 이런 것이 참선의 팔재환(八災患)입니다. 이것만 떼면 될 것인데 이것을 못 떼니까 결국 삼매에 못 듭니다.

'삼매(三昧)에 들었다.' 하는 것은 이것을 떼어버려야 비로소 삼매에 들었다 하는 것입니다. '입정(入定)했다. 선정(禪定)에 들었다.' 하는 것은 이런 것을 완전히는 못 떼어도 거의 떼어버려야 하는 것입니다.

그리고 사선정(四禪定)이라, 내일이나 모레나 또 말씀을 합니다만, 사선정(四禪定)에 들어가야 비로소 이놈을 다 떼는 것입니다. 그래야 신통(神通)도 하는 것입니다. 이렇게 우수(憂愁)를 느끼고, 또는 기뻐하고, 괴로움을 느끼고, 안락을 느끼고, 또는 거치러운 분별, 미세한 분별,

또는 들이마시는 숨, 내쉬는 숨, 팔재환을 떼어야 말입니다.

이러한 데서 또 호흡법이 중요한 것입니다. 우리 마음과 호흡은 항시 상관(相關)이 있습니다. 호흡이 정화(淨化)되면 마음이 정화되고 마음이 정화되면 호흡도 역시 정화됩니다. 따라서 마음 정화시켜서 호흡을 정화시키는 방법 또는 반대로 호흡을 정화해서 마음 정화시키는 방법으로 할 수가 있지요.

그러기에 불법에 초보인들이 수행할 때는 이대방편문(二大方便門)이라, 내 몸뚱아리 더럽다고 관하는 부정관(不淨觀)법과 호흡법(呼吸法)의 두 가지가 우리 불법수행의 이대방편문(二大方便門)입니다. 산란심(散亂心) 많은 사람들은 호흡법으로 산란심을 다 끊어버리고, 욕심많은 사람들은 이놈의 몸뚱이가 귀(貴)하다고 생각하기 때문에 욕심이 많은 것이므로 그 놈 끊기 위해서 부정관을 시키는 것입니다.

우리의 이러한 번뇌, 성불을 방해하는 이것이 원수 아닙니까. 이러한 것을 우리가 파상적(波狀的)으로 하다 말다 하다 말다, 끊다 말다 하면 결국은 이것이 더 치성(熾盛)합니다. 그러기에 집중적으로 끊임없이 하는 것이 참선인 셈이지요.

기도를 모셔도 어제 말씀드린 바와 같이 반주삼매(般舟三昧)라, 안 자고 안 눕고 계속 하는 것은 어째서 그런가 하면 이런 번뇌가 하도 강하니까, 강적을 이길려니까 안 쉬고 해야하는 것입니다. 쉬었다 또 했다 하면 번뇌가 다시 소생(蘇生)하여 온다는 것입니다. 번뇌가 숨쉴 틈이 없도록 하기 위해서 안 자고 안 눕고 그렇게 하는 것입니다.

그러니까 적어도 불법에 한번 마음 둔 분들은 항시는 못한다 하더라도, 일년에 한번 정도는 일주일 동안 그야말로 안 자고 안 눕고 오로지 번뇌와 마구 싸우는 기회를 가져야 합니다.

  부지런히 공부하십시다.

6. 마음의 성품(性品)

참선(參禪)은 증상심학(增上心學)

우리는 지금 참선을 하고 있습니다. 참선(參禪)은 심학(心學)이라, 마음 배우는 것이 참선입니다.

그런데 마음, 이것이 가장 가깝고도 가장 어려운 문제입니다. 마음은 누구나 가지고 있지만 챙길려고 들면 챙기기가 어렵습니다.

지금 우리는 안 죽어봐서 알 수 없습니다만, 죽어보면 그야말로 마음, 이것이 얼마나 중요한 줄을 느낄 수가 있고, 몸과 마음의 비중(比重)도 역시 몸은 별것도 아니고 마음이 주인이란 것을 알 수가 있습니다. 우리는 안 죽어봐서 그걸 확실히 모른다고 하지만 성자(聖者)들은 안 죽어본다 하더라도 과거·현재·미래를 통하기 때문에 마음과 몸의 비중을 압니다.

죽는 찰나에 몸은 자기 것이 아닙니다. 다만 마음성[心性]만 가지고 우리가 가는 것입니다.

요즘은 구정(舊正) 문제 가지고 '조상의 날이다 민속의 날이다.'해서 어휘(語彙) 문제 가지고도 말이 많은 모양 같습니다만, 기독교를 믿는 분들은 그냥 "조상의 제사 모시는 것은 옳지 않다. 죽어지면 다 그만인 것인데 영혼을 위할 필요가 없다." 이런 말씀으로써 반대한다는 기사를 보았습니다만, 이것은 우리 인간이 죽어서 가는 영혼 세계를 잘 몰라서 그럽니다. 다만 몸은 영혼에 따른, 우리 마음에 따른 하나의 그림자에 불과합니다.

우리가 가사 불교에서 말하는 부모미생전 본래면목(父母未生前本來面目)이라, 부모한테서 낳기 전의 우리 본래 생명은 무엇인가? 이렇게 생각해 본다고 할 때에 한번 따질 문제가 있습니다. 지금 현재는 우리가 부모한테서 태어나 이렇게 사람 모양이 되었습니다만, 부모한테서 낳기 전의 그 생명은 대체로 무엇인가? 이렇게 생각할 때는 굉장히 깊은 문제입니다.

과연 우리 생(生)이란 것이 어디서 왔는가? 이 문제도 역시 그와 같은 문제 아니겠습니까. 죽어서 어디로 갈 것인가? 하는 문제도 크지만 우리 생(生)이 어디서 왔는가? 이 문제도 굉장히 큽니다. 그러나 우리 안목은 제한되어 있어놔서 과거도 못 보고 미래도 못 봅니다. 천안통(天眼通)을 통한 안목으로만이 시간·공간을 초월하여 비로소 과거도 보고 미래도 본다는 것입니다.

이런 도인들이 밝혀놓은 법문에 의하면 우리가 부모한테 의지하기 전에는 하나의 영혼으로 해서 헤매는 영혼체(靈魂體)라는 것입니다. 사람 모양이 아니라, 사람 눈에는 볼 수 없는 그 무엇인 요새 심령과학(心靈科學)에서 말하는 유체(幽體)라는 말입니다. 유체, 이것이 영혼과 더불어서 헤매고 있다가 부정모혈(不精母血)이라, 아버지와 어머니의 연(緣)을 만나서 그 기운 따라서 거기에 딱 붙어 온다는 것입니다. 이런 것이 불교에 있어서는 아주 세밀히 풀이가 되어 있습니다.

　물론 그 영혼도 역시 사람으로 살다가 죽었겠지요. 또는 개나 돼지나 그런 것으로 있다가 죽었겠지요. 그런 영혼이 헤매다가 가사 부모되는 내외간이 만나서 기운이 결합되면 그 기운 따라서 영혼체가 멀리서 보고 있다가 거기에 온다는 것입니다. 사람 몸뚱이가 아닌 그윽한 몸인 영혼체는 제 아무리 멀리까지도 다 아는 것입니다. 가사 미국에서 헤매는 영혼이라 하더라도 한국에서 자기 부모될만한 사람이 딱 결합하면 그때 그것을 보고서 안다는 것입니다. 귀신들은 잘은 못 통해도 천안통(天眼通)을 통하는 것이기에 안다는 것입니다. 따라서 부모 연(緣) 따라 자기한테 인연이 맞으면 거기에 딱 들어온다는 것입니다.

　그래가지고서 맨 시초는 인간의 눈에는 볼 수 없는 오직 하나의 점(點)입니다. '눈이 예쁘네. 코가 예쁘네.' 지금은 하지만 맨 처음에 부모한테 붙어올 때는 하나의 점에 불과합니다. 그것이 어머니 태중(胎中)에서 여러 가지로 영양을 섭취해서 크는 것입니다.

　그렇게 사람 되어서 자라났다가 죽어지면 또 무엇이 남습니까. 죽어지면 몸 그것은 아무 필요가 없습니다. 제 아무리 사랑하는 사람도 죽어진 송장은 싫어합니다. 썩은 송장이 있는 방에 누가 잘 들어가려고 합니까. 오직 남는 것은 그 마음, 영혼만 남습니다. 영혼만 남아도, 그 놈이 또 역시 헤매다가 자기한테 알맞는 인연이 있으면 또 그리로 붙어가는 것입니다.

　금생에 쓰는 마음씨가 개같은 마음을 써놓으면 개의 태중에 들어가서 개가 되고 또 소같은 마음을 써놓으면 소의 태중에 들어가서 소로 태생하는 것입니다. 이런 윤회(輪廻)는 사실인 것입니다.

불교에서 '악(惡)을 행하면 안된다. 좋은 일을 많이 해라.' 하고 권선징악(勸善懲惡)하는 것은 하나의 방편설(方便說)이 아니라 사실인 것입니다. 몇 천번, 몇 만번 그와 같이 서로 사람도 되었다가 이렇게 뱅뱅 윤회하는 것입니다. 이러한 것은 모두가 마음 따라서 그럽니다. 마음 잘못 쓰기에 차근차근 윤락(淪落)되었다가 또 조금 잘 쓰면 초승(超昇) 했다가 그런다는 말입니다. 이렇게 마음은 중요한 것입니다. 마음 잘못 쓰면 마음같이 더러운 것이 없습니다. 굉장히 비겁합니다. 또 마음 잘 쓰면 마음같이 고결(高潔)하고 고상(高尙)한 것이 없습니다.

어떻게 마음 쓰는가? 그 마음을 가장 잘 쓰는 법, 이것이 참선입니다. 마음을 가장 잘 써서 마음의 가장 본질, 본바탕이 되는 마음에 딱 들어가면 그것이 성불입니다.

우리같은 사람도 스님네가 될 때에 맨 시초부터서 '일체유심조(一切唯心造)라.' 또는 '마음이 곧 부처다.' 이런 말을 항시 들었지요. 그러나 몇 년간 세월이 흘러도 당초(當初)에 그것이 납득이 안 가는 것입니다. 아, 분명히 이렇게 물질 뿐인 것인데 일체유심조(一切唯心造)라, 일체 만물은 마음으로 되었다는 그것이 납득이 갈 리가 없었던 것입니다. 물리학도 배우고 무엇도 배우고 해놓으니까. 그런 것이 머리에 들어가지고서 당초에 일체유심조라는 '모두가 마음뿐이라.'는 생각이 우리 마음에 우리 머리에 안 들어옵니다. 물질만 사실 같고 마음은 그냥 물질에 따르는 한 가지 반영체나 그림자나 같다는 말입니다. 그러나 세월이 흘러가면서 '마음이 무엇인가.'를 조금씩 음미해 보니까 차근차근 그때는 일체유심조라, 일체가 마음 뿐이라는 그 말씀이 조금씩 납득이 오는 것입니다.

심즉시불(心卽是佛)이라, 마음이 곧 부처라는 말씀에도 '부처란 것은 소중한 것인데, 천지우주의 절대적인 것이 부처인 것인데, 나같은 이런 마음이 어떻게 부처가 되랴.', '남을 미워도 하고 사랑도 하는 이런 아니꼬운 마음, 이것이 무슨 부처가 되랴.' 이렇게 생각도 되는 것입니다.

그러나 사실은, 마음이 바로 부처입니다. 이러한 것을 여실(如實)히 아는 것이 불교인 동시에, 이러한 것에 가장 가까운 길, 가장 가깝고도 군더더기나 찌꺼기를 다 버려버린 가장 정수(精髓)가 참선이라 하는 심학(心學)입니다. 참선(參禪), 이것은 증상심학(增上心學)입니다.

유식삼성(唯識三性)

유식삼성(唯識三性)
1. 변계소집성(遍計所執性)…정유리무(情有理無)
2. 의타기성(依他起性)…여환가유(如幻假有)
3. 원성실성(圓成實性)…정무리유(情無理有) · 진여(眞如) · 진공묘유(眞空妙有)

※위의 삼성(三性)으로써 비공비유(非空非有)한 중도실상(中道實相)을 표현함

일체는 유식삼성(唯識三性)이라, 오직 마음 뿐이라는 것입니다. 유심(唯心)이나 유식(唯識)은 똑같은 뜻입니다. 다만 경우에 따라서 조금 차이있게 풀이가 됩니다만 같은 뜻입니다.

우리 마음의 성품(性品)에 여러 가지 구분이 한도 끝도 없이 많습니다만 우선 간추리면 삼성(三性)이라, 세 가지 성품으로 줄여서 말씀합니다. 이런 법문은 불교 전반적으로도 되어 있으나 불교 심리학인 유식론(唯識論)에서 말씀하는 법문입니다.

맨 처음에는 변계소집성(遍計所執性)이라, 우리 중생은 절대로 바로 못 봅니다. 그러나 바로 못 보는 견해를 옳다고 생각해서 고집하는 사람들이 대부분입니다. 그것이 한 가지 중생의 습기(習氣)가 되어 버렸습니다.

'내 견해가 절대로 옳지가 않다.'고 하는 소크라테스(Socrates:B.C.470?~399)의 말씀이 있지 않습니까. '자기 무지(無知)를 아는 것이 참다운 지혜'라고 말입니다. 자기가 보는 견해가 상대유한(相對有限)인 것을 알아야 합니다. 내가 보는 것은 절대가 아니라는 말입니다. 그래야 참다운 지혜에 들어갑니다.

변계소집성(遍計所執性)이란, 두루 계교(計較)하고 헤아려서 집착(執着)하는 성질이라는 말입니다. 이것은 우리 중생의 성품을 말하는 것인데, 우리 중생은 바로 못 보기 때문에 이것이나 저것이나 일체 만물을 좋다 궂다 옳다 그르다고 자꾸만 헤아리고 분별한다는 말입니다. 이렇게 해가지고서 집착하는 내가 아는 것만이 옳다고 고집하는 마음, 이것이 변계소집성입니다. 이러한 마음은 정유리무(情有理無)라, 중생의 망정(妄情)인 망령된 정(情)에는 있다 하더라도 참다운 진리에는 없다는 말입니다. 이러한 마음은 진리에는 없습니다.

'저 사람이 밉다.' 하는 것도 역시 번뇌에 가린 마음에서 보는 것이지 그 사람이 객관적으로 미운 사람이 아닙니다. 따라서 이것은 나의 망정(妄情), 나의 망상(妄想)에만 있지 참다운 진리에는 없는 것입니다.

우리 중생은 보통 이와 같이 정유리무(情有理無)라, 우리 중생의 망정에만 있고 참다운 이치에는 없는 것, 그것 가지고 싸우고 좋아하고 전쟁까지도 합니다. 인류 위기 상황도 무엇인가 하면, 이러한 정유리무(情有理無)의 법, 중생의 상대유한의 망정에만 존재하고 참다운 진리에는 없는 것 가지고서 억지로 싸우는 것입니다.

이것이 불교에서 말하는 변계소집성(遍計所執性)이라, 두루두루 헤아려서 옳다고 고집하는 것입니다. 이것 뿌리쳐 버리면 우리 집안이나, 우리 가정이나, 우리 마을이나 평화가 안될 수가 없습니다. 자기 무지(無知)를 먼저 알아야 합니다.

그 다음은 의타기성(依他起性)이라, 다른 것에 의지해서 일어나는 성품이라는 말입니다.

여기에 한 사람이 있다고 하면, 이 사람 역시 인연 따라서 생겨났습니다. 사람들이 불교에서 말하는 '인연생인연멸(因緣生因緣滅)이라.'는 말을 흔히 말로는 쉽게 합니다만 굉장히 의미심장한 말입니다. 어째서 그런가 하면, 사람 하나가 존재한다 해도 천지우주가 거기에 다 관련되어 있는 것이기 때문입니다.

한 송이 꽃이 핀다 하더라도 역시 꽃씨나 태양이나 또는 그 당시 기후나 또는 수분이나 이런 것만이 관계되는 것이 아니라, 천지우주의 모두가 거기에 다 관련이 있습니다. 직접 간접으로 먼 원인, 가까운 원인의 차이는 있다 하더라도 천지우주가 다 관련이 되어 있습니다. 하늘에서 반짝이는 별이나 또는 태양광선이나 어떠한 것이나, 우주의 저 변두리에 있는 그야말로 극지(極地)에 있는 어떠한 공기나 어떠한 미세(微細)한 존재라도 거기에 다 관계가 있습니다. 단, 직접 간접의 차이가 있을 뿐입니다. 우리 중생은 그런 관계들을, 먼 것은 안 보이니까, 자기 눈에 보이는 것만 인연이 있다고 합니다.

그와 마찬가지로 일체 만유의 것은 결국은 타(他)에 의지해서 일어났다[起]는 말입니다. 어떠한 것이나 하나의 존재는 일체 만유(萬有)를, 일체 만물을 다 인연(因緣)으로 한다는 말입니다. 하나의 존재가 나올 때는 일체 만물을 다 인연으로 하는 것입니다. 하나의 사람이 태어날 때는 어머니와 그 아버지만이 인연이 아니라 무수한 인연이 모인 것입니다. 가사 오행(五行)을 보는 사람들이 하늘의 별도 보고 또 여러 가지 사주풀이를 할때 그 사람이 태어난 시(時), 난 날[日], 난 달[月] 이런 것을 보는 것도 역시 저 북극성이나 하늘의 별들과 다 관계가 있기 때문에 그와 같이 오행풀이도 다하는 것입니다.

우리는 문제를 항시 더 깊이 생각해야 합니다. 즉 모든 것을 다, 모든 천지 만유를 의지해서 나오는 성품이라는 말입니다.

그러나 이것은 여환가유(如幻假有)라, 허깨비같이 가짜로 임시간 있는 것이라는 말입니다. 사람이 이렇게 나오고 또는 꽃이 피고 새가 울고 일체 현상, 이것은 마치 바다에 뜬 거품모양으로 사실이 아니요. 인연 따라서 잠시간 일어난 허깨비같은 가짜로 존재한다는 말입니다. 이것을 우리가 알아야 합니다.

그런데 이런 허깨비같은 존재를 중생들은 망정(妄情)으로, 망상(妄想)으로 헤아려서 좋다, 궂다 하는 것입니다. 좋은 것도 궂은 것도 아닌데 말입니다. 이쁜 것도 미운 것도 아닌데 중생이 괜히 자기 뜻으로 헤아려서 좋다 궂다 고집하고 싸우고 또는 사랑하고 하는 것입니다.

그러면 참다운 성질은 무엇인가? 그것은 바로 원성실성(圓成實性)입니다. 원만히 성취된 참다운, 실다운 성품이라는 말입니다. 이것이 실존(實存)이고 실상(實相)입니다.

이것은 정무리유(情無理有)라, 우리 중생의 망정(妄情)에는 없지만 참다운 이치에는 있다는 말입니다.

우리는 실상(實相)이 보입니까? 우리는 불성(佛性)도 못 보고 진여(眞如)도 못 봅니다. 부처나 여래(如來)나 그런 것을 못 봅니다. 따라서 중생은 안 보이니까 부인(否認)합니다. 그러니까 중생의 망정에는 이것이 없습니다. 그러나 중생의 망정에는 없으나 원리(原理), 참다운 이치(理致)에만, 근원적인 이치에만 있습니다.

따라서 우리가 문제시(問題視)하는 것은 실상(實相)입니다.

우리는 지금 우리 스스로가 인생고해(人生苦海)아닙니까. 그러나 천박한 사람들은 인생고해마저 잘 못 느낍니다. '인생은 향락이나 하고 멋대로 즐기는 것이다.'고 생각하는 것입니다. 인생고해라고 생각하면 웬만한 것은 잘 참습니다만, 인생은 원래 행복스러운 것이라고 하면서 고생이 오면 그냥 나에게만 왔다고 괴로워합니다.

그러나 인생의 실상(實相)은 결국은 고생인 것입니다. 생각해 보십시요. 낳는 것도 고생, 사는 것도 고생, 또 아파서도 고생, 죽어서 고생, 늙어서 고생, 헤어져서 고생 모두가 고생인 것입니다. 안락(安樂)은 잠깐, 순간순간, 고생의 막간막간에서 존재하는 허망한 것에 불과하고 사실은 고생 뿐입니다.

신라 때 사복(蛇福)이란 사람이 어머니는 절에서 종이었는데 열두살 먹도록까지 벙어리같이 말을 못했던 것입니다. 그러니까 사람들이 다 천치같이 보고 바보같이 생각했겠지요. 그러나 그의 마음은 깊은 선정(禪定)에 잠겼던 것입니다. 그런데 갑자기 자기 어머니가 돌아가셨습니다. 그래서 사복이가 그 당시 위대한 성인인 원효(元曉) 대사한테 가서 어머니 장사를 같이 지내자고 했습니다. 성인(聖人)과 성인끼리는 알아놔서 사복이가 말은 못 했지만 위대한 성인인 원효 대사는 안다는 말입니다.

원효 대사가 그러자고 하고서 같이 장사를 지내는데, 그 시체에 대해서 원효 대사가, "낳지 말라. 죽는 것이 고생이니라. 죽지 말라. 낳는 것이 고생이니라." 이렇게 법문을 하셨습니다. 사람이 죽어지면 임종법문(臨終法門)이라, 죽을 때에 영혼한테 대해서 하는 법문이 있습니다.

우리가 보통 아는 바와 같이 생자필멸(生者必滅) 아닙니까. 한번 낳아지면 결국은 죽어지는 것이고, 또 회자정리(會者定離)라, 만나면 반드시 헤어지는 것 아닙니까. 역시 무상(無常)한 것입니다. 그러한 무상 법문(無常法門)을 원효 대사가 시체한테 했다는 말입니다.

"낳지 말라. 죽는 것이 고생이니라." 한번 낳아놓으면 결국은 죽는 것이 정칙(定則)이니까 말입니다. "죽지 말라. 낳는 것이 고생이니라." 한번 죽어 놓으면, 해탈(解脫)을 못해버리고 윤회(輪廻)할 바에는 이제 다시 태어나기 때문에 고생이요. 또 어린애 배서 고생, 날 때 고생, 또는 크려면 고생입니다. 그렇게 말하니까 사복이가 듣고 있다가 "스님, 말씀이 너무 깁니다. 낳는 것이나 죽는 것이 다 고생이니라." 이렇게 말문을 열었다는 것입니다. 이와 같이 인생은 모두가 다 고생입니다.

그러나 인생고를 떠나는 데는 단 한 가지 길이 있습니다. 불교 말로 해서는 '백도(白道)'라 합니다. 다 어두운 길인데, 광명의 길로 가는 하나의 외줄기 밝은 길이라는 뜻입니다. 그 길이 무엇인가? 이것이 원성실성(圓成實性) 곧, 영원적인 참다운 성품을 우리가 찾는 길입니다.

원성실성을 다른 말로 하면, 불성(佛性)·부처(佛)·열반(涅槃)·도(道)·극락(極樂) 또는 실상(實相)이라 합니다. 다 똑같은 뜻입니다.

시간의 제한도 받지 않고, 공간의 제한도 받지 않고, 우주에 가득차고, 또 영원하고, 일체 공덕이나 모든 재주를 다 갖추고, 이러한 것이 원성실성이고 다른 말로 하면 진리·도·부처·하나님이라 하는데 다 같은 뜻으로 되어 있습니다.

우리 중생들은 그런 말이 많으니까 그냥 말 때문에 혼란을 느껴버리기도 합니다. 따라서 우리가 불경(佛經)을 보더라도 이런 원리(原理)를 아는 분들은 그냥 척척 알게 되는 것인데, 조금 어려우니까 말 때문에 그냥 혼동을 당해 가지고서 혼미(昏迷)를 느껴버리는 것입니다.

방금 말씀드린 바와 같이 우리가 지금 구하는 불성이나, 성불이나, 또는 열반, 극락이나, 도나, 진리나 또는 주인공이나, 본래면목이나 그런 것이 모두가 다 똑같은 뜻입니다. 우리가 지금 보는 것은 있다는 고집으로 느끼는 망정(妄情), 범부의 망상(妄想)에만 존재하고서 실제(實際)는 없는 것이 현상세계 입니다. 이런 것을 어떻게 비유하는가 하면, 불가(佛家)에서는 사승마(蛇繩麻)라 합니다. 뱀 사(蛇)자, 새끼나 노끈 승(繩)자, 삼마(麻)자 입니다.

사승마란 무엇인가 하면, 맨 처음에 말한 우리 중생이 망상으로 고집하는 견해 이것은 마치 어슴푸레한 때에 새끼 토막이 있으면 그것을 잘못 봐서 뱀으로 보는 것과 같다는 것입니다. 새끼 토막인데 어슴푸레하여 광명이 없으니까 잘못 봐서 뱀으로 보는 정도의 것이 변계소집성(遍計所執性)에 해당합니다. 그러나 그 실체는 역시 하나의 새끼 토막이지요. 그래서 새끼 토막은 의타기성(依他起性)에 해당합니다. 뱀으로 본 것은, 다만 우리 망상으로 본 것이요 바로 못 봤지만 현상적으로는 분명히 새끼 토막이 있습니다. 인연 따라 일어난 것은 의타기성에 해당합니다.

그러나 이것도 역시 여환가유(如幻假有)라, 다만 이것이 임시간(臨時間) 새끼로 만들어져서 새끼 토막이 되었던 것이지 역시 짚이나 삼으로 만들어진 것입니다. 새끼 토막의 본바탕, 본질(本質)은 삼[麻]이나 짚이나 그런 것입니다. 따라서 새끼 토막을 이룩한 본질, 본바탕은 짚이나 삼이기 때문에 삼이나 짚, 이것은 본질인 원성실성(圓成實性)에 해당합니다. 우리 중생은 지금 이러한 것을 못 보고 다만 어두컴컴할 때에 새끼 토막을 뱀으로 보는 그런 견해로 사는 것입니다. 이걸 우리는 알아야 합니다. 우리는 자기 무지(無知)를 알아야 합니다.

사승마(蛇繩麻)라, 우리는 지금 새끼 토막을 뱀으로 보는 것입니다. 이쁘다 밉다 하는 것이 말입니다.

마음의 구성 - 십식(十識)

십식(十識)
1. 안식(眼識)…눈
2. 이식(耳識)…귀
3. 비식(鼻識)…코
4. 설식(舌識)…혀
5. 신식(身識)…몸
6. 의식(意識)…뜻
7. 말나식(末那識)…아치(我癡), 아견(我見), 아만(我慢)등의 망식(妄識)
8. 아뢰야식(阿賴耶識)…장식(藏識)
9. 암마라식(菴摩羅識)…무구식(無垢識), 백정식(白淨識)
10. 건율타야식(乾栗陀耶識)…진실심(眞實心), 견실심(堅實心)

그러면 대체로 우리 인간의 마음은 어떻게 구성되어 있는가?
마음 풀이를, 이것도 역시 유식론(唯識論)이라, 불교심리학에서 말씀하는 것을 들어서 얘기 하겠습니다.
우리 마음을 십식(十識)이라 합니다. 식이라 하는 말도 역시 마음이나 똑같은 뜻입니다. 심(心)이나 식(識)이나 같이 풀이합니다.
십식(十識)은 무엇인가 하면,
맨 처음 안식(眼識)이라, 우리의 시각(視覺)이고
그 다음 이식(耳識)이라, 청각(聽覺)이고

그 다음 비식(鼻識)이라, 후각(嗅覺)이고

그 다음 설식(舌識)이라, 미각(味覺)이고

그 다음 신식(身識)이라, 촉각(觸覺)이고

그 다음 제6 의식(意識)이라, 이것은 우리가 느끼고 판단(判斷) 분별(分別)하는 의식입니다.

그런데 우리 인간은 십식 가운데서 다만 보고 듣고 냄새 맡고 또는 맛 알고 몸의 촉각 알고 또는 의식으로 분별하는 6식(六識)까지 밖에는 지금 못 씁니다.

인간 이외의 동물은 6식도 못 쓰고 5식까지만 씁니다. 의식 판단은 못하니까 말입니다. 일반 식물이나 그런 것은 역시 아무 식(識)도 못 씁니다. 그러나 식이, 마음이 없는 것은 아닙니다.

불경(佛經)에 이런 말씀이 있습니다.

'초목무심어생호소승(草木無心語生乎小乘)이라.' 풀이나 나무가 마음이 없다고 하는 말은 소승(小乘)에서 쓰인다는 말입니다. 대승(大乘)에서는 이런 말을 안 쓰는 것입니다. 소승(小乘)은 밀교(密敎)를 모릅니다. 즉 말하자면 소승은 마음의 본질을 못 본다는 말입니다. 그러나 대승은 본질을 봅니다. 따라서 "동물이나 마음이 있지 나무나 풀은 마음이 없다." 이렇게 말하는 것은 소승에서만 나온 말이라는 뜻입니다.

비록 하나의 나무라 하더라도 다 마음이 있습니다. 다만 그것이 잠재(潛在)해 있을 뿐입니다. 마음의 형상이 없어놔서 잠재해 있을 뿐입니다.

아, 보십시요. 하나의 꽃이라도 똑같은 화분에다 심어 놓고서 하나에는 정성을 드리고, 또 하나에는 정성을 덜 드리면 실험으로 비교하기 위해서 똑같이 거름도 주고 물을 주더라도, 역시 우리 정성을 드리고 마음을 쏟은 쪽이 더 성장했다는 그런 말이 있지 않습니까.

초목(草木)도 역시 잠재해 있을 뿐이지 마음이 있습니다. 다만 진화(進化)과정 따라서, 일반 동물은 그 가운데 잠재의식(潛在意識)이 발동(發動)되고 개발(開發)되어서 5식을 쓰고, 사람은 더 개발되고 더 진화를 거쳐와서 6식까지 쓰는 것입니다.

그러나 6식이 모두가 아니라 6식 뿌리에는 또한 제7 말라식(末那識)이란 식(識)이 있습니다.

또 말라식이 모두 다가 아니라 말라식의 뿌리 밑바닥에는 또 아뢰야식(阿賴耶識)이라는 식(識)이 있습니다.

또 아뢰야식이란 식이 우리 마음의 전부가 아니라 그 밑에 저변에는 또한 암마라식(菴摩羅識)이 있습니다.

그것만도 저변(底邊)이 아니라 가장 밑바닥은 또 건율타야식(乾栗陀耶識)이라는 식이 있습니다.

이같이 우리 인간의 마음에나 또는 동물의 마음에나 어떤 것의 마음에나 풀이나 나무나 또는 하나의 전자(電子)나 어떤 것이나 이와 같이 십식(十識)이 다 있습니다. 우리는 전자(電子)라 하는 것이 무생물(無生物)이라 하지만, 어떤 소립자(素粒子)나 무엇이나 다 식(識)이 있습니다. 다만 그것이 어느만치 개발되었는가 하는 개발의 정도(程度) 차이만 있을 뿐입니다.

그런데 제10식인 건율타야식(乾栗陀耶識) 곧 진실심(眞實心) 또는 견실심(堅實心), 이것이 불심(佛心)입니다. 이것이 불성(佛性)이고 불타(佛

陀)요 진여(眞如)입니다. 비록 개발만 못 했을 뿐이지 일체 만유의 존재의 근본은 모두가 다 불심입니다. 또한 이것이 청정자성심(淸淨自性心)입니다. 다만 그 존재 자체의 업(業) 따라서 개발의 차이만 있을 뿐입니다.

따라서 우리가 수행을 하면 차근차근 6식에서 7식으로 나가고 그 다음 8식이라, 이렇게 깊이 들어가는 것입니다. 그래서 10식의 끝까지 이르면 그때는 성불이 되는 셈이지요.

그래서 우리는 이제 제일 밑바닥에 닿는다는 말입니다. 고향은 역시 여기 입니다. 이것이 진실심(眞實心) 견실심(堅實心)이고 이것이 불심(佛心)인 동시에 진여(眞如)이고 여래(如來)라 합니다.

따라서 우리는 지금 현재 인간존재가 비록 6식에 머물러 있다 하더라도 이런 것을 알아야 하는 것입니다. 일반 중생은 자기 보배를 모릅니다. 금은(金銀) 보화(寶貨)나 보배로 알지 영원의 생명을 가지고 있고 일체 공덕(功德)을 갖추고 있는 일체 만덕장(萬德藏)인 즉 말하자면 만덕의 곳집인 영원적인 불심(佛心)은 잘 모릅니다. 이것만 깨달으면 천지가 자기 것인데 말입니다.

이것을 깨닫는 것이 불교(佛敎)인 것입니다. 또한 이것을 깨닫는 지름길이 참선(參禪)입니다. 따라서 불교를 믿는다 하더라도 일반적인 사람들은 그냥 끄덕끄덕 하나 둘씩 올라갑니다만 참선은 그냥 비약적으로 불심에 들어가는 것입니다. 여기 열번째 건율타야식 즉 진실심, 불심을 갖기 위해서 '화두(話頭)를 드네, 또는 염불(念佛)을 하네.' 그러는 것입니다.

마음의 본성(本性)

심즉시불(心卽是佛)이라, 중생의 마음이 곧 부처라는 말입니다.

이 말을 생각해 보십시요. 김가나 박가나, 지금 우리 마음은 모두가 다 이런 제6의 의식(意識) 단계에 있는 셈이지요. 그런데 마음이 곧 부처라, 비록 우리가 정화가 아직 못되어서 이런 불심(佛心)은 미처 못되어 있다 하더라도 불심과 내 마음은 곧 바로 연결되어 있습니다. 둘이 아닙니다.

한 마리의 파리도 파리 마음 밖에는 못쓸 망정, 그도 역시 본질은 또한 똑같은 부처입니다. 부처와 이렇게 연결되어 있습니다.

또 하나의 전자(電子)도, 겉으로 인간의 눈에 보이는 것은 전자이지만 본바탕은 역시 불심(佛心)입니다. 불심과 이렇게 연결되어 있습니다.

이렇게 따져볼 때는 천지우주가 모두가 다 불심을 바탕으로 합니다. 겉에 뜬 것을 중생이 잘못 봐서 정유리무(情有理無)라, 망정(妄情)으로 봐서 '나무요, 소요.' 그렇게 보고 중생이 가짜로 이름지어서 '무슨 산이요.' 그렇게 부르는 것입니다. 바로 보면 다만 불심(佛心)이 이렇게 저렇게 변화한 것에 불과합니다. 따라서 도인(道人)들은 전부를 다 부처로 본다는 것이 그래서 입니다.

그러기에 우리가 성불하는 방법도 여기에서 추출(抽出)이 되어서 구경지(究竟地)인 우리가 가야 할 고향, 여기를 딱집어 들고서 안 놓치고 항시 생각하면 그때는 빨리 가겠지요. 바로 이렇게 연결되어 있으니까 말입니다.

자기 마음 떠나서 저만치 불심(佛心)이 있는 것이 아니라, 내 마음 본바탕이 바로 불심이기 때문에 불심이란 그 마음 안 놓치고서 곧장 파고 들어가면 그때는 우리가 불심이 되고 만 것입니다.

내가 생명인지라 내 바탕, 천지 만유의 바탕인 불심(佛心)은 그야말로 보다 더 큰 생명이 되겠지요. 그래서 그런 생명을 하나의 원리로만 구하면 그때는 바싹 말라서 납득이 잘 안 되는 것이고 무미건조(無味乾燥)합니다. 생명이기 때문에 역시 흠모(欽慕) 추구(追求)하는 그러한 감성(感性)으로 구해야 합니다.

어제도 말씀 드렸습니다만, 어떤 종교나 고등종교 즉 가장 고도한 문화 종교는 모두가 다 신앙의 대상을 생명으로 구합니다. 기독교는 '오! 하나님' 또는 천도교는 '한울님' 마호메트는 '알라신' 모두가 다 생명으로 구합니다. 우리는 이것을 알아야 합니다.

따라서 우리 신앙의 대상을 생명으로 구하는 것은 우리 수행법의 가장 중추(中樞)인 것이고, 기타 방법은 하나의 개별적인 특수에 불과합니다.

'화두(話頭)를 든다. 무(無)자를 든다.' 이런 것은 그때그때 어느 사람에 따라서 특수한 것에 불과한 것이고, 줄거리는 아까 말씀드린 바와 같이 생명 자체를 생명 그대로 수용(受用)하는 것입니다. 때문에 화두를 들어서 의심하는 것이나 또는 가만히 앉아서 있는 것이나, 그러한 참선의 방법도 많이 있으나 이런 것은 하나의 방법인 것이요. 어떠한 방법이든지 우리 본바탕 곧 불성(佛性)을 참구하는 것이 기본이 되어야 하는 것입니다.

따라서 부처님 당시나 도인들은 모두가 다 생명을 생명으로 수용하는 근본으로써 우리를 지도해 왔던 것입니다. 불교는 일체 만법(萬法)을 간직하고 있기 때문에 모든 법을 다 수용합니다. 어떤 법이나 본질은 부처이기 때문에 가사 지성적(知性的)으로 구하나 어떻게 구하나 들어가서 끄트머리에 가면 그때는 다 부처가 되고 마는 것입니다.

그래서 우리는 어떤 법이나 다 용납(容納)할 망정 주장된 우리 수행법은 역시 뭐라해도 부처님을 생명으로 구하고, 생명으로 생각하고, 생명으로 외우는 그런 식으로 하면서 다른 방법은 종적(縱的)으로 용납을 해야 하는 것입니다.

부처님을 생각하는 것은 별것이 아니라고 생각할런지 모르지만 부처님을 생각하는 그 순간 우리한테 공덕(功德)을 많이 줍니다. 기독교인들이 '오, 주여!' 하는 그 생각도 역시 굉장히 많은 공덕을 주는 것입니다. 흐트러지고 망정(妄情)밖에 없는 우리 중생이 완벽한 존재를 구하는 그 마음으로 해서 우리 마음은 승화(昇華)가 되어서 본심(本心)으로 가까워지기 때문입니다.

그러기에 불경(佛經)에도 '신위도원공덕모(信爲道源功德母)라.' 신앙심 이것은 도(道)의 근본인 동시에 공덕의 어머니라는 말입니다. 믿는 마음이 없으면 도(道)는 못 통합니다. 우리 중생은 안 보이지만 부처님이나 성인(聖人)의 말씀을 우선 믿어야 하는 것입니다. 어떻게 우리가 실상(實相)이 보입니까? 그러나 부처님이나 성자(聖者)는 거짓말이 없습니다.

우리가 못 믿는 것은 그만치 업장(業障)이 무거운 소치입니다. 우리 마음의 광명이 밝아서 실상(實相)의 불성(佛性)의 지혜가 우리한테 좀 더 빛나 있다면 빨리 믿게 되는 것입니다. 그러나 우리는 어두워서 우리 본래 마음인 불성광명(佛性光明)이 빛나 있지 않으면 잘못 알고 믿지 못하는 것입니다.

불성광명(佛性光明)

불성(佛性)은 무엇인가? 불성은 광명 뿐입니다. 그러나 불성광명(佛性光明)은 사바세계에서 보는 보통 유한적(有限的)인 그런 광명이 아니라 영원적인 진리를 갖춘 광명입니다.

광명을 부정하는 마음은 무엇인가? 그것은 어둠입니다. 또한 물질이란 것은 일차 광명을 부정하는 데서 물질이 생기는 것입니다.

나중에 불교를 깊이 연구해 보시면 재미도 있고, 또 그야말로 과학을 보다 더 이끌 수 있는 지혜가 나오겠습니다만 우주가 텅 빈 태초(太初)에 우주가 이루어질 때 어떻게 해서 원자(原子)가 생기고 물질이 생겼을까? 불교에서는 우주의 모든 것은 중생의 업(業) 따라서 이루어 진다고 합니다.

우주가 텅 비어서 허무(虛無)가 되어버리지만 다만 빈 것은 아닙니다. 광명으로 꽉 차 있고 다만 형체만 비었다는 것입니다. 그런 가운데 그냥 이런 몸이 아닌 광명체(光明體)인 중생들이 생각하면 생각하는 힘, 곧 업력(業力)이 모이고 모여서 원자(原子)를 만드는 것입니다.

이런 중생들은 그때는 형상이 없이 다만 광명을 몸으로 하는 중생만 존재합니다. 그러나 그런 중생도 아직 성불을 못했기 때문에 분별하는 마음이 있는 것입니다. 분별하는 마음, 싫어하는 마음이 있으면 그냥 즉시에 싫어하는 마음의 에너지, 업력 따라서 바로 전자(電子)가 이루어집니다. 또는 내키는 마음이 있으면 내키는 마음 즉시에 또 거기에서 자기(磁氣)가 이루어집니다. 이런 전자(電子)와 자기(磁氣)가 이렇게 모이고 쌓여서 물질이 되고 우주가 형성되는 것입니다.

그러나 그 근원(根源)은 역시 불심(佛心)입니다. 불심을 우리가 분별 시비한 데서 그때그때 물질이 이루어지는 것이기에 물질은 결국 광명을 일차 부정한 것입니다.

따라서 우리 마음이 밝아지면 밝아질수록 물질에 대하여 차근차근 과소평가(過小評價)하게 되고 또 무시(無視)하게 되는 것입니다.

닦아보면 알지만 닦아본 분들은 자기 몸을 굉장히 원수로 여깁니다. 여러분도 닦아보십시요. 숨이 막히는 것도 이 얼마나 원수입니까. 일차 한 고비를 넘어서 몸에 부담이 없으면 그때는 모르겠습니다만 부담이 없을 때까지 그동안까지는 굉장히 몸이 부담스러운 것입니다.

그래서 몸이 원수로 알아지는 것입니다. 조금 잘 먹으면 배부르고 조금 덜 먹으면 배고프고 어디가 조금 언치면 우리 색신(色身)을 구성한 원소(元素)가 부자유하니까 아프고 말입니다.

하여튼 우리는 모두가 다 일체가 다 마음임을 분명히 알아야 하는 것입니다. 그리고서 그러한 마음을 생명으로 곧, 부처님으로 생각하고 구하며 부처님의 이름을 우리가 찾는 것입니다.

이런 불성(佛性)은 천지우주의 밑바닥이고 우주가 다 불성(佛性)이기 때문에 몇마디 말로는 표현을 다 못합니다. 따라서 부처님이나 도인들이 말씀하신 부처님의 대명사인 이름 따라서 겨우 느낄 수가 있는 것입니다.

'아미타불' 하면, 우리가 뜻은 별로 모를 망정 그말은 벌써 '우주의 모든 실존(實存)의 대명사구나.' 이렇게 느낄 수가 있는 것입니다. 또 관세음보살은 아미타불이 활용하는 하나의 기운, 이것이 관세음보살입니다.

불경(佛經)에서 보면 '관음삼십삼신(觀音三十三身)'이라는 말씀이 있습니다. 관음(觀音)의 몸이 서른 세가지로 화신(化身)한다는 말입니다. 부처의 몸, 또는 사람 몸, 국토의 몸 또는 귀신 몸 등 이와 같이 화신이 됩니다. 따라서 관음보살이 무엇인가 하면, 부처님의 체(體)가, 부처님이 그때그때 만유(萬有)로 형성하는 그것이 관음보살입니다. 또한 동시에 만유(萬有)를 다시 부처한테로 이끌어 가는 그것이 관음보살입니다.

그런데서 아미타불(阿彌陀佛)이나 관음보살(觀音菩薩)이나 같은 의미입니다.

따라서 우리는 이러한 내 근본이요 우주의 근본인 부처님을 생각하면서 부처님을 우리는 다 알 수가 없는 것이니까 다만 그저 '끝도 갓도 없는 우주에 펼친 광명, 영원적인 진리를 갖춘 광명이 부처구나.', '부처님은 우주의 모든 실존의 대명사구나.' 이렇게 느끼면서 부처님을 생명으로 구하고, 부처님 이름을 외우며 염(念)하는 것입니다.

우리가 공부할 때 사소한 것에 얽매이면 공부가 안됩니다. 참선을 제 아무리 많이 했다 하더라도 마음이 옹졸하면 공부는 못 트이는 것입니다. 마음을 확 열어야 합니다.

 어제도 말씀 드렸습니다만 어느 문제를 의심이나 한다든가, 주문(呪文)만 해서 공부하면 된다고 하면 흔히 사람이 고집만 강해지기도 합니다. 먼저 마음을 열어놓고 해야 합니다. 물론 공부하면 열려지겠지만, 잘못 나가면 공부한다고 해봤자 도리어 마음이 더 옹졸해집니다.

 따라서 우선 마음 열어서 비록 내가 미처 못 증(證)했다 해도 내 마음은 천지우주를 다 감싸있다고 모두를 다 자기 마음에다 딱 집어 넣어야 합니다. 어제 말씀마따나 양자강 물을 한번에 들이마시는 그런 기운이 있어야 한다는 말입니다.

 우리는 부처님을 천지우주의 전부로 보는 지위에서 전부를 내가 다 감싸버리는 그런 기백(氣魄)으로 해서 공부를 해야만이 차근차근 마음 지평(地平)이 열려 갑니다.

 그렇게 하려면 어떻게 해야 하는가? 역시 그러한 광대무변(廣大無邊)한 광명을 상상하면서 부처님 이름을 외우고 염(念)하는 것입니다.

 부처님 이름은 그냥 우리 중생 이름과는 다릅니다. 부처님 이름은 명호부사의(名號不思議)라, 이름 자체에 부사의한 뜻이 있다는 말입니다.

 우리가 우리 몸에 향(香)을 지니면 우리 몸에서는 그냥 향 냄새가 풍깁니다. 우리 몸에다 나쁜 냄새를 지니면 또 역시 나쁜 냄새가 풍깁니다. 그와 똑같이 가장 높은 이름이고 일체 공덕이 갖추어 있는 그러한 공덕 이름이 부처님 이름이기 때문에 부처님 이름을 자꾸만 외워 쌓면 그때는 향광장엄(香光莊嚴)이라, 우리 몸에 향기로운 영원자(永遠者)의 빛이 감싼다는 말입니다.

'관음보살(觀音菩薩)'을 하루에 몇만번 해보십시요. 그 사람 얼굴은 이상하게 빛나갑니다. 원래 우리가 부처인지라 또 이름 자체에 영원적인 의미가 포함되어 있어놔서, 부르면 부를수록 결국은 우리 몸이나 우리 마음은 향기롭고 빛나갑니다. 광명은 차근차근 증장(增長)되어 갑니다.

원래 불심(佛心)은 광명뿐인 것인데, 우리 중생심은 일차 어두워졌다 하더라도, 부처님을 부르면 그때는 자기도 모르는 가운데 차근차근 광명의 비중이 더 높아져서 우리 마음이 광명쪽으로, 불성광명으로, 불심(佛心)으로 가까워진다는 말입니다.

그래서 광명만으로 충만(充滿)하면 그때는 성불(成佛)이 되겠지요. 광명만으로 충만하게 하기 위해서 우리는 부처님을 한시도 안 놓쳐야 합니다. 그러기에 부처님 이름은 지극청정보주명호(至極淸淨寶珠名號)라, 지극스럽고 또는 청정하고 보주(寶珠)라, 보배같은 그런 광명이 빛나는 이름이라는 말입니다. 그러기에 아미타불이나 그런 부처님은 무량광불(無量光佛)이라 합니다.

이러한 무량한 부처님의 광명을 염두에 두고서 찰나도 잊지 말고서 가는 것, 이것이 참선입니다. 어려운 말로 하면 일상삼매(一相三昧)라, 천지우주를 부처님의 일상(一相)으로 보는 것이고, 일행삼매(一行三昧)라, 일상(一相)으로 보는 그것을 안 끊어지게시리 사뭇 이어 간다는 말입니다. 일상삼매와 일행삼매, 이것이 참선입니다.

이렇게 해서, 꼭 우리 이번 용맹정진 동안에 부처님 쪽으로 가까이 가셔서 한사코 부처님을 견불성불(見佛成佛)이라, 반드시 이러한 10식인 불심(佛心)을 바라고서 성불하시길 간절히 바라면서 오늘 말씀 마칩니다.

7. 무아(無我)의 수행(修行)

무아(無我)인 이유

『금강경』에 '통달무아법자 진시보살(通達無我法者 眞是菩薩)이라, 무아법에 통달한 사람이 진실로 보살이라.' 하였습니다. 내가 없다 하는 무아법(無我法)에 통달하여야만 참다운 보살이라는 뜻입니다.

저번에도 말씀했습니다만, 우리 범부와 성자와의 차이도 역시 내가 있다는 것을 여의는가 미처 못 여의는가에 있습니다. '나'라는 아상(我相)을 미처 못 여읜다면 범부이고 '나'라는 아(我)가 멸진(滅盡)되어버려서, 그 번뇌(煩惱)가 다 끊어져버려서 그야말로 참, 무아(無我)가 되고 대아(大我)가 되어야 비로소 성자인 셈이지요.

또 정도(正道)와 외도(外道)의 차이도 역시 정도는 마땅히 그 구경지(究竟地)가 반드시 '내가 없다.' 하는 무아(無我)를 증득(證得)해야만 정도(正道)의 표준이고, 그에 반해서 외도(外道)는 어디까지나 나를 못 여의는 것입니다. 아무리 어떠한 신통자재(神通自在)로 재주를 많이 부린다 하더라도 나를 못 여의는 것은 외도(外道)입니다.

그런데 우리가 공부할 때에 "내가 없다. 무아(無我)다." 이런 말을 하기는 쉽습니다만 '분명히 내가 존재하는데 어째서 없는가?' 이렇게 생각할 때는 참 답답합니다. 그러나 우리가 이제 화두(話頭)도 들고 염불(念佛)도 해서 공부를 많이 하면, 그때는 '나'라는 것이 그냥 문득 끊어집니다.

하지만 우리 업장(業障)이 무거우면 좀처럼 끊어지지가 않습니다. 그런 때는 우선 방편적(方便的)으로 '내가 어째서 없는가?' 하는 원인을 좀 캐어보아야 하는 것입니다. 그런 데서 부처님 교리(教理)의 참뜻이 있는 것입니다.

한번 듣고서, 그냥 얼른 느껴가지고서 깨달아 버리면 문제가 안되겠습니다만 업장이 가리어버리면 통달보리심(通達菩提心)을 못합니다. 보리심(菩提心)자리, 자성(自性)자리를 미처 못 깨닫는다는 말입니다. 그런 때에는 우리가 방편으로 그때그때 여러 가지 한계(限界)를 제시(提示)해 가면서 해설(解說)을 많이 하는 것입니다. 그런 의미에서 이제 제가 말씀드리는 것입니다.

'무아(無我)' 이것은 다른 말로 하면 진아(眞我)입니다. '참나'입니다. 또 다른 말로 하면 대아(大我)라, '큰 나' 입니다. 그리고 자기라 하는 범부성(凡夫性)이 소아(小我) 즉 망아(妄我)입니다.

우리 불교에서 나를 말할 때는 보통 3차원으로 말합니다.

그 한가지가 망아(妄我)입니다. 망아란 우리 중생들이 미처 번뇌를 못 끊은 즉 말하자면 탐심(貪心)·진심(瞋心)·치심(痴心)에 얽매인 '결박된 나'요 '망령된 나'라는 말입니다. 그러나 망아는 본래 없습니다.

저번에도 말씀했듯이 망아는 마치 어두컴컴할 때에 새끼 토막을 뱀으로 보는 그런 견해, 사실은 있지 않는데 망상으로 있다고 생각하는

7. 무아(無我)의 수행(修行)　195

것입니다. 내가 잘났다 또는 그대가 이쁘다 밉다 이런 것은 망아입니다. 사실은 이런 것은 없는 것입니다. 어두울 때에 잘못 봐서 새끼 토막을 뱀으로 보는 그와 같은 견해, 이것이 망아입니다.

그러나 또한 전혀 없지가 않습니다. 인연 따라서 이렇게 존재가 있는 것입니다. 이렇게 인연 따라서 이루어진 존재를 가리켜서 가아(假我)라고 합니다. 가아란 잠시간 거짓으로 존재한다는 말입니다.

그러면 가아(假我)의 참다운 본질이 무엇인가? 곧 가아의 본바탕이 이제 무아(無我)이고, 진아(眞我) 또는 대아(大我)입니다.

우리가 목적으로 하는 것은 망아(妄我)를, 망령된 나, 잘못본 나를 떠나는 동시에 분명히 지금은 있는 가아(假我)의 본질을 찾는 것이요, 이것이 우리가 공부하는 성불(成佛)의 공부입니다.

어째서 내가 없다고 하는가?

이런 문제는 중요한 문제니까. 좀 군더더기 같지만 더 말씀을 드리겠습니다.

> 무아(無我)·진아(眞我)·대아(大我)
> 인신(人身)에 있어서 이를 있다고 집착(執着)함을 인아(人我)라 하고, 제법(諸法)에 있어서 이것이 있다고 집착(執着)함을 법아(法我)라 함. 그런데 인신(人身)은 오온(五蘊)의 가화합(假和合)이므로 상일(常一)의 아체(我體)가 무(無)하며 일체법(一切法)은 모두가 인연생(因緣生)이므로 상일(常一)의 아성(我性)이 무(無)함

공부해보면 아시겠지만, '나'라는 문제가 굉장히 중요합니다. 탐심이나 진심이나 치심이나 모두가 '나'때문에 일어나지 않습니까. '나'라는 문제만 해결되면 그런 것이 일어날 수가 없습니다. 번뇌의 모든 것 즉, 근본번뇌·수번뇌가 다 나를 기준해서 일어납니다. 따라서 '내가 없다.' 하는 것을 우리가 명백히 느껴야 하는 것입니다.

성자(聖者)가 못되는 한에는 제 아무리 말로는 다 해도, 역시 나를 잘 못 떠납니다. 따라서 무아(無我)문제는 굉장히 중요한 문제입니다. 다음에 말씀드리는 정도는 척척 외워서, '나'라는 망상(妄想)이 나올 때는 그냥 이런 법문으로 대치를 해버려야 합니다.

어째서 내가 없는가?

'사람 몸[人身]에 있어서 이를 있다고 집착(執着)함을 인아(人我)라 하고, 또 제법(諸法)에 있어서 이것이 있다고 집착함을 법아(法我)라 합니다.'

제법이라 하는 것은 모든 일체만법(一切萬法)을 다 말하는 것입니다. 산이나 내[川]나 또는 무슨 주의(主義)나, 좋다 궂다 하는 것이나, 유정(有情)·무정(無情) 일체 만유(萬有)를 가리켜서 제법(諸法)이라 합니다.

그런데 '사람 몸[人身]은 오온(五蘊)의 가화합(假和合)이므로 상일(常一)의 아체(我體)가 없습니다.'

오온이라는 것은 사람의 몸과 마음을 말합니다. 사람 몸은 색(色)에 해당하고 사람 마음은 수(受)·상(想)·행(行)·식(識)에 해당합니다. 곧 감수(感受)하는 작용, 또는 상상하는 작용, 또는 의욕 작용, 또는 분별하는 작용입니다. 사람 몸은 이런 오온이 잠시간 가짜로 합해서 되었습니다. 그러므로 항상 하나의 나라는 그런 몸이 없다는 말입니다.

또, '일체법(一切法)은 모두가 인연생(因緣生)이므로 상일(常一)의 아성(我性)이 무(無)라.' 합니다.

일체 제법은 모두가 인연생으로서 어떤 법이나 단독으로 이루어진 법은 한가지도 없습니다. 무수한 인연, 인과 연이 합해서 이루어졌다는 말입니다. 따라서 이것도 역시, 항상 하나인 아(我)의 성품이 없다는 말입니다.

아까 제가 허두(虛頭)에 말씀드린 바와 같이 '통달무아법자 진시보살(通達無我法者 眞是菩薩)이라', 참다운 도인이나 보살은 내가 없다는 무아법(無我法) 즉, 내 몸도 참다운 것이 아니고 일체 만법도 항시 그대로 있는 것이 아니라는 법에 통달하면, 그때는 도인이요 보살입니다. 그만치 이 문제는 중요합니다.

어째서 내 몸이 없는가? 우리는 이 문제를 더 깊이 생각해 봅시다. 제가 누누히 말씀 했습니다만 내 몸이라 하는 것은 각 원소(元素)가 잠시간 화합해 있는 것입니다. 과거에 우리가 지은 업력(業力)을, 업력은 내 나야 우리 마음에 붙은 여러 가지 우리 행위(行爲)나 훈습(薰習)된 것이 업력 아닙니까. 이런 업력을 핵(核)으로 해가지고 무수한 인연이 모여서 각 원소가 되고 또 이렇게 조직된 세포가 몸이라는 말입니다.

불교말로 하면 지(地)·수(水)·화(火)·풍(風) 즉 땅기운·물기운·불기운·바람기운이요, 물리학적인 술어로 말하면 산소나 수소·질소·탄소 같은 원소가 되겠지요. 이런 것이 우리 업(業)이라 하는 에너지를 핵으로 해서 이렇게 모여 구성되었다는 말입니다.

이렇게 구성되어진 몸은 잠시도 상일(常一)의 이른바 항시 그대로 있는 몸이 아닙니다. 순간순간 변화되어 갑니다. 세포라 하는 것은 어느 순간도 신진대사(新陳代謝)를 하지 않는 것이 없습니다. 일초(一秒)전의 자기 몸과 일초 후의 자기 몸이 똑같지가 않은 것입니다. 단지, 우리 중생이 느끼지 못할 뿐이지 결국은 어떤 것이나 존재하는 것은 순간순간 변질되어 갑니다.

따라서 '항상 있는 어느 공간 속에 항상 존재하는 나'라는 것은 결국은 없는 것입니다. 우리 중생은 그것을 못 보니까 있다고 고집하는 것입니다. 내 몸은 그와 같이 지·수·화·풍 사대(四大) 각 원소가 잠시간 업 따라서 이렇게 이루어져 있지만 그것도 역시 항시 있는 것이 아니라, 어느 순간도 그대로 있지가 않은 것입니다. 항상 하나로 있는 내 몸은 없다는 말입니다.

가사 하나의 꽃이 피었다고 하면, 그 꽃이 하나의 원인 때문에 이루어지지는 않았습니다. 공기나 수분이나 또는 태양광선이나 거름이나, 그러한 직접 원인과 또 간접으로 하늘의 반짝이는 별이나 여러 가지 천지우주의 모두가 다, 직접 간접으로 다 포함되어서 하나의 꽃이 피게 하는 것입니다.

우리가 인연생(因緣生)이라 할 때에 말은 쉽습니다만 인연이란 말은 굉장히 의미 심중(深重)한 말인 것입니다. 인(因)과 연(緣)을 찾다 보면 천지우주를 다 알아야만 인연(因緣)을 다 알게 되는 것입니다. 천지우주를 모르면 인연을 모르는 셈입니다. 우리 중생들이나 지금 현대 과학이나 물리학처럼 인연(因緣) 가운데 몇가지 중요한 인연만 추려서 '무엇이 원인이다.' 이렇게 말합니다.

그러나 수없는 인연들이 잠시간 화합해서 이제 이런 꽃이 피었고 그것도 역시 순간순간 또 변질되어 갑니다. 항시 그대로 머물러 있는 꽃은 하나도 없습니다.

또한 흘러가는 물 뿐만이 아니라 하나의 고체(固體)인 바위도 역시 우리 중생이 보면 고체로서 이와 같이 딱 둥그런 바위가 있다고 생각하려는지 모르지만 그것은 중생의 제한된 견해인 것이고, 바위를 구성한 각 원소(元素)를 보고 원자(原子)를 본다고 할 때에는 순간순간 변질되어가는 무상(無常)인 것입니다. 항상(恒常)이 없다는 말입니다. 중생은 구조적(構造的)인 겉만 보니까 내용을 모릅니다. 내용을 보면 다 그때 그때 변화하고 있는데 말입니다. 아무리 '내가 없다.' 해도 말은 쉽지만 구성적(構成的) 내용을 모르면 집착을 끊기가 어려운 것입니다. 우리 업장이 무거워서 말입니다.

우리는 나[我]라는 것을 이와 같이 아주 철학적으로 과학적으로, 분석해서 본다고 할 때는 차근차근 나에 대한 집착이 좀 끊어지겠지요.

'사람 몸에 있어서 이를 있다고 집착함을 인아(人我)라 하고 또는 일체 법에 있어서 이것이 있다고 집착함을 법아(法我)라고 하는데 사람 몸은 우리 몸을 구성하는 지수화풍과 우리 마음을 구성한 감수하는 작용, 생각하는 작용, 의지작용, 분별하는 작용 이런 오온(五蘊)이 잠시간 가짜로 화합되어 있으므로 항시 하나인 나의 몸이 없으며, 일체 법은 모두가 인연 따라 이루어진 인연생(因緣生)이므로 이것도 역시 항상 하나인 아(我)의 성품이 없다.' 이렇게 아는 것이 불교의 초보인 셈입니다.

'내가 없다, 내가 비었다.' 하는 것은 불교말로 해서 아공(我空)이라 하고, '일체 법이 없다. 일체 법이 비었다.' 하는 것은 법공(法空)이라 합니다. 아공, 법공을 깨달아버려야 도인(道人)이라고 하는 것입니다. 인간 존재가 원래 비었다고 분명히 깨닫고, 일체 법이 원래 비었다고 보아야만 비로소 깨달았다고 볼 수가 있는 것입니다.

그런 것을 조금 더 부연(敷衍) 설명하고 더 강조하기 위해서 도인들은 '내가 없다.'는 말씀을 종종 합니다.

여기 '내가 없다.' 하는 굉장히 중요한 법문이 있습니다.

지혜로 관찰(以慧觀之)

> 위무지혜고(爲無智慧故) 계언유아(計言有我) 이혜관지(以慧觀之) 실무유아(實無有我) 아재하처(我在何處) 두족지절(頭足支節) 일일체관(一一諦觀) 요불견아(了不見我) 하처유인급중생(何處有人及眾生) 중생업력(眾生業力) 가위공취(假爲空聚) 종중연생(從眾緣生) 무유재주(無有宰主) 여숙공정(如宿空亭)
>
> 『지관(止觀)』

'위무지혜고(爲無智慧故)로 계언유아(計言有我)라, 지혜가 없기 때문에 내가 있다고 계교(計較)해서 말한다.'

불교에서는 아공(我空)·법공(法空)을 느끼는 것이 지혜가 있다고 말하고, 기억력은 좋고 하지만 내가 있다고 주장하는 것은 무지(無智)인

셈입니다. 참다운 지혜가 없기 때문에 내가 있다고 계교해서 말을 하는데,
 '이혜관지(以慧觀之)컨대 실무유아(實無有我)라, 지혜로써 몸뚱이를 관찰하건대 실로 내가 있지가 않다. 그러면 아재하처(我在何處)오, 나라는 것은 대체 어느 곳에 있는고?'
 '두족지절(頭足支節)을 일일체관(一一諦觀)이라도 머리에서 발까지 뼈 마디마디를 요불견아(了不見我)라, 일일이 하나하나 다 자세히 살펴서 관찰해 본다 하더라도 마침내 나를 발견할 수가 없다.'
 '나'라는 것이 머리에 있습니까? 발에 있습니까? 피부에 있습니까? '나다. 내가 좋다. 내가 귀하다. 내가 기분 나쁘다.' 이런 것이 머리에 보아도 없고, 발을 보아도 '나'라는 것이 없습니다. 우리 몸뚱이 어디를 보아도 '나'라는 것이 없는 것입니다. 내가 어느 곳에 있는가 하고 머리부터 발까지 또는 뼈 마디마디 다 훑어봐서 일일이 자세히 관찰해 본다 하더라도 마침내 나를 발견할 수가 없다는 말입니다.
 그러면 '하처유인급중생(何處有人及衆生)이오, 어느 곳에 사람과 중생이 있는고?'
 '중생업력(衆生業力)이 가위공취(假爲空聚)라, 중생의 업력으로 해서 잠시간 공 무더기가 되었다.'
 우리 과거세에 닦고 지어 쌓아 내려온 업력이 있고 또한 금생도 우리가 생활하는 것이 지금 업력을 쌓고 있는 것입니다. 업력이란 것은 중생이 행동하는 기운입니다. 생각하면 그것이 남아 있고, 말하면 말하는 기운이 남아 있고, 그러한 기운을 업력이라 합니다.
 그런데 그것이 마치 거품이나 마찬가지로 텅 빈 공(空)의 뭉치라는 말

입니다. 이렇게 물질이 있는 것이 아니라 중생의 업력이 가짜로 잠시간 텅 빈 공의 뭉치가 되었다는 말입니다.

'종중연생(從衆緣生)이니, 무유재주(無有宰主), 여숙공정(如宿空亭)이라, 뭇 인연 따라서 생겨났으니 그를 다스리고 주재하는 주인이 없는것이 마치 빈 정자에 머문 것이나 같다.'고 합니다.

우리 몸은 지금 내 것도 네 것도 아닌 것입니다. 우리 업력이 인연 따라 일어나서 된 하나의 빈 집이나 똑같습니다. 다만 내 몸이다고 집착할 뿐입니다.

이 법문을 몇 십번이고 몇 백번이고 읽으면서 한번 생각을 해보십시요. '나'라는 것 떼기가 제일 어려운 것입니다. 이것 떼면 벌써 도인 안되겠습니까.

여기에서 중생업력 가위공취라, 중생이 업력으로 해서 가짜로 잠시간 공무더기가 되었다 하는 공무더기 즉, 공취(空聚)라는 말도 역시 굉장히 의미심장한 말입니다.

현대 젊은이들은 원자구조론(原子構造論) 같은 것을 배운 사람들이 많습니다. 산소는 무엇인가 또는 수소는 무엇인가 할 때에 수소는 원자핵을 중심으로 해서 전자(電子) 하나가 빙빙 도는 것입니다. 텅 빈 공간 속에서 하나의 광명파도[光波]가 이렇게 뚜렷이 돕니다. 이것이 내나야 공취라, 공무더기에 지나지 않습니다.

또 말하자면 일체 존재의 가장 근원이 원자(原子) 아닙니까. 물론 그 밑에는 소립자(素粒子)가 되겠지요만 원자 그것은 원자핵(原子核)을 중심으로 해서 전자(電子)가 도는 것인데, 태양을 중심으로 태양계에서 제일 거리가 먼 명왕성(冥王星)과의 거리보다도 원자핵과 전자와의 거리 비율이 더 높고 더 멀다는 것입니다.

일체 만유는 그런 원자(原子)가 이렇게 모이고 저렇게 모여서 하나의 원소(元素)가 되고 또는 분자(分子)가 되고 해서 물질(物質)이 이루어집니다. 따라서 따지고 보면, 사람 몸이나 어떤 것이나 모두가 다 공(空) 무더기가 모이고 모여서 일체 만유가 이루어진 것입니다. 원자핵을 중심으로 해서 전자가 하나 되면 수소이고, 여덟 되면 산소가 되고 하는 것입니다.

따라서 부처님 경전에 과학도 무엇도 없을 때에 공취(空聚)라는 이런 말씀을 했다고 생각할 때는 우리가 그야말로 참 감탄해 마지않는 것입니다.

이렇게도 진리란 것이 벌써 거의 삼천년전 옛날에 이와 같이 소상(昭詳)히 나타났던 것입니다. 지금 과학적으로 제 아무리 따져본다 하더라도 흠 잡을래야 잡을 수가 없습니다. 인간구조나 일체 만유의 구조에 있어서나 말입니다.

중생이나 우리 사람이 어디에가 있는가 하면 중생의 업력따라 갑니다. 업의 힘이 내나야 다 에너지, 힘 아니겠습니까. 가사 죽어지면 몸은 다 죽어버리지만 에너지가 남는다는 것입니다. 말하자면 우리 식(識) 곧, 업식(業識)만 파장 따라서 자기 부모님의 태(胎)안에 붙어서 그것이 영양섭취해서 커나가는 것입니다. 우리 몸도 처음에는 한 점(點)에 불과합니다. 사람 눈에도 안 보이는 한 점이 그것이 업식입니다. 그놈이 영양섭취해서 커나가는 것입니다.

참으로 기묘(奇妙)합니다. 그래가지고서 이제 공(空)을 모아서 산소도 모이고 수소도 모이고 각 원소들이 모여서 몸뚱이를 구성한다는 것입니다.

중생의 그런 업력이 잠시간 텅 비어 있는 공을 모아서, 세포를 모아서, 여러 가지 인연 따라서 태어났다는 것입니다. 업력 기운이 공 뭉텅이를 모아 가지고 이루어진 것이 이것이 나의 몸이라는 말입니다.

따라서 내 몸, 이것은 어떤 것인가 하면 무유재주(無有宰主)라는 것입니다. 이것은 다스리고 주재(主宰)할만한 내 것이라고 고집할만한 주인(主人)이 없다는 말입니다.

주인이 없는 것이 마치 비유하면 여숙공정(如宿空亭)이라, 빈 정자에 머문 것이나 같다는 말입니다. 실은 주인이 없는 것인데 망상(妄想)으로 '나다, 내 것이다.' 이렇게 고집하는 것입니다.

이렇게 해도 실감(實感)이 잘 안 갈 것입니다. 따라서 몇 십번, 몇 백번 읽고 외워 보십시요. 그리고 참선도 하고 염불도 해 보십시요. 그러면 조금 더 '분명히 내가 없는 것이구나.' 하고 실감이 들 것입니다. 그러면 공부가 그 만큼 훨씬 더 익어진 셈입니다.

이 법문은 『지관(止觀)』이라는 천태지의(天台智顗:538~597) 선사(禪師) 법문에 있는 말씀입니다.

인간(人間)의 근원(根源)

형해지색(形骸之色) 사려지심(思慮之心) 종무시래(從無始來) 인연력고(因緣力故) 염념생멸(念念生滅) 상속무궁(相續無窮) 여수연연(如水涓涓) 여등염염(如燈焰焰) 신심가합(身心假合) 사일사상(似一似常) 범우불각지(凡愚不覺之) 집지위아(執之爲我) 보차아고(寶此我故) 즉기탐진치등삼독(卽起貪瞋痴等三毒) 삼독격의(三毒擊意) 발동신구(發動身口) 조일체업(造一切業)

『원인론(原人論)』

그 다음 또 유사한 말씀이 있습니다.

'형해지색(形骸之色) 사려지심(思慮之心)이, 내 몸을 구성한 이런 색(色)이나, 생각하는 내 마음이나 이런 것이 무엇인가 하면'

형상이 있고 뼈가 있는 것이니까 역시 우리 몸뚱이를 말하는 것이지요. 우리 몸을 말하는 것입니다. 그리고 생각하는 우리 마음을 말합니다.

'종무시래(從無始來) 인연력고(因緣力故)로, 무시(無始)로 좇아오면서 인연의 힘인 고로'

무시란 처음이 없다는 뜻입니다. 어디가 한계가 있는 것이 아니라 끝도 갓도 없는 한계없는 시초부터서 인연의 힘인 고로 인연이란 굉장히 의미심중한 말입니다. 일체 법의 직접 간접 원인을 다 포함시킨 것이 인연입니다.

'염념생멸(念念生滅)하여 상속무궁(相續無窮)이라, 찰나찰나에 쉬지

않고 생(生)하고 멸(滅)하면서 서로 계속해서 다함이 없는 것이다.'

염념(念念)은 생각생각 또는 순간순간 찰나찰나를 말한 것입니다. 내 몸이나 내 마음이 무엇인가 하면 끝도 갓도 없는 오랜 옛날부터서 업력 기운이 조금도 쉬지 않고서 순간순간 죽었다 살았다 자꾸만 계속해 오면서 끊어지면 무엇이 안 되어버릴 것인데 서로 상속(相續)해서 서로 계속해서 끊임이 없다는 말입니다.

'여수연연(如水涓涓)이요 여등염염(如燈焰焰)이라, 마치 물방울이 방울방울 떨어지는 것과 같고 마치 등불이 타올라가는 것과 똑같다.'

하나가 떨어지면 물방울이겠지만 자꾸만 안 쉬고 떨어지면 비가 되어버립니다. 마찬가지로 우리 몸도 역시 세포 하나하나가 모였지만 이렇게 많이 모이니까 하나의 형체가 이루어진다는 말입니다. 우리 몸이나 마음이 구성되는 것이 물방울이 안 쉬고 떨어져 비가 되듯이 물이 방울방울 떨어지는 거와 같습니다. 또한 엄밀히 보면 불꽃이 한번 타올라가고 그 뒤에 곧 타오르고 하는 것인데 자꾸만 계속하니까 우리가 하나의 불로 보인다는 말입니다.

물방울도 방울방울 따로 있는 것인데 줄곧 계속하니까 하나의 물줄기로 보이고, 등불도 불꽃이 타오르고 또 타오르는 것인데 자꾸만 타오르니까 하나의 불꽃으로 보인다는 말입니다. 우리가 횃불을 돌리면 불바퀴로 보이지요. 그것이 불바퀴가 아닌데도 연속으로 빙빙 도니까 불바퀴로 보이는 것입니다.

그와 마찬가지로 우리 몸도 각 세포가 모이고 모여 구성한 것인데, 이같이 많이 모이고 계속 움직이니까 하나의 몸으로 보이는 것입니다. 이것은 인간의 구성(構成) 문제요, 아주 깊은 철학적인 문제이니까 수십 번 수백 번 읽으며 이것을 의지할수록 '정말로 무아(無我)구나.' 이렇게 느껴집니다.

이렇게 '신심가합(身心假合)하여 사일사상(似一似常)이라, 몸과 마음이 잠시간 화합(和合)되어서 하나 같고 항상(恒常)같다.'

사실은 하나가 아니고 항상이 아닌데, 몸과 마음이 잠시간 합해있기 때문에 하나같이 보이고 항상같이 보인다는 말입니다.

그런 것을 '범우불각지(凡愚不覺之)하고 집지위아(執之爲我)라, 어리석은 범부는 이것을 깨닫지 못해가지고서 집착해서 나라고 고집한다.'

마음과 몸이 잠시 모여지고, 또 몸은 내나야 각 공무더기가 세포가 모인 것에 불과한 것이고 마음도 역시 마음의 흔적이 어디에 있습니까? 어느 곳에서도 지금 마음이 안 보입니다.

달마(達磨) 대사하고 2조(二祖) 혜가(慧可:487~593) 대사하고 하신 말씀이 있지 않습니까. 2조 혜가 스님이

"제 마음이 불안스럽습니다. 어떻게 좀 제도(濟度)해 주십시요." 그러니까 달마 스님이

"그러면 그대 마음을 내놓아봐라." 하셨습니다.

불안스러운 마음을 아무리 찾아봐도 없다는 말입니다. 마음이 무슨 형체가 있습니까. 혜가 스님이 달마 스님한테

"아무리 둘러봐도, 아무리 찾아봐도 불안스러운 마음이 없습니다." 달마 스님께서

"그러면 너를 제도해 마쳤노라." 하셨습니다.

미워하는 마음이 어디에가 있습니까? 사랑하는 마음이 어디에가 있습니까? 어디에도 없습니다. 그것이 있다고 생각하기 때문에 우리가 병(病)이 일어납니다. 마음병·몸병이 말입니다. 어리석은 범부가 이런 것을 깨닫지 못해가지고서, 이런 가짜로 임시간 화합된 그것을 깨닫지 못해 가지고서 이것을 '나다.' 이렇게 고집한다는 것입니다.

'보차아고(寶此我故)로 즉기탐진치등삼독(卽起貪瞋痴等三毒)이라, 이 내가 보배같이 중요하다고 생각되기 때문에 곧, 탐심이나 진심이나 치심 등 삼독심이 발동한다.'

한번 고집하면 나같이 중요한 것이 어디 있습니까? 살인죄나 무엇이나 탐심·진심 모두가 결국은 내가 좋다고 생각되니까 범하게 되는 것이지요. 나를 보배라고 보배같이 생각되기 때문에 말입니다.

나한테 좋게 하면 탐심(貪心), 나한테 싫게 하면 진심(瞋心), 이러한 사리(事理)를 바로 못 보는 것이 치심(痴心) 아닙니까. 내가 있다고 하면 바로 즉시에 내 소유(所有)라, 내가 있으면 내 집이 있고 내 아내가 있고 내 동생이 있고 모두 다 내 것이라고 합니다. 너무 애착하는 마음, 미워하는 마음, 이것은 독심(毒心)입니다. 범부는 그것이 독한 마음인 줄 모릅니다. 독심, 그것은 자기도 해치고 남도 해칩니다. 자기 몸도 해칩니다.

'삼독격의(三毒擊意)하여, 발동신구(發動身口)하고, 조일체업(造一切業)이라, 삼독심(탐심·진심·치심)이 우리 마음을 더욱더 자극하여 우리 몸과 입으로 발동(發動)을 일으키고, 일체 업을 짓는다.'

미워지면 때릴려고 하겠지요. 미워지면 죽일려고 하겠지요. 욕설도

하고 말입니다. 그래가지고서 우리가 일체 업장(業障)을 짓는다는 말입니다.

이것은 원인론(原人論)이라 하여 인간의 근원을 위대한 도인인 규봉종밀(圭峰宗密:780~841) 선사가 말씀한 것입니다.

저는 경론(經論)을 많이 안 봤습니다만, '내가 없다.'는 말씀을 한 경론 가운데서 이같이 절실하게 말한 대목은 별로 못 보았습니다.

한번 더 제가 설명합니다.

'사람 몸에 있어서 이것이 있다고 집착하는 것을 인아(人我)라 하고, 일체 만법에 있어서 이것이 있다고 집착함을 법아(法我)라고 한다. 그런데 사람 몸은 물질과 정신인 색·수·상·행·식 오온인데, 이러한 것이 가짜로 잠시간 화합되어 있는 것이 몸이므로 항상 하나인 내 몸의 체(體)가 있을 리가 없으며, 일체 만법은 모두가 무수한 인연 따라서 잠시간 되었으므로 이것도 역시 항상 하나의 아(我)라는 성품이 원래 없다.'

이러한 것을 느끼는 것이 아공(我空)·법공(法空)이라는 말입니다. 아공·법공을 느껴야 비로소 공부가 되었다고 하는 것입니다. 내가 비었다는 아공을 느끼고서 법공을 못 느끼면 소승(小乘)이고, 대승(大乘)은 아공·법공을 다 느껴야 대승인 것입니다.

그 다음 법문은, '참다운 지혜가 없기 때문에, 내가 있다고 계교하고 집요하게 고집한다. 그러나 지혜로써 이것을 관찰하건대 정말로 내가 있을 수가 없다. 그러면 나라는 것이 대체 어느 곳에 있는가? 머리부터 발까지 마디마디를 일일이 세밀하게 자세히 관찰해 보아도 마침내 나라는 것을 발견할 수가 없다. 그러면 어느 곳에 사람이나 또는 중생이 있

는가? 중생의 업력으로 해서 잠시간 공의 무더기를, 각 세포를 만든다.'

저번에 말씀마따나, 천지창조 역시 중생의 업으로 해서 만든 것입니다. 불경에서 보면 중생의 공업력(共業力)이라, 하나의 중생이 아니라 무수한 중생의 생각하는 생명의 힘 즉, 공업력이 모이고 모여서 원자를 만들어 가지고서 천지우주가 이루어집니다.

'잠시간 공무더기가 되어가지고서 여러 가지 인연 따라서 태어났다. 따라서 사실은 주인이 없는 것이 마치 텅 빈 정자(亭子)에 머문 것이나 같다.'

우리는 설사 고집을 한다하더라도, 역시 주인이 없는 정자로 받아들여야 합니다. 사실인 것이니까 말입니다. 그러면 그때는 집착이 안 생기겠지요.

그 다음 법문입니다.

'우리 몸을 구성하는 이런 몸뚱이나, 또는 생각하는 마음이나 이런 것이 무엇인가 하면 끝도 갓도 없는 과거로 부터서의 인연의 힘 때문에 찰나찰나 생하고 멸하면서 끝없이 서로 이어 왔다. 마치 그것은 물방울이 방울방울 떨어지는 거와 같고, 또는 마치 불꽃이 염염이 타오르는 거와 같다. 이같이 몸과 마음이 잠시간 화합되어서 하나같이 보이고 또는 항상 있는 것같이 보이니까 어리석은 범부가 이것을 깨닫지 못해가지고서 이것을 나라고 고집한다. 따라서 이와 같은 내가 보배롭고 중요하다고 생각되기 때문에 곧, 탐심이나 진심이나 치심이나 이런 삼독심을 일으킨다. 삼독심이 다시 또 우리 의식을 격발(擊發)시켜서 우리 몸이나 입으로 발동해서 일체 업장을 짓는다.'

이렇게 이론적으로는 우리가 이제 내가 없다는 것을 느낄 수가 있습니다만, 그렇더라도 역시 우리는 좀체 나를 못 뗍니다. 역시 내가 중요하니까 말입니다.

부정관(不淨觀)

부처님 당시에도 부처님께서 생존해 계실 때에도 나를 떼기가 하도 어려운 것이니까, 우리 수행법 가운데서 일반 대중한테 제일 말씀을 많이 하신 방편법문(方便法門)이 부정관(不淨觀)이나 또는 수식관(數息觀) 즉, 호흡관입니다.
　우리 중생은 원래 욕계산지(欲界散地)라, 욕계(欲界)에서는 마음이 고요하게 하나로 모아질 수 없습니다. 그래서 욕계를 산지(散地)라고 합니다.
　우리 중생들은 욕계산지에 있습니다. 따라서 우리는 참선하기가 참 어려운 것입니다. 앉으면 그냥 천 만 가지 생각만 나부낍니다. 우리 중생이란 산란스런 마음을 일으키도록 되어 있기에 욕계는 산지인 것입니다. 그런 중생들인지라 좋은 법문을 해도, 내가 없다고 해도 좀체 알아 듣지를 못합니다.
　그래서 부정관(不淨觀)이라, 이런 몸뚱이는 아주 더럽다고 부정관을 하면 그때는 내가 없는 것을 조금 더 깊이 느낄 수가 있다는 것입니다. 부정관은 내 몸뚱이가 맑지가 않고 청정하지 않다고 관하는 것입니다.
　내가 나를 고집할 때는 '내 몸뚱이가 아주 귀엽구나, 눈이 곱구나, 입이 곱구나, 모두가 곱다.' 하는 것이고 남녀 이성관계도 그런 데서 오는 것인데, 부정(不淨)을 느끼면 그렇게 생각할 수가 없는 것입니다.

    1. 관자신부정(觀自身不淨)…구상관(九想觀)
    ① 사상(死想)
    ② 창상(脹想)
    ③ 청어상(靑瘀想)
    ④ 농란상(膿爛想)
    ⑤ 괴상(壞想)
    ⑥ 혈도상(血塗想)
    ⑦ 충담상(蟲噉想)
    ⑧ 골쇄상(骨鎖想)
    ⑨ 분산상(分散想):소상(燒想)

『지도론(智度論)』

  부정관의 처음엔 관자신부정(觀自身不淨)이라, 먼저 내 몸이 부정(不淨)한 것을 관찰한다는 말입니다.
  이것을 하기 위해서 구상관(九想觀)이라, 아홉 가지 관법이 있습니다. '내 몸이 어째서 더러운 것인가? 내 몸이, 이것이 천한 것이구나.' 하고 생각하는 관법입니다.
  하나에는 사상(死想)이라, 죽는 모습을 생각하는 것입니다.
  우리가 다 아는 바와 같이 회자정리(會者定離)요, 만나면 정녕코 반드시 헤어지고 생자필멸(生者必滅)이라, 한번 삶이 있는 것은 다 꼭 죽지 않습니까. 따라서 비록 내가 지금은 죽음을 안 당했지만 여러 사람들 죽음도 보았으니까 죽음을 생각할 수는 있지요. 죽음을 죽는 순간을 생각하는 것이 사상(死想)인 것입니다.

죽을 때 모습보면 참 정말로 가엾은 것입니다. 평소에 장관이니 또는 누구누구니 할 망정 죽을 때는 비참한 것입니다. 죽어서 어디로 갈 곳도 모르지만 죽는 모습도 아주 고통스럽습니다. 단말마(斷末魔)의 고통이라, 빈손으로 허공을 마구 휘젓고 굉장히 고통스러운 것입니다.

물론 염불 많이 하고 참선 많이 하여 마음이 가라앉은 분들은 그냥 미소를 띄우며 기쁜 마음으로 마치 쉬러가는 기분으로서 가는 것입니다만 그렇지 못한 분은 굉장히 고통을 느낍니다. 누구나 죽고 만 것이니까 이렇게 죽는 모습을 생각한다는 말입니다.

다음에는 창상(脹想)이라, 이것은 배부를 창(脹)자입니다. 우리가 죽은 다음에는 그냥 몸이 퉁퉁 붓습니다. 죽은 다음 바람기만 들어가도 송장은 그냥 부어오르는 것 보십시오. 생명이 있을 때 비로소 이런 몸인 것이지 생명이 떠나버리면 그냥 몸은 붓고 달라지는 것입니다. 몸이 부어 놓으면 아무리 미인(美人)이라도 그때는 미인으로 볼 수가 없습니다. 몸이 부어올라서 추악한 그런 모습을 생각하는 것입니다.

그 다음 셋째로 청어상(靑瘀想)이라, 푸를 청 멍들 어자 입니다. 몸이 부어서 시푸르뎅뎅하니 멍들어 보인다는 말입니다.

좀 젊은 사람들은 잘 모르십니다만, 우리같이 나이 많은 사람들은 인공(人共) 때 죽은 송장을 많이 봤습니다. 길거리에서도 많이 보고 전쟁가서도 많이 본 셈입니다만, 그런 것을 보면 그야말로 참 무서운 것입니다. 아무리 잘났다고 하더라도 한번 죽어진 그때는 그 몸이 더럽고 결국은 무서운 것으로 바뀌고 맙니다. 부르터서 탱탱 불어 있는 모습 또는 시푸르뎅뎅 멍들어 있는 모습을 생각하는 것입니다.

그 다음은 농란상(膿爛想)이라, 고름 농자와 데어 터질 란자 입니다. 피고름이 터져서 더러운 모습입니다. 데어 터져서 고름 나오는 것을 보십시요. 한번 죽은 사람들을 옮길려고 해서 묘소(墓所)를 파 보십시오. 냄새가 얼마나 진동하는가 말입니다. 우리는 출가(出家)하여 중이 된 몸이라서 사람 송장을 많이 파보고 염(殮)도 해보고 했습니다만, 확실히 그 죽은 시체를 파가지고 본다고 할 때는 굉장히 악취(惡臭)가 풍기고 보기가 흉합니다.

그 다음 다섯번째는 괴상(壞想)이라, 몸의 살이 뼈에서 전부 허물어지고 문들어지는 모습입니다.

여섯번째는 혈도상(血塗想)이라, 피 혈자 바를 도자 입니다. 피나 고름이 온 몸에 범벅시켜서 몸을 바르고 적시는 모습입니다.

그 다음은 충담상(蟲噉想)이라, 벌레 충 먹을 담 또는 씹을 담자 입니다. 구더기 벌레가 먹는다는 말입니다. 어떠한 송장이나 벌레가 안 먹는 것이 없습니다.

그 다음은 골쇄상(骨鎖想)이라, 뼈 골 얼킬 쇄 또는 사슬 쇄자 입니다. 뼈가 이리 얼키고 저리 얼키고 한 모습입니다.

마지막으로 분산상(分散想) 또는 소상(燒想)이라, 결국은 흩어지고 만 것이요 태워버리면 재만 남고 만 것입니다. 이렇게 곰곰히 생각을 한번 해보십시요. 내가 얼마나 소중한가 천한가 말입니다. 사실은 이것 밖에는 아닙니다. 우리 사람몸이란 것은 더 이상 될 수가 없습니다 .

　부처님 당시에 부처님께서 중생들이 하도 욕심을 내니까 부정관을 시켰던 것입니다. 부정관을 90일 동안 하더니만, 한 60명이 한번에 그냥 자기 몸을 죽여 버렸습니다. 말하자면 자살을 해버렸다는 말입니다. 그래서 나중에는 자비심으로 부정관 대신에 다시 호흡관을 시키셨다는 말씀도 있습니다만, 하여튼 그러나 지금 세상은 좋은 것이 하도 많이 나오고, 새로운 문자가 많이 나오니까 지금은 부정관을 많이 해야 이놈의 몸뚱이 천한 줄을 알아집니다.

　2. 관타신부정(觀他身不淨)…오부정관(五不淨觀)

　①종자부정(種子不淨)

　②주처부정(住處不淨)

　③자상부정(自相不淨)…몸에 구공(九孔)을 갖추어 언제나 침·땀·대소변(大小便)등을 유출(流出)

　④자체부정(自體不淨)…삼십육물(三十六物)의 부정물(不淨物)로 합성(合成)

　⑤종경부정(終竟不淨)…차신(此身)이 사(死)하여 매즉성토(埋卽成土), 충담즉성분(蟲噉卽成糞), 화소즉성회(火燒卽成灰)하여 끝내 추구(推求)함에 정상(淨相)이 있을 수 없음.

『지도론(智度論)』

또 다음은 남의 몸에 대해서 부정한 것이라고 보는 것입니다. 남녀관계의 욕정(欲情)같은 것은 보통 남의 몸이 좋다고 해서 우리가 집착하지 않습니까. 남의 몸도 역시 내 몸과 같이 좋은 것이 아닙니다.

이것은 관타신부정(觀他身不淨)이라, 남의 몸이 부정하다고 관찰하는데 오부정관(五不淨觀)이라, 다섯 가지 방법이 있습니다.

하나는 종자부정(種子不淨)이라, 비록 지금 잘난 사람이라 하더라도 역시 종자는 청정한 것이 못됩니다. 내나야, 어떠한 사람이나 자기 부모의 종자로 해서 부정모혈(父精母血)이라, 아버지 정(精)과 어머니의 피가 합해서 안됩니까. 그러기에 청정한 것이 못됩니다. 이와 같이 사람의 종자가 벌써 청정하지 못한 것입니다. 물론 자아(自我) 끄트머리, 본질을 보면 다 부처겠습니다만 거기까지 못 가서 생각할 때는 이렇다는 것입니다. 근본바탕은 다 부처인데, 이것을 인간 차원에서 볼 때 우리 몸을 구성하는 종자가 청정하지 못해 있고,

그 다음은 주처부정(住處不淨)이라, 종자가 사람 몸이 되어서 어머니 태 안에서 크는데 그 어머니 태 안이 청정할 수는 없습니다. 어머니 창자가 있고 그 안에서 태아가 크면 그 주처가 청정하지 못하고 말입니다.

그 다음은 자상부정(自相不淨)이라, 태 안에서 크는 태아의 모양이 또 청정하지 못하다는 말입니다. 가사 몸에는 아홉 구멍이 있어 가지고 대소변이나 기타 침이나 땀, 그런 더러운 것이 유출(流出)되어 나오는 것입니다.

또 자체부정(自體不淨)이라, 사람 몸의 부정한 것을 불교에서는 보통 삼십육물(三十六物)로써 말을 합니다. 머리·머리카락·뼈 또는 피부·손

톱·발톱 등 부정한 것을 주로 간추려서 삼십육물(三十六物)로 풀이합니다. 그와 같이 우리 몸은 자체가 부정이라, 이런 부정물(不淨物)로써 우리가 합성(合成)되어 있다는 말입니다.

종자부터서 부정물(不淨物)이 되어 가지고 어머니 태 안에서 부정(不淨), 모양도 부정(不淨), 또 그 자체의 구성물도 부정(不淨), 사뭇 이렇게 부정물이 되어서 종경부정(終竟不淨)이라, 마침내 끝까지 부정하다는 말입니다. 어째서 그런가 하면 이 몸이 죽어서 갖다가 묻으면 결국은 매즉성토(埋卽成土)라, 묻어버리면 흙이 되는 것이고 충담즉성분(蟲噉卽成糞)이라, 벌레가 씹어서 먹으면 똥이 되는 것이고, 또는 화소즉성회(火燒卽成灰)라, 불로 태우면 재가 된다는 말입니다.

끝내 추구(推求)해 본다고 할 때 결국은 정상(淨相) 곧, 깨끗한 모양을 찾아볼 수가 없는 것입니다.

우리는 이렇게 해서 내 몸 부정과 또는 우리가 집착하는 남녀의 상에 대해서 집착을 풀어버려야 하는 것입니다.

수식관(數息觀), 육묘문(六妙門)

육묘문(六妙門)
1. 수식문(數息門)
2. 수 문(隨 門)
3. 지 문(止 門)

4. 관 문(觀 門)

5. 환 문(還 門)

6. 정 문(淨 門)

※호흡(呼吸)을 심(深)·장(長)·세(細)·균(均)케하여 지식(止息)에 도인(導引)하고 번뇌(煩惱)를 멸진(滅盡)함.

그 다음은 수식관(數息觀)입니다.

앞서 말씀한대로, 우리가 실상묘법(實相妙法)이나 또는 부처님을 생각하면서, 염불도 하고 참선도 하고 그러한 일승수행법(一乘修行法), 조금도 방편설(方便說)이 아닌 일승수행법을 하면 되겠지요.

그러나 그렇게 해서 공부가 잘 안될 때는 업장이 무거운 소치이므로, 아까 말씀한 부정관이나 이런 관법을 좀 하는 것입니다. 내나야 업장이 무거운 시초가 결국은 나 때문에 있으니까 말입니다. 아(我)에서 녹아지면, 그때는 업장은 수수께끼처럼 풀려가는 것입니다.

부처님께서는 부정관과 동시에 호흡관(呼吸觀)이라, 산란스러운 것이 또 큰 병이니까 산란심을 가라앉히기 위해서 호흡관을 말씀하셨습니다.

아까 쉬는 시간에 어느 보살님이 올라 와서 "산란스러워서 공부가 안됩니다."고 말씀합니다. 산란심(散亂心)이 없으면 도인(道人)입니다. 일념불생 즉명위불(一念不生 卽名爲佛)이라, 일념도 다른 생각이 안 나오면 그때는 도인인 것입니다. 그러나 우리는 욕계산지(欲界散地)인지라, 욕계의 산란중생이니까, 산란심이 나오기 마련인 것입니다. 따라서 산란심이 많을 때는 호흡관을 주로 하라는 말씀이 있습니다.

호흡관(呼吸觀)을 육묘문(六妙門)이라, 여섯 가지로 구분해서 말씀한 법문이 있습니다. 이것은 하나의 경(經)으로서, 호흡만 가르치는 경이 있어 굉장히 번쇄(煩瑣)합니다만, 그것을 다 소개할 수 없고 다만 간략하니 여섯 가지로 해서 호흡하는 방법을 말씀한 것이 육묘문입니다.

처음에는 수식문(數息門)이라, 숨을 헤아리는 방법입니다.

지금 호흡을 가르치는 어떤 분들은 하나부터 백까지로 하기도 합니다만, 우리 부처님 법문 가운데 수식(數息)하는 법은 그렇게는 안 되어 있습니다. 수를 너무 많이 헤아리면 도리어 그 놈 헤아리는 가운데 잊어버리기도 하고 산란스러우니까 많이는 않고서 그냥 하나에서 열까지만 되풀이 합니다. 자기 호흡에 맞추어서 열까지 세고, 다시 또 하나부터서 열을 세고 자꾸만 되풀이 합니다.

이렇게 하는 가운데 숫자에 따라 우리 마음이 모아지는 것입니다. 그렇게 하다보면 자연적으로 호흡도 가지런하니 되어 옵니다. 이같이 자기 호흡과 맞추어 수를 헤아려서 마음을 안정하는 법입니다.

그 다음은 수문(隨門)이라, 숨을 헤아린다고 하면 그때는 '하나구나, 둘이구나.' 하는 관념을 두어야 하겠지요. 그러나 그런 관념을 두면 생각하는 그것이 또 산란스럽다는 말입니다. 생각을 않고서 그냥 하나·둘 못 세어갑니다. 곧 관(觀)을, 생각을 두어야만이 셋이고 넷이고 헤아리지 않겠습니까.

그러므로 그때는 수(數)를 놓아버리고 수를 헤아리지 않고서 그냥 숨쉬는대로, 숨 나가는대로 생각만 합니다. '아, 숨이 나가는구나, 숨이 들어오는구나.' 하고 말입니다. 그것이 따를 수자, 수문(隨門)입니다. 자기 숨 닿는 데에 따라서 편안히 보면서 다만 우리 마음을 숨에다만 관심을 두고 의식만 한다는 말입니다.

숫자를 헤아리면 헤아리는 그것 때문에 마음으로 분산(分散)이 생기니까, 숨 따라서 숨이 가는데다 의식만 두는 것입니다. 이것이 수문(隨門)입니다.

그 다음이 지문(止門)이라, 수문으로 해서 공부가 마음이 좀 모아지겠지요. 그러나 또 한 가지 병은 마음이 숨에다 관심을 두니까 그것도 역시 하나의 집착(執着)이 안 되겠습니까. 바로 그때는 '숨 쉬든가 말든가.' 가만 두어버리는 것입니다. 이래서, 숨을 딱 정지를 시킨다는 말입니다. 이것이 지문(止門)입니다.

그러나 호흡이 산란스러운 것이 약간 제거(除去)가 안 되면 그때는 숨 그치는 것은 좋지 않은 것입니다. 마음이 안정이 되고, 호흡이 어느 정도 그야말로 스스로 호흡을 의식하지 않을 정도가 되어야 호흡과 마음을 딱 머물 수 있다는 말입니다.

전에 말씀드린대로, 우리 마음의 산란스러운 정도와 호흡은 같이 상응(相應)하여 정비례(正比例)합니다. 마음이 산란스러우면 따라서 호흡도 산란스럽고 또는 그 반대로 호흡이 정화(淨化)되면 마음도 정화됩니다. 따라서 마음공부만, 참선이나 염불만 오로지 하면 자연적으로 호흡도 정화됩니다. 그 반대로 호흡을 다스리면 마음도 역시 정화됩니다. 그러기에 부처님께서 이런 법문을 이렇게 제시(提示)했던 것입니다.

그러나 역시 불교는 일체유심조(一切唯心造)라, 마음이 주인인 관계상, 마음을 주로하는 데에다 역점(力點)을 두고서 호흡을 곁들이면 되는 것입니다. 그러면 이것이 정도(正道)가 되는 것이고 외도(外道)가 안 되는 것이지요.

그리고 호흡을 딱 멈출 정도가 되면 그때는 몸에서 이상한 기운이 나오는 것입니다. 우리가 호흡이 거치러우니까 우리한테 잠재해 있는 무한한 힘이 안 나오는데, 호흡만 끊어질 정도가 되면 그때는 우리한테 갖추어 있는 무한한 힘 곧 불성(佛性)의 힘, 불심(佛心)이 조금씩 솟아오르는 것입니다. 그때는 환희심(歡喜心)도 충만하고 말입니다.

그러면 중생이 거기에 또 집착해버립니다. 관세음보살이 보이기도 하고, 훤히 광명이 보이기도 하면 '좋다' 하고 거기에 딱 그때는 박혀버립니다. 이렇게 집착하면 또 역시 공부가 안나가지고 해탈(解脫)로 못 갑니다.

내 스스로가 천지우주와 하나가 되어버리는 그때까지는 내나야 모두가 하나의 과정에 불과합니다. 석가모니가 앞에 보이건, 관음보살이 보이건 아직 그것은 끄트머리가 아니라 과정에 불과합니다.

따라서 거기에 착(着)하면 안됩니다. 어떤 것에 밀착(密着)되고 거기다 맛붙여서 착(着)할까 봐서, 지문(止門) 다음에,

관문(觀門)이라, 법을 관찰한다는 말입니다.

부처님이 제시한 실상관(實相觀)이나 법계관(法界觀)이나 여러 가지 법문에 따른 관법(觀法)을 제시합니다. 그런 관법으로써 집착하는 그 마음을 제거하는 것입니다.

그런데 관법을 하다 보면, 관법을 무슨 대상적(對象的)으로 법(法)이 있다고 생각한다는 말입니다. 내나야 모두가 바로 보면 '그 자체가 없는

하나의 법상'인 것인데, '내가 있고 법이 있다.'고 생각합니다.

가사 부처님 법문으로써 하나의 심월관(心月觀)이라, '내 눈 앞에 이렇게 심월(心月)이 있다.' 이렇게 관찰하라고 하면 심월 그것도 역시 내 마음과 둘이 아닌 것인데, 하다 보면 심월이란 그런 달이 밖에 따로 있다고 생각한다는 말입니다. 나와 너를 구분해서 본다는 말입니다. 그러면 곤란스럽습니다. 때문에,

다음은 환문(還門)이라, 그때는 회광반조(廻光返照)라,

다시 관찰하는 대상을 떠나서 돌이켜 자기를 관찰하는 것입니다. '내 나야 그런 법도 내 자성(自性)의 한 가지 광명이구나.' 이렇게 관찰하는 것입니다.

그 다음은 정문(淨門)이라, 우리 중생이 아직 도를 못 깨달으면 또 자타(自他)가 없다는 데에, 너도 없고 나도 없다는 그런 것에 또 집착하는 것입니다. 원래 평등무차별(平等無差別)해서 그야말로 어떻게 말로 할 수 없는 것인데 어느 문자(文字)나 어느 법(法)에 집착합니다. '내가 없다. 너일리가 없다.' 하는 '없다는 것'에 말입니다.

대상도 없고 나도 없다는 그런 '없다는 것'에 착(着)하는 그런 마음을 없애고, 즉 말하자면 무능소(無能所)라, 능소가 없는 아주 그야말로 일미평등(一味平等)한 자리를 얻기 위해서 이제 환문(還門)지나서 정문(淨門)에 온다는 말입니다.

이와 같이 성불로 간다는 것이 육묘문(六妙門)의 법문입니다.

다시 말씀드리면, 처음엔 호흡을 헤아리는 데서[數息門], 그 다음엔 호흡을 헤아리지 않고서 숨 쉬는대로 내버려 두고 거기에다 의식만 붙

이는 수문(隨門), 그 다음은 호흡을 딱 정지하는 지문(止門), 다음은 어느 법을 관찰하는 관문(觀門), 그 다음은 다시 마음을 되비쳐서 관찰하는 환문(還門), 그 다음은 이것도 저것도 다 떠나서, 그야말로 조금도 차별도 없고, 능소도 없고, 분별시비를 떠나버린 그런 문이 이제 정문(淨門)인 셈이지요.

그러나 이같이 복잡한 것을 많이 나열시켰습니다만, 정통 대승(大乘) 공부는 저번에 말씀한 바와 같이 최상승선(最上乘禪)이라, 본래시불(本來是佛) 곧 본래 부처요, 본래 우리 자성(自性)에는 번뇌가 없고 무량공덕을 갖추고 있는 그 자리, 한도 끝도 없는 신비부사의((神秘不思議)한 공덕이 갖추어 있는 그 자리를 우리가 바로 보고 바로 깨달아야 할 것인데 그렇게 못할 적에 그런 공부가 안될 때에 잠시간 이와 같이 하는 것이지 이것으로서 항시(恒時) 할 필요는 없는 것입니다.

그리고 호흡(呼吸)을 심(深)·장(長)·세(細)·균(均)케 하여 즉 호흡을 깊게하고, 짧지않고 길게, 거칠지 않고 세밀하게 그리고 고르게 하여서 지식(止息)에 도인(導引)하여 이끌고 번뇌를 멸진(滅盡)하는데 호흡법이 필요한 것이요, 다만 우리가 항시 할 것은 무엇인가 하면, '내 자성(自性)이 원래 부처요. 천지우주가 이대로 일체 공덕을 다 갖춘 부처뿐이구나!' 이렇게 느껴서 자기가 하고 싶은대로 화두나 염불을 하면 되는 것입니다.

그렇게 하지만 잘 안 될 때는 '아, 내가 아마 너무나 나한테, 나라는 것에 대해서 집착이 많구나.' 이런 때는 부정관에서와 같이 나를 좋아하는 생각, 너를 좋아하는 생각, 이것을 끝을 내야 하는 것입니다. 내나야 나를 좋아하고 너를 좋아하고 너를 싫어하고 미워하고 그런 것 때문에 망상(妄想)이 생기니까 말입니다.

그러기 위해서 이것은 임시 방편(方便)으로 제시한 것이지 참다운 행법(行法)은 최상승선(最上乘禪)자리입니다. '본래 부처이기 때문에 본래 번뇌가 없고 천지우주가 일체 공덕을 다 갖춘 부처뿐이구나!' 이와 같이 우리가 깨달은 셈치고 해야 하는 것입니다. 이것이 바른 수행법인 것입니다.

우리는 내일까지 용맹정진을 합니다.

달마(達磨)스님 말씀에 '초범증성(超凡證聖)이 목격비요(目擊非遙)라.' 범부를 넘어서 성자(聖者)가 되는 것이, 눈 깜짝할 동안에 있다는 말입니다.

우리가 도인(道人)을 어디서 꿔 가지고 오는 것도 아닌 것이고 우리가 본래 성자(聖者)가 아닌 것도 아닙니다. 본래 부처고 본래 성자이기 때문에 우리가 한 생각 돌이켜서 그 생각 사무치면 벌써 그 자리가 깨달은 자리입니다.

'초범증성이 목격비요라, 우리가 범부를 넘어서 성인되는 것이 눈 깜짝 할 동안에 있거니, 어찌 애써서 우리가 이제 흰머리 날 때까지 수고로이 할 것인고.' 이런 말씀이 있습니다.

생활 환경이 바뀌어져서 앉으시기도 괴로울 것입니다만 아무튼 오늘 내일 사이 부처님께서 성도(成道)하신 내일까지 눈 깜짝할 동안이 몇 천번 있습니다. 하기 때문에 이제 그동안에 꼭 대각(大覺)을 성취하시기를 간절히 바라면서 이만 마칩니다.

8. 불성공덕(佛性功德)과 그 관조(觀照)

진아(眞我)의 발견

불교를 학문적으로 믿는 분들은 불교에서 말하는 중요한 철학적 원리인 윤회설(輪廻說)을 자칫 부인하는 분도 있습니다. 윤회란 아시는 바와 같이 우리 중생은 금생(今生)뿐만 아니라 여러 갈래로 뱅뱅 돈다는 말씀입니다.

윤회는 주로 육도윤회(六道輪廻)라, 우리 중생이 자기 업장(業障) 따라서 여섯 갈래로 도는 것을 말합니다. 제일 밑이 지옥(地獄)이고, 그 다음은 축생(畜生), 아귀(餓鬼), 아수라(阿修羅), 인간(人間), 천상(天上) 이것이 육도(六道)입니다.

따라서 육도를 벗어난 것이 이제 성자의 경지가 되겠습니다만, 우리 중생은 육도에서 업장따라 올라가고 내려가고 부침(浮沈)을 한다는 말씀입니다.

그런데 불교 철학자 가운데도 육도윤회를 그냥 권선징악(勸善懲惡)으로 우리 중생에게 악(惡)을 피하고 선(善)을 행하게 하기 위한 것으로 또한 하나의 상징적(象徵的)이라고 설(說)하는 분도 있습니다.

따라서 일반 신도들에게 있어서는 더욱더 긴가민가 하여 의심하는 분들이 많이 있으십니다만 이것은 분명히 존재하는 것입니다. 우리 인간이 이같이 분명히 있듯이 지옥도 분명히 있고, 아귀도 있고, 축생도 있고, 아수라도 있습니다.

우리는 부처님 말씀이나 도인들 말씀을 보다 더 온순하게 수용을 해야 합니다.

공부를 하다보면 유연선심(柔軟善心)이라는 과정이 있습니다. 우리 중생은 마음이 강강(剛剛)해서 괜시리 자기 고집을 내세울려고 합니다. 그것이 별것도 아니고 허망한 것인데 말입니다. 그러나 공부를 하다보면 그런 고집스러운 마음, 강강한 마음이 누그러져서 녹아지면 그때는 순탄하게 성자의 말씀을 그대로 순응(順應)하게 되는 것입니다. 이런 단계를 순인(順忍)이라 합니다.

아무튼 우리가 성자의 말씀을 곧이곧대로 못 믿는 것은 자기가 영리해서가 아니라 그마만치 어두워서 그럽니다. 즉 다시 말하면 강강하고 거치러운 마음이 있으니까 못 믿는 것입니다.

또는 지금 몇몇 학자님들이 말씀하듯이 '육도 이것은, 지옥·아귀·축생 그런 것은 사람의 마음 속에, 인간의 심리에나 있지 실지에는 없다.'고 하지만 분명히 육도는 실제로 존재하고 또한 동시에 우리 심리에도 있습니다.

우리 심리에 있는 가사 남이 미워서 곧 죽이고 싶은 마음, 남을 때리고 싶은 마음, 이런 마음은 벌써 마음이 지옥(地獄)에 가 있고 또한 동시에 욕심을 내서 한없는 그런 마음은 역시 마음이 벌써 아귀(餓鬼)에 가 있는 것입니다.

또는 멍하니 사리(事理)를 분간도 못하고 판단도 못하는 그런 마음은 역시 마음이 벌써 축생계(畜生界)에 가 있습니다.

또는 싸움을 좋아하고 성을 잘내는 이런 마음은 역시 아수라계(阿修羅界)에 마음이 가 있습니다.

어떤 때는 조금 나은 마음, 어떤 때는 궂은 마음 이와 같이 반반 정도의 마음은 사람같은 데에 마음이 가 있습니다. 우리는 지금 사람이니까 사람같은 마음을 지니고 있지요.

또는 좋은 일만 생각하고 항시 마음을 고요히 갖는 그러한 마음, 잡다한 소란을 피하고 고요한 데를 좋아하고 맑은 것을 좋아하는 이런 마음은 천상(天上)같은 마음입니다.

모든 번뇌를 다 끊어버리고서 영생(永生)을 구하는 마음은 역시 부처같은 그런 성자의 마음입니다. 이런 마음이 우리한테는 분명히 다 있습니다.

따라서 육도 역시 심중육도(心中六道)라, 우리 마음 가운데 지옥·아귀·축생 그러한 육도(六道)가 분명히 존재하고 또한 동시에 그러한 마음자세에 따라서 우리가 실지로 받는 지옥도 있고 축생도 있고 아귀도 있고 또는 사람도 있습니다.

그러나 어제 말씀드린 것은 무아(無我)라, 내가 없다는 법문입니다. 내가 없다는 것은 나의 건더기가 아무 것도 없는 것이 아니라 망령된 나, '나'라고 고집하는 나, '내가 누구고 나는 무엇을 안다 모른다.' 하는 그러한 망령된 나 즉, 망아(妄我)가 없다는 것이지 '진짜 나'가 없다는 것은 아닙니다.

따라서 불교에서 소극적으로 말할 때는 무아(無我)란 말을 합니다. 그러나 적극적으로 말하면 그때는 진아(眞我) 또는 열반사덕(涅槃四德)이라 말합니다.

어제까지 말씀드린 것은 다만 망령된 나, 거짓된 나가 없다는 것이지 참다운 나가 없다는 것은 아닙니다. 따라서 어제까지 밖에 말씀을 안 들으면 그냥 자칫 '나는 허망한 것이다.'는 허망한 생각만 하지 모든 일체 공덕을 갖춘 '참다운 나'는 미처 모르는 것입니다.

그래서 오늘은 참나인 '불성(佛性)의 나'를 알고자 해서 말씀 드리겠습니다.

열반사덕(涅槃四德)

열반(涅槃)…멸도(滅度)·불생(不生)·안락(安樂)·극락(極樂)·해탈(解脫)

열반사덕(涅槃四德)
1. 상덕(常德)…상항불변(常恒不變)하여 생멸(生滅)이 없음
2. 락덕(樂德)…무위안락(無爲安樂)함
3. 아덕(我德)…신통묘용(神通妙用)이 대자재(大自在)함
4. 정덕(淨德)…일체구염(一切垢染)을 해탈(解脫)하여 청정(淸淨)함

열반(涅槃)이라는 말을 풀이하면 멸도(滅度)라, 번뇌를 다 멸하고 생

사고해를 건너서 해탈이 된다는 뜻입니다.

그 다음 의미는 불생(不生)이라, 삼계육도(三界六道)에는 태어나지 않는다는 말입니다. 즉 욕계(欲界)나 색계(色界), 무색계(無色界)나 또 지옥(地獄)·아귀(餓鬼)·축생(畜生)·수라(修羅)·인간(人間)·천상(天上)등 그러한 제한된 경계(境界)에는 다시 태어나질 않는다는 말입니다. 성계(聖界)라면 태어나지만, 불성(不聖)인 무명중생도(無明衆生道)에는 태어나질 않는다는 뜻입니다.

그 다음 풀이는 안락(安樂)이라, 번뇌를 다 멸해버렸으니 안락만 얻는다는 뜻입니다.

안락이란 뜻은 또 역시 극락(極樂)이라는 말입니다. 안락이 한도 끝도 없이 가장 지극(至極)한 안락(安樂)이니까 그것이 극락이겠지요.

또는 해탈(解脫)이라, 번뇌의 결박을 다 풀어버려서 자유자재로우니 일체 신통자재(神通自在)를 우리가 수용(受用)한다는 말입니다. 이런 것이 열반이란 뜻입니다.

우리가 흔히 사람이 죽을 때에 불교말로 '열반 든다.'는 말을 합니다만, 이것은 번뇌가 다 멸해 없어져버린다는 말을 좀 비약시켜서 한 말에 지나지 않습니다. 원칙은 이같이 번뇌를 다 없애서 극락에 이르는 것이 열반입니다. 따라서 '열반 든다가 죽는다는 말'이라고 보는 것은 조금 의미가 빗나간 것이지요.

열반사덕(涅槃四德)이라, 열반에 네 가지 덕이 있다는 말입니다. 물론 이것이 불성(佛性) 곧, 부처의 성품이니까 그 덕성(德性)이 한도 끝도 없이 많이 있습니다. 우리는 우리가 미처 거기에 안 가봐서 모르는 셈 아닙니까만, 그러한 불성에 있는 덕성을 음미(吟味)한다고 하면 그 덕은 한도 끝도 없는 것입니다.

가사 아라한도(阿羅漢道)를 성취한 성자(聖者)의 길을 성취한 분들이 몇 천명 몇 만명이 모여서 몇 백년 동안 부처님한테 있는 공덕을 헤아린다 하더라도 다 헤아릴 수가 없다는 말입니다. 하도 공덕(功德)이 많으니까 말입니다.

우리는 영원적인 순수 에너지에 포함되어 있는 무시무시한 힘을 지금은 대강 느낄 수가 있지 않습니까. 가사 우리가 우라늄(uranium)에 중성자를 쏘아 분열시키면 원자폭탄이 되는데, 하나의 원자에 포함된 그런 무시무시한 힘을 보십시요. 그것을 생각할 때에 그러한 원자보다도, 보다 더 성능(性能)이 순수하고 근원(根源)이 되어 있는 불성(佛性)에 들어 있는 공덕이란 것은 한도 끝도 없는 것입니다. 이러한 불성 공덕을 현대 물리학은 조금씩 증명해 가고 있는 것입니다.

그러한 많은 공덕을 다 헤아릴 수가 없으니까 간추려서 말씀들을 많이 합니다. 더러는 140불공법(不共法)이라, 백사십가지로 부처님 공덕을 나열한 데도 있고 또, 더 간추리면 18불공법(不共法)이라, 18종으로 부처님 공덕을 나열한 데도 있습니다. 그런 중에서 가장 간추린 것이 네 가지 덕성(德性)으로 구분한 열반4덕입니다.

맨 처음은 상덕(常德)이라, 상주불변(常住不變)하여 생멸(生滅)이 없다는 말입니다. 지금 우리 몸은 생멸(生滅)이 있으나 참다운 생명은 생멸이 없습니다. 영생(永生)합니다. 생멸이 없다는 말은 영생한다는 말이 되지 않겠습니까.

열반(涅槃)은 극락(極樂)이요 해탈(解脫)이라, 또는 불성(佛性)이라, 이런 것인데 열반 이것이 '참 나'의 덕(德)입니다. 그래서 열반까지 가야 이제 '참 나'를 성취하는 것입니다.

그런데 열반의 덕 가운데 가장 중요한 덕이 영생한다는 것입니다. 죽지 않는다는 말입니다. 항상(恒常) 불변(不變)하여 항시 있어서 변치 않는다는 말입니다. 일체 존재는 무상(無常)한 것인데, 열반은 무상하지가 않은 것입니다. 항시 존재합니다. 이같이 생하고 멸하는 것이 없는 곳, 죽음이 없는 것입니다.

또는 락덕(樂德)이라, 이것은 무위안락(無爲安樂)한 것입니다. 안락스러운 것이 보통 그냥 재미지고 어떠한 유한적(有限的)인 안락이 아니라, 조금도 변치않는 영생의 안락을 말하는 것입니다.

유위(有爲)는 우리가 애써서 받는 것이고, 무위(無爲)는 애쓰지 않고서 그냥 자연적으로 받는다는 말입니다. 번뇌가 녹았으니까 자연적으로 불교말로는 법이적(法爾的)으로 받는 안락이 락덕입니다.

부처님의 공덕 즉, 우리 '참 나'의 공덕은 그야말로 행복의 뭉치인 것입니다. '사랑의 뭉치요. 환희의 뭉치요. 행복의 뭉치.' 이것이 불성 공덕 즉, '참 나'의 공덕입니다.

그 다음은 아덕(我德)이라, 신통묘용(神通妙用)이 대자재(大自在)하다는 말입니다. 이것도 역시 팔자재아(八自在我) 등 아(我)에 대해서 여러 가지로 풀이가 있습니다만, 하여튼 한마디로 말하면 일체 모두를 할 수가 있다는 말입니다.

공중에 날으는 것이나 어떤 어려운 문제를 외우는 것이나 또는 무엇이나 일체 모두를 다 할 수가 있는 것입니다. 일체 모두를 볼 수가 있고, 일체 모든 음성을 다 들을 수 있고, 일체 것에 다 신통자재한다는 말입니다. 이것이 아덕(我德)입니다.

따라서 우리가 참다운 진아(眞我)가 되면 즉, 견성오도(見性悟道)해서 참다운 도인이 되고 성불(成佛)하면 일체를 다 할 수 있는 것입니다.

그 다음은 정덕(淨德)이라, 일체구염(一切垢染)을 즉 일체의 때나 또는 물든 것을 다 해탈(解脫)해서 청정(淸淨)하다는 말입니다. 번뇌가 조금도 없고 때묻지 않은 청정한 것이 정덕(淨德)입니다.

열반사덕(涅槃四德)은 우리가 목적하는 성불에 갖추고 있는, 부처에 갖추고 있는, 참 나[眞我]에 갖추고 있는 공덕(功德)입니다.

따라서 우리는 비록 범부지(凡夫地)에 있다 하더라도 내 본바탕은 이같이 열반사덕이 있는 것을 분명히 믿어야 하는 것입니다. 우리는 여기에서 다른 종교와 불교와의 차이를 생각할 수가 있습니다.

철학이다, 종교다 하는 것은 먼저 목적론(目的論)이 어떠한 체계가 서는가? 안서는가? 또는 목적에 이르기 위한 방법론(方法論)이 체계가 서는가? 안서는가? 여기에 따라서 한 철학이나 종교의 우열(優劣)을 말하는 것입니다.

우리가 이제 비방이 아니라 기독교를 놓고 본다고 할 때, 하나님이라 그러면 하나님한테 갖추어 있는 덕을 세밀히 풀이한데는 별로 못 봤습니다. 깊이 연구 안해서 잘은 모릅니다만 그냥 어렴풋이만 말씀했다는 말입니다. 또는 하나님한테 가는 길목, 가는 방법도 역시 십계명(十誡命) 지키고 기도(祈禱) 모신다는 그 외에는 별로 잘 못 봤습니다.

그런데 불교는 우리가 가는 목적이 성불이요, 부처고, 참나, 진아(眞我)인데 진아에 대한 공덕이 굉장히 세밀히 풀이되어 있습니다. 아까도 말씀드린 바와 같이 보다 더 큰 풀이는 140법이라, 140가지나 부처님 공덕 즉 우리 신앙 목적을 나열해 있고, 그 다음 더 간추리면 18종으로 부처님 공덕을 나열했고, 가장 간추리면 4덕인데, 4덕도 역시 이렇게 체계가 선 것입니다.

나중에 또 더 알겠지만 열반사덕(涅槃四德)은 굉장히 체계가 선 것입니다.『열반경(涅槃經)』이란 경은 다른 법문도 있습니다만 주로 열반사덕을 풀이한 것입니다.

또, 불교는 지금까지 배워서도 우리가 알 수가 있고 또 앞으로 배웁니다만 그러한 열반에 이르기 위한 즉, 해탈에 이르기 위한 방법론도 역시 굉장히 과학적이고 체계가 서 있습니다. 이렇게 목적면이나 또는 방법론이 체계가 서면 그만치 벌써 우수한 종교이고 철학인 셈이지요.

영생불멸(永生不滅)하고 또는 행복이 끝도 갓도 없이 절정(絶頂)을 이루고 또는 모든 것을 알 수가 있고, 할 수가 있고, 들을 수가 있고 말입니다. 또는 청정해서 어떤 것에 조금도 후회도 않고 물들지 않고, 이것이 참 나, 성자의 갖춘 덕입니다. 이것이 대아(大我), 진아(眞我)의 공덕이라는 말씀입니다.

이런 것은 무아(無我)가 되어야 비로소 이루어집니다. 따라서 먼저 망령된 나, 잘못된 나가 없어져 버려야 합니다. 그것이 없어지지 않고서는 이런 대아(大我)는 개발이 안 됩니다. 그러기에 "무상(無常)을 느껴라." "제법(諸法)이 공(空)이다." 이런 말씀을 수없이 하는 것입니다.

불교철학은 대체로, 세 단계로 시기(時期)를 나누어서, 시기적(時期的)으로 말합니다.

맨 처음 초기(初期) 법문은 유교(有敎)라, 우리 중생 차원에서 '선(善)도 있고 악(惡)도 있고 모두 있다. 나도 있고 너도 있고 모두 있다.' 이와 같이 중생 차원에서 알기 쉽게 하는 법문이 유교(有敎)입니다.

그 다음은, 보다 높은 차원에서 '일체가 다 공(空)이다. 중생이 보는 것은 다 망령된 것이고 일체가 공(空)이요, 무상(無常)이다.' 이러한 높은 차원에서 모두를 다 부정하는 단계, 이것이 공교(空敎)입니다.

『반야심경(般若心經)』이나 『금강경(金剛經)』이나 그런 경은 주로 공교(空敎)를 말한 것입니다. 바로 본다면 역시, 우리 중생이 보는 견해(見解)는 다 허무한 것입니다. 그러기 때문에 『금강경』에 '일체유위법 여몽환포영(一切有爲法 如夢幻泡影)이라.' 일체 있는 바 법은 꿈이요, 허깨비요, 또는 그림자요, 거품이라는 말입니다. 꿈이요, 그림자요, 거품같은 것이 아니라 사실은 그렇습니다. 사실 거품이나 똑같습니다.

우리 중생이 보는 것은 절대(絶對)로 존재(存在)를 못하는 것입니다. 절대적 존재는 아닙니다. 다만 중생의 눈에 따라서 겨우 잠시간 있을 뿐입니다. 바로 보면 결국은 그것이 다 공(空)입니다.

그러나 다만 공[但空]이 아닙니다. 우리가 망령된 자기를 부정하고서 번뇌를 여의면 거기에서 여여(如如)하니 분명히 영원적인 공덕이 나오는 것입니다. 참다운 진아(眞我)가 나온다는 말입니다. 이같이 유(有)도 아니고 다만 공(空)도 아니고[非有非空], 천지우주는 오직 부처뿐이라는 가장 높은 차원, 이것이 중도교(中道敎)입니다.

우리 목적은 '다 공(空)이다.' 하는 거기까지가 아닙니다. 그것은 가는 과정에 불과합니다. 영원적인, 영원히 행복을 간직한, 상주부동(常住不動)하고 안락무위(安樂無爲)하고, 또는 모든 것을 할 수 있고 알 수 있는 아덕(我德), 또는 청정무애(淸淨無碍)해서 언제나 청정하고, 이런 것이 우리의 가고자 하는 목적(目的)입니다. 이렇게 분명히 말한 종교나 철학은 불교 밖에 없습니다.

오지여래(五智如來)

오지여래(五智如來)
1. 대일여래(大日如來)…법계체성지(法界體性智)
   　　　　　총덕(總德)…공(空) ○
2. 불공여래(不空如來)…평등성지(平等性智)
   　　　　　락덕(樂德)…풍(風) ▽
3. 미타여래(彌陀如來)…묘관찰지(妙觀察智)
   　　　　　상덕(常德)…화(火) △
4. 아촉여래(阿閦如來)…대원경지(大圓鏡智)
   　　　　　아덕(我德)…수(水) ○
5. 보생여래(寶生如來)…성소작지(成所作智)
   　　　　　정덕(淨德)…지(地) □

이러한 열반사덕(涅槃四德)을 조금 더 구체화(具體化)시켜서 말씀한 것이 오지여래(五智如來) 법문(法門)입니다. 이것도 역시, 참다운 불성(佛性)에 간직한 한 가지 공덕(功德)을 표현한 것입니다.

지금 이런 것은 조금 번쇄(煩瑣)한 감이 있고 일반적인 법문으로는 조금 차원이 높습니다만, 학생들이나 연구하시는 분들은 관심을 갖고서 저한테 질문을 하는 것이니까 그런 것에 제가 해답(解答)을 하기 위한 것이고, 또 일반적인 분들도 역시 알아두면 나중에 어떤 때에 공부할 때에 그냥 짚이는 것이 있게 됩니다.

오지여래(五智如來)는 부처님의 공덕(功德)을 다섯 속성(屬性)으로 구분해서 말씀한 것입니다.

오지여래란, 맨 처음에 대일여래(大日如來)·불공여래(不空如來)·미타여래(彌陀如來)·아촉여래(阿閦如來)·보생여래(寶生如來) 이와 같은 것인데 부처님은 오직 한 부처님이건만, 부처님의 공덕(功德)이 많으므로 그런 공덕을 한 말로는 다 표현할 수가 없는 것이니까 이렇게 우선 다섯 가지로 구분해서 본 것입니다.

부처님의 지혜(智慧)나 공덕(功德)은 부처님이나 도인들의 말씀입니다만 어떤 때는 인격적으로 생명적으로 무슨 여래(如來)라, 무슨 부처(佛)라 표현한 때도 있고, 어떤 때는 지혜로써 풀이한 때가 있고, 또 어떤 때는 하나의 물리학적으로 어떤 모양이다. 어떤 성품(性品)이다. 이와 같이 말한 것도 있는 것입니다.

그런데 인격적으로 표현할 때에 대일여래(大日如來)는 주로 법계체성지(法界體性智)라, 지혜로는 법계의 일체 지혜를 총체로 다 포함해 있는 것을 가리켜서 법계체성지라 합니다.

그 다음은 평등성지(平等性智)라, 모든 법의 평등한 자리를 말합니다. 이것은 불공여래(不空如來)가 의미하는 지혜인 셈이지요.

다음은 묘관찰지(妙觀察智)라, 일체 차별상이나 일체 모두를 관조(觀照)해서 아는 지혜입니다. 하여튼 과학도 알고, 수학도 알고 모두를 다 아는 지혜입니다. 이러한 일체 종종의 법을 다 아는 지혜가 묘관찰지로 미타여래(彌陀如來)의 지혜인 것입니다.

그 다음은 아촉여래(阿閦如來)의 대원경지(大圓鏡智)라, 마치 맑고 큰 거울에 만상(萬象)이 비추어 오듯이, 우리 마음 거울이 맑아서 일체 만법(萬法)이 거기에 다 비추어 오는 것입니다. 따라서 일체 만법을 다 아는 지혜입니다.

그 다음은 보생여래(寶生如來)의 성소작지(成所作智)라, 일체 모든 공능(功能)을 일체 기능(技能)을 다 할 수 있는 지혜입니다. 그야말로 참, 그림도 잘 그리고 무엇이나 재주를 다 부릴 수 있다는 말입니다. 이것이 성소작지입니다.

그러나 이렇게 구분만 했을 뿐이지, 이것이 하나의 원융(圓融)한 부처님한테 갖추어 있는 모든 지혜(智慧)입니다.

이것을 열반사덕(涅槃四德)에 대비(對比)해 보면, 대일여래는 모든 덕을 다 갖춘 총덕(總德)에 해당하고, 불공여래는 락덕(樂德)에 해당하고, 미타여래는 상덕(常德)에 해당하고, 아촉여래는 아덕(我德)에 해당하고, 보생여래는 정덕(淨德)에 해당하고 이같이 배대(配對)해서 해당을 시킬 수가 있습니다.

그리고 모양으로 한다면 대일여래(大日如來)는 공(○)에 해당하고, 불공여래(不空如來)는 반원(⌒)에 해당하고, 미타여래(彌陀如來)는 삼각(△)에 해당하고, 아촉여래(阿閦如來)는 원(○)에 해당하고, 보생여래(寶生如來)는 네모(□)에 해당합니다. 이같이 배대를 시킬 수가 있습니다.

어느 밀교(密敎) 절에 가면 탑(塔)이 있는데, 맨 처음에 네모를 놓고, 그 다음에 원을 놓고, 그 다음에는 세모를 놓고, 그 다음 반원을 놓고, 그 다음에 공의 모양을 놓은 탑이 있습니다. 이것은 대일여래삼마야신(大日如來三摩耶身)이라, 부처님의 몸을 상징적으로 나타낸 것입니다.

우리가 불법(佛法)의 제자가 되어서 절에 가서 이런 탑이 있어도 무엇인지 모르면, 그것도 한 가지 수치임에는 틀림없습니다.

물론 깨달아서 아까 말한 바와 같이 아덕(我德)을 깨달아서 다 알면 모르겠지만, 그때까지는 어느 정도 교리(敎理)를 좀 알아야 하는 것입니다. 그래야 혼동(混同)이나 혼미(昏迷)를 느끼지 않으니까 말입니다.

그리고 천지우주는 그냥 아무렇게나 질서없이 된 것이 아니라 질서정연하게 이루어진 것입니다. 지(地)·수(水)·화(火)·풍(風)·공(空) 이러한 요소가 마치 원소나 소립자같이 질서정연하게 이루어진 것이 우주입니다. 내 몸도 역시 이것으로써 이루어졌습니다. 따라서 오지(五智) 가운데는 일체 만유(萬有)가 다 들어 있는 셈이지요. 내 불성(佛性)이나 모든 진아(眞我)가 말입니다.

따라서 이러한 모습은 원(○)은 수(水)에 해당하고, 네모(□)는 지(地)에 해당하고, 세모(△)는 화(火)에 해당하고, 반원(⌒)은 풍(風)에 해당하고, 이것(○)은 공(空)에 해당하고, 여기 있는 지·수·화·풍·공을 다

합한 모양이 오지총관도(五智總觀圖)의 모양인 것입니다.

앞서 말씀한 바와 같이 물리적으로 표현하면 지·수·화·풍·공이 되는 것이고, 인격적으로 표현하면 오지여래(五智如來)인 것이고, 또는 지혜로 표현하면 오지(五智)이고, 덕(德)으로 표현하면 오덕(五德)이라 말합니다. 이같이 불교는 굉장히 과학스럽습니다.

따라서 우리가 이런 모양을 앞에 턱 놓고서 본다고 할 때 '아! 이 가운데 부처님의 덕(德)이 다 포함되어 있구나! 원, 이것은 그야말로 참, 부처님의 원만(圓滿)스러운 경계(境界)이구나! 삼각, 이것은 부처님이 일체만유(萬有)를 비추어보는 묘각(妙覺) 경계구나!' 이와 같이 하면서 공부하는 것입니다. 이것은 밀교(密敎)의 중요한 관법(觀法)의 하나입니다.

오지총관도(五智總觀圖), 또는 금강심인(金剛心印)

불심인(佛心印), 자륜(字輪), 금진골인(金塵骨印)

따라서 오지총관도(五智總觀圖)란, 부처의 총체(總體)의 지혜가 오지(五智)이므로 부처의 모든 지혜를 우리가 관찰하는 그림입니다. 이 오지총관도를 보고 있으면 자연적으로 우리가 오지여래(五智如來)가 된다는 것입니다.

또는 금강심인(金剛心印)이라, 우리의 가장 밑창인 저변(底邊) 마음의 한 가지 상징적(象徵的)인 그림이라는 말입니다.

또는 불심인(佛心印)이라, 우리 불심(佛心)의 인(印)이라는 말이요 또는 자륜(字輪)이라, 일체 글자가 다 여기서 나왔다는 말입니다. 가사, '가'자도 'ㄱ'과 'ㅏ'라, '나'자도 'ㄴ'과 'ㅏ'라, 또 아라비아 숫자도 역시 표시하고, 일체 글자가 모두 여기서 나왔기 때문에 자륜(字輪) 즉 글자 바퀴라는 말입니다.

또는 금진골인(金塵骨印)이라, 원자핵(原子核)의 상징(象徵)도 이같이 되어 있다는 것입니다. 양자(陽子)나 중성자(中性子)를 중심으로 전자(電子)가 도는 것을 총체로 합하면 이와 같은 모습으로 집약(集約)시킬 수 있다는 것입니다.

아무튼 이것이 물질이나 정신 모두의 근원적(根源的)인 상징도(象徵圖)라는 뜻입니다.

따라서 우리가 이렇게 보고 있으면 원래 우리가 오지(五智)를 갖춘 부처인지라, 원만덕상(圓滿德相)을 갖춘 부처인지라, 자기도 모르는 가운데서 우리가 부처가 되어간다고 해서 밀교에서는 이런 법으로 공부하는 법도 있습니다.

아무튼 우리는 우리 자성이 원래 부처고, 부처 가운데는 이러한 열반사덕·오지여래 모두를 다 갖추고 있음을 분명히 믿고서 하루속히 여기에 이르길 바라마지 않습니다.

석공관(析空觀)

※석공관(析空觀)…인(因)
극유진(隙有塵)…성분(成分) ⎤
우모진(牛毛塵)…분자(分子) ⎟
양모진(羊毛塵)…원소(元素) ⎬ 현계(顯界)의 욕계진(欲界塵)
토모진(兎毛塵)…전자(電子) ⎟
수진(水塵)…양핵(陽核) ⎦

금진(金塵)…원자핵(原子核)의 본질(本質) ⎤
미진(微塵)…식립(識粒) ⎬ 색계진(色界塵)
극미진(極微塵)…색구경(色究竟) ⎦

린허진(隣虛塵)…염심근(染心根) ──── 무색계진(無色界塵)

진공(眞空)

※진공묘유관(眞空妙有觀)…과(果)

다음은 석공관(析空觀)을 말씀 드리겠습니다.

우리는 '공(空)이다.'해도 공을 잘 못 느낍니다. '분명히 있는 것인데 어떻게 우리가 공(空)을 느껴.' 하고 잘 못 느끼니까 현대 분석과학(分析科學)적인 방법처럼 공을 느끼게 하는 부처님 법문이 있습니다.

이것은 부처님 당시에 부처님께서 직접 말씀하신 법문입니다. 이런 공(空)은 지금 현대적인 사람들도 역시 분석(分析)을 하고 실험을 해봐도 그걸 잘 안 믿는데, 옛날에는 어떻게 느낄 수가 있었겠습니까? 그래서 그 당시 부처님께서 이렇게 물질을 분석해나가는 법을 인용해서 공(空)을 느끼게 말씀하셨던 것입니다.

석공관(析空觀)이라, 공을 분석하는 하나의 관법(觀法)입니다.

먼저 극유진(隙有塵)이라, '틈 극'자 '있을 유' '먼지 진'자입니다. 틈에 있는 먼지라는 말입니다. 우리가 평소에는 먼지가 잘 안 보여도 태양광선(太陽光線)이 문틈으로 쭉 비쳐오면 그때는 먼지가 분명히 있는지라, 광선 따라서 먼지가 보입니다. 그 정도의 미세(微細)한 티끌, 이것이 극유진입니다.

그런 것이 현대적인 말로는 성분(成分)에 해당한다고 할 수 있습니다.

지금 부처님 당시의 경문(經文)에 있는 술어로 말씀한 것과 현대 과학적인 술어로서 약간 배대(配對)를 시켜 말씀드리는 것입니다. 그러니까 지금 우리가 과학에서 말하는 성분은 불교에서 말하는 극유진에 해당한다는 말입니다.

그 다음은 우모진(牛毛塵)이라, 마치 소의 터럭 끄트머리 정도의 작은 티끌이라는 말입니다. 그 정도의 티끌은 지금 말로는 분자(分子)에 해당합니다. 수소분자나 또는 산소분자나 그런 분자를 말하겠지요.

그 다음은 양모진(羊毛塵)이라, 마치 양 터럭 끄트머리 정도나 작은 티끌입니다. 양 터럭은 소 터럭 보다 더 작겠지요. 현재의 말로는 원소(元素)에 해당합니다.

그 다음은 토모진(兎毛塵)이라, 토끼털은 더 작으니까 전자(電子)에 해당하고,

그 다음은 수진(水塵)이라, 이것은 우리 눈으로는 볼 수는 없지만 하

나의 수소 부스러기를 말합니다. 물의 티끌이니까 수소같은 것을 의미했겠지요. 지금으로 말하면 양자(陽子)·양핵(陽核)에 해당하는 말입니다.

그 다음은 금진(金塵)이라, 이것은 원자핵(原子核)의 본질(本質)에 해당하는 것입니다. 지금 내나야, 각 물질이라고 하면 사람 몸이나 하늘에 있는 별이나 일체 만유(萬有)의 근본이 다 원자에서 나온다고 하지 않습니까. 그런데 현대과학은 원자핵의 본질을 잘 모릅니다. 무슨 소립자(素粒子) 무슨 중성미자(中性微子)를 말하지만 그 핵(核)의 본질은 모릅니다. 그런데 불교에서는 원자핵의 본질을 이미 알고서 말씀을 다 했습니다. 이것이 금진(金塵)이라고 하는 것입니다.

그 다음에 금진보다도 더 미세한 것은 무엇인가? 그것은 미진(微塵)이라, 아주 미세해서 사람 눈으로는 볼 수 없는 것입니다. 물론 금진도 사람 눈으로는 못 본다는 것입니다만 미진은 더욱 못 보는 셈이지요. 이것은 식립(識粒)이라, 우리 의식의 우리 마음의 부스러기라는 말입니다.

그 다음은 더 미세한, 극미를 이루는 미세한 요소, 이것이 극미진(極微塵)입니다.

그리고 가장 미세한 부스러기가 인허진(隣虛塵)입니다. 물질 가운데서 인허진이 제일 미세한 셈입니다. 이보다도 더는 분석을 못합니다. 이것은 불교말로 하면 비공비유(非空非有)라, 공도 아니고 또는 있지도 않다는 말입니다. 하도 적으니까 말입니다.

그 다음은 텅 빈 진공(眞空)입니다. 일체 만물은 결국은, 다 분석해 보면 나중에는 다 진공(眞空)이 되고 만다는 것입니다. 어떠한 것이나 진공(眞空)위에서 이와 같이 이루어져 있습니다.

그런데 우리가 여기에서 본다면 현계욕계진(顯界欲界塵)이라, 지금 우리 중생이 사는 나타나 있는 세계인 욕계(欲界)는 수진(水塵)까지 과학적으로 말하면 양자(陽子)까지가 욕계에 해당하는 셈입니다.

그리고 그 다음의 금진(金塵)과 미진(微塵)과 극미진(極微塵)까지 색계진(色界塵)에 해당합니다. 지금으로 말하면, 원자핵의 본질이라든가 또는 식의 부스러기인 식립(識粒)이나 또는 일체 물질의 끄트머리라는 색구경(色究竟)이나 이것은 색계진(色界塵)에 해당합니다.

우리 중생이 갔다 왔다 하는 세계가 욕계(欲界)·색계(色界)·무색계(無色界)인 삼계(三界) 아닙니까. 우리가 욕계로 갔다가 색계로 갔다가 무색계로 갔다가 그렇게 하는 것인데 우리는 지금 욕계에 있는 것입니다.

따라서 지금 우리가 받아 쓰는 것은 이러한 수진(水塵) 이상, 즉 말하자면 양자(陽子) 이상, 원자핵(原子核) 이상만 쓰는 것입니다. 우리는 그 이하 더 미세한 것은 모릅니다.

그런데 색계(色界)는 그보다도 더 미세한, 즉 말하자면 원자핵의 본질로 되어 있는 아주 미세한 소립자로 구성 되어있다는 말입니다.

또 무색계(無色界)는 그런 것도 없이 마음 부스러기만, 마음의 하나의 염파(念波)만 있다는 말입니다.

우리 중생이 물질에 너무 집착하니까 물질에 대한 욕망을 털기 위해서 이같이 분석하는 방법을 부처님께서 내세우신 것입니다.

부처님께서는 그야말로 참, 이렇게 저렇게 백방(百方)을 다해서 우리 중생한테 무상(無常)을 알게 하기 위해서 내나야 근본은 텅 빈 것인데, 텅 빈 것을 제 아무리 말해도 못 알아들으니까 분석도 해봤다가 이렇게도 해봤다가, 가지가지 종종으로 방편(方便)을 내세운 것입니다.

하여튼 우리는 그런 줄 짐작하고서 '아! 이것이 결국은 무상(無常)한 지라 얼마 안 가면 나중에는 허물어지고 만 것이다.', '아! 내나야 내 몸뚱이가 분석해 보면 결국은 이처럼 모두 원소 하나의 부스러기에 지나지 않는구나.' 이렇게 느끼면서 집착을 털어야 한다는 말입니다.

이렇게 우리가 원인(原因)으로서는 각 물질을 분석하는 석공관(析空觀)으로 해서 결국 나중에는 진공묘유(眞空妙有)라는 것입니다.

텅 비어 있지만, 결국은 다만 비어 있지[但空]가 않은 묘유(妙有)입니다. 진공(眞空) 가운데 일체 만덕(萬德)이 다 갖추어져 있는 결국은 묘유(妙有)가 있다는 말입니다.

공(空)만 있으면 그때는 불교가 안됩니다. 공은 다만 공[但空]이 아니라, 참다운 영원적인 유(有) 영원적인 행복스런 열반사덕(涅槃四德)이 있는 것입니다. 이것이 있어야만이 비로소 불교입니다.

따라서 우리가 이같이 분석하는 의도(意圖)는 먼저 허망(虛妄)한 물질을 분석해서 허망하지 않는 영생(永生)으로, 변치 않는 참다운 묘유(妙有), 참다운 나[眞我], 참다운 열반(涅槃) 그러한 것을 얻기 위해서 하는 것입니다.

즉 말하자면, 인(因)으로 해서는 석공관(析空觀)을 써서 과(果)로 해서는 진공묘유(眞空妙有)를 우리가 증(證)한다는 말입니다.

오늘은 이렛날이고 내일 아침에는 해제(解制)가 됩니다. 그래서 오늘 밤에 한 차례나 더 법문을 할 셈입니다.

저는 여러분들이 일주일동안에 대체로 빼놓지 않고 들으신다면 '참선은 무엇이다.', '불교는 어떤 것이다.' 이런 것을 세밀히는 모른다 하더라도 어느 정도 다소 윤곽 정도는 짐작하리라 생각하고 말씀을 드리는 것입니다.

그러나 여러분들께서 빠지시기도 하고, 중간에 오시기도 하면, 먼저 말한 것과 줄거리가 안 서서 알기가 참 곤란스럽기도 할 것입니다.

그러나 사부대중(四部大衆)이 모인지라, 인연(因緣)이 할 수가 있습니까?

오늘 밤과 내일 아침까지 해서 이제 대체로 이번 삼동(三冬) 용맹정진에 하고자 하는 부처님 법문을 끝을 맺도록 하겠습니다. 오늘은 이대로 그치겠습니다.

9. 삼계 해탈(三界解脫)

삼계(三界)의 초월(超越)

부처님께서 아난존자를 데리고 길을 가셨습니다. 그때 어느 고총(古塚)앞을 지나시다 고총을 향해서 합장배례를 하셨습니다. 그러니까 아난(阿難)존자가,

"세존이시여! 그것은 무주고혼(無主孤魂)의 고총이온데 어째서 절을 하십니까?"

이렇게 부처님께 여쭈니 부처님 말씀이,

"과거 숙세(宿世)의 어느 생(生)엔가 몇 백세 전에 내 부모님의 무덤이니라." 하셨다는 말입니다.

우리는 보통 무슨 사람 뼈가 있고 어떠한 묘(墓)가 있으면, 우리와는 아무 상관이 없다고 생각합니다. 그러나 따지고 보면 그렇지가 않습니다. 비록 금생(今生)에 또는 전생(前生)에 또는 바로 그 전생에 자기 부모는 아니라 할지라도 그 몇 생 전, 몇 백생 전에는 우리 부모 또는 형제간 관계의 무덤이라 생각할 수 있는 것입니다.

불경(佛經)에 보면, 우리가 과거 숙세의 누겁(累劫) 동안에 오랜 동안 살아오면서 우리가 죽고 살고 한 뼈를 모으면 가장 높고 방대한 산인

수미산(須彌山)보다도 뼈무더기가 더 많다는 말씀도 하셨습니다.

이같이 우리는 무수(無數)한 동안 죽고 살고 생사(生死)를 거듭해왔던 것입니다. 그러한 생사를 거듭한 곳이 어느 곳인가 하면, 바로 삼계(三界)입니다.

우리는 지금도 역시 삼계내에서 살고 있고, 과거 무수생(無數生)동안 삼계를 지내왔고, 미래의 무수생 동안 또 삼계내에서 헤매야 하는 것입니다.

경(經)에 보면 '삼계여객사(三界如客舍)하니 일심시본거(一心是本據)라.' 삼계는 마치 객사(客舍)와 같은 것, 여관집이나 같으니 이 한 마음 이것이 본 고향이라는 말입니다. 우리가 사는 곳은 하나의 객사에 불과합니다. 잠시간 왔다 가는 곳입니다.

우리는 지금 어디에 있는가? 이러한 것을 우리가 짚기 위해서 지금 삼계를 말씀하는 것입니다.

더러, 사람들은 "인간은 만물의 영장(靈長)이다." "불교는 인본주의(人本主義)니까 사람이 제일 높다." 이렇게 말씀합니다만 그렇지는 않습니다. 우리 사람은 삼계라 하는 죽었다 살았다 윤회하는 가운데, 저 밑 아래에 존재합니다. 삼계에는 욕계(欲界)·색계(色界)·무색계(無色界)가 있는데 우리는 삼계 가운데서 제일 밑인 욕계에 있습니다.

따라서 우리는 이 삼계를 넘어서 성불(成佛)로 가려면 아득한 길입니다. 우리는 모든 문제를, 자기 위치를 확실히 알지 못하면 자기 위치를 벗어날 수가 없습니다.

'나'란 지금 대체로 어떤 곳에 있는 것인가? 나의 업장은 어떠한 것이 무거운 것인가? 우리는 지금 아무리 큰소리 친다 해도 역시 욕계 가운데서 식욕(食慾), 또는 잠욕[睡眠慾], 성욕(性慾) 기타 그런 욕심으로 우리는 칭칭 감겨있는 것입니다.

욕계도 또한 지거천(地居天)·공거천(空居天)이 있습니다.

조금 번쇄(煩瑣)합니다만, 우리가 사는 곳이니까, 우리가 필경 거쳐야 할 그런 처소(處所)니까 알아두고서 그때그때 짐작하면 되지 않겠습니까.

지거천(地居天)이란, 우선 땅 기운을 불교말로 하면 지진(地塵)을 미처 못 떠난 곳입니다. 가사 하나의 별이라 하더라도 토성(土星)이나 북두칠성(北斗七星), 그런 별들은 우리 지구와 마찬가지로 땅 기운을 미처 못 떠난 곳입니다.

그리고 공거천(空居天)이란, 땅 기운을 떠난 보다 더 순수한 세계를 말하는 것입니다. 같은 별도 수성(水星)이나 금성(金星)이나 그런 별이 되겠지요.

아무튼 이런 너무 복잡한 문제는 더 이상은 말씀을 않기로 하고, 이러한 지거천 가운데서 즉, 땅 기운을 미처 못 떠난 하늘 가운데에 또 사왕천(四王天)이나, 도리천(忉利天), 또는 수야마천(須夜摩天)의 하늘이 있습니다.

또 이러한 사왕천 가운데 저 밑에 가서 네 군데 처소가 있는데, 동지국천(東持國天)·남증장천(南增長天)·서광목천(西廣目天)·북다문천(北多聞天)이 있습니다. 이 가운데 남증장천 밑에 가서 남섬부주(南贍浮州)라, 여기에 우리 인간이 있습니다. 가장 밑인 여기에 있는 것입니다.

우리는 그런 가운데서 너무나 잘난 척해서는 아만심(我慢心)이 되겠지요. 우리는 그런 가운데에 겨우 남증장천 밑에 가서 우리 인간이 지금 살고 있다는 말입니다.

부처님 어머님께서 부처님 어머니이니까 역시 업장(業障)도 가벼웠겠지만, 또 내나야 부처님 덕으로 해서 겨우 도리천(忉利天)에 올라가셨던 것입니다. 부처님께서 열반에 드실 때는 도리천에서 천녀(天女)를 데리고 내려와서 부처님의 열반을 슬퍼하셨습니다.

어떤 사람들은 부처님께서는 부모도 모르고 세속적인 것을 다 무시했다고 말을 합니다만, 부처님은 굉장히 효성(孝誠)이 지극하셨습니다. 아버님께서 돌아가셨을 때는 부처님께서 몸소 자기 동생들을 거느리고 아버지의 관을 앞에서 들고 운반했습니다. 어머니가 돌아가신 뒤에, 어머니께서 미처 업장이 무거우니까 어머니의 업장을 녹이기 위해서 도리천에 올라가셔서 삼개월 동안 천중(天衆)인 하늘 사람들을 교화하면서 어머니를 위해 설법했습니다.

그리고 또한 부처님께서 열반하실 때에 어머니께서 천녀들을 거느리고 오시니까 관에 누워계신 부처님께서 벌떡 일어나셨던 것입니다. 삼계대도사(三界大導師)이신 부처님께서 어머님이 오시니까 관에서 일어나 합장하고 맞이했던 것입니다. 역시 모자(母子)의 정은 지극한지라 어머니께서 슬픔을 금할 수 없어 눈물을 흘리며 흐느끼고 계시니까 부처님께서 "어머니이시여, 한번 남이 있는 것은 반드시 다시 죽음이 있는 것입니다. 어머니께서는 무상(無常)을 생각하시고 슬픔을 거두세요." 이렇게 위로하니까, 어머니께서는 그때서야 비로소 눈물을 거두시고

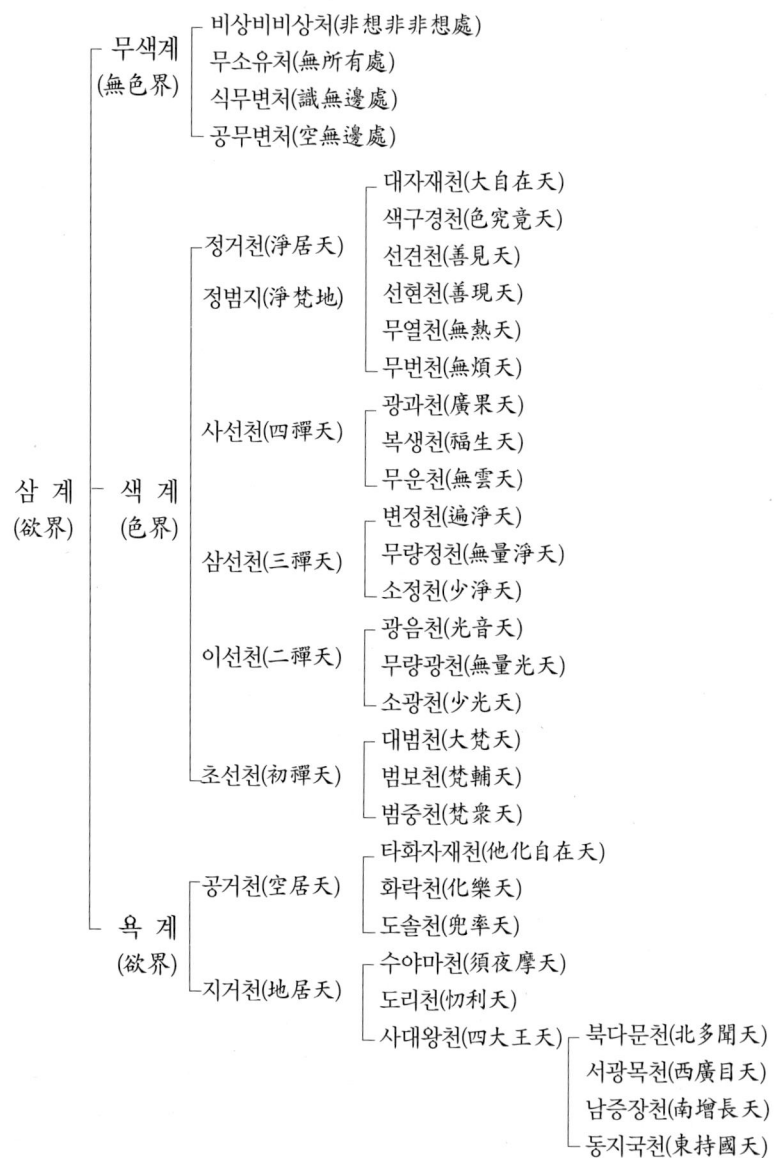

방긋이 미소를 지으셨다는 것입니다. 이렇게 해서 어머니를 제도하셨습니다. 이렇게 부처님께서는 효성이 극진하신 분입니다.

따라서 우리 불가(佛家)에서는 자식도 무시하고 부모도 무시하고 가정도 무시한 것이 아닙니다. 보다 더 높은 차원에서 효성도 하고 또는 자식을 위하기도 하는 것입니다.

그런데 우리 중생은 그런 욕심도 내나 욕심의 뭉치가 이런 욕계 아닙니까만, 이렇게 올라갈수록 차근차근 줄어갑니다. 물욕(物慾)이나 남녀 이성간 욕심이나 차근차근 줄어갑니다. 그래서 색계(色界)에 올라가려면, 욕심이 끊어져 버려야 색계에 올라가는 것입니다. 아무리 발버둥쳐도 욕심이 안끊어지면 색계에는 못 올라갑니다.

그리고 욕계내에서는 중생같은 이런 몸은 못 벗어납니다. 조금 더 무겁고 가볍고, 차이는 있다 하더라도, 이런 몸뚱이는 못 벗어납니다.

색계(色界)에 올라가서야 비로소 이런 몸뚱이를 벗어나 광명(光明)으로 몸을 삼습니다. 색계에 올라가면 그때는 광명이 몸이 됩니다. 말을 하지 않고 그냥 가만히 있더라도 이심전심(以心傳心)이라, 마음이 통해서 서로 말도 하는 것입니다.

그리고 무색계(無色界)에 올라가면 몸은 전혀없이 다만 마음만 존재합니다. 마음만 깊은 선정(禪定)에 들어 있는 것입니다.

선정(禪定)의 깊이와 낮음 따라서 이와 같이 높고 낮은 천상(天上)의 구분이 약간 있을 뿐입니다.

우리가 사는 천지, 지구나 천체는 나중에 천지우주가 무너지는 괴겁(壞劫) 때가 오면 욕계는 다 무너지고 만 것입니다. 욕계는 무너지고 다만 광명으로 된 색계·무색계만 남으나, 색계도 역시 초선천·2선천·3선천 이런 것은 어느 정도 다 침륜(沈淪)되고, 다만 사선천(四禪天) 이상만 영원히 존재합니다. 우주가 텅 비어서 공겁(空劫)이 된다 하더라도 4선천 이상은 그대로 존재하는 것입니다.

그렇게 있다가, 나중에 공겁이 지나가서 다시 우주가 구성될 때에는 천상에서 내려와서 이것 되고 저것 되고 한다는 것입니다. 부처님 법문에는 그런 것이 다 세밀히 나와 있습니다.

태초에 인간이 이런 하늘 가운데 광음천(光音天)에서 지구(地球)로 맨 처음에 올 때는 그냥 비행자재(飛行自在)라, 몸이 광명의 몸이니까 마음대로 비행도 합니다. 그렇게 해서 지구에 내려와서 지구의 거치러운 것을 맛봄에 따라서 그것에 걸려서 차근차근 몸이 더러워지고 무거워지니까 다시 하늘에 올라갈 수가 없어서 울고불고 하지만 그때는 할 수 없다는 것입니다. 이런 저런 과정들이 부처님 경전에는 소상(昭詳)히 말씀되어져 있습니다.

따라서 우리는 지금 남섬부주(南贍浮州)라 하는 데에 업장(業障) 많은 중생이 되어있는 관계상, 우리가 안다는 것은 남섬부주의 업장을 둘러 쓴 것 밖에는 모르는 것입니다.

가사 우리가 업장이 좀 가벼워서, 좋은 일을 많이 해서 색계에 태어났다고 하면 그때는 천지우주를 훤히 다 볼 수가 있는 것입니다. 그때는 천안통(天眼通)을 하니까 말입니다.

우리가 보다 더 닦아서 무색계의 공무변처(空無邊處)에 태어났다고 하면, 그때는 천지우주를 모두가 다 텅 비게 보는 것입니다. 천지우주를 다 공(空)으로 본다는 말입니다. 더 올라가서, 우리가 더 닦아서 다행히 식무변처(識無邊處)에 있다고 하면 천지우주를 전부 다 식(識)의, 마음의 존재로만 보는 것입니다.

이와 같이 우리가 보는 견해는 그때그때 우리가 어느만치나 가서 있는가, 어느만치 올라가 있는가에 따라서 차이가 있는 것입니다. 이러한 데서 우리는 자기가 아는 것, 우리 인간이 아는 것에 대해서, '이것이 허망(虛妄)하다.', '이것이 망령된다.' 하고 느껴야 한다는 말입니다.

즉 다시 말하면 삼계에 있는 '나'다 하는 것은 망아(妄我), 망령된 나에 불과합니다. 참다운 진짜 '참 자성(自性)', '부처의 나'가 못 되는 것입니다.

삼계를 초월(超越)한 뒤에 참다운 실상(實相)을 증명(證明) 해야만이 '참다운 나'인 것입니다. 그래야만 모든 것을 바로 볼 수가 있는 것입니다.

그러기에 아까 제가 허두(虛頭)에 말씀마따나, 삼계여객사(三界如客舍)라, 비록 높고 낮은 차이는 있다 하더라도 삼계 이것은 결국 객사와 마찬가지고 다만 자성(自性), 불심(佛心) 그것만이 시본거(是本據)라, 영원히 변치않는 자기의 집이라는 말입니다.

우리는 지금 그러한 삼계를 비약적으로 초월해서 본집인 부처한테 가기 위해서 공부를 하는 것입니다. 또한 이러한 삼계를 초월하는 가장 지름길이 참선(參禪) 아닙니까.

여기에 따르는 여러 가지 복잡한 설명이 많이 있습니다만, 전문적인 시간이 아니니까 여기서는 그냥 넘어가기로 하고 공부하는 분들은 나중에 더 세밀히 공부하시기 바랍니다.

구해탈(俱解脫):혜해탈(慧解脫)과 정해탈(定解脫)

우리 공부가 이제 시작하자마자 그냥 공부가 탁 틔어서 삼계(三界)를 마구 뛰어넘으면 좋겠습니다만 그렇게 쉽게는 안됩니다. 업장(業障), 이것이 굉장히 끈기가 있어놔서 잘 안 떨어지는 것입니다. 우리가 해보면 짐작이 안 됩니까. 이것저것 다 뿌리치고 우리같이 스님네가 되어도 역시 망상(妄想)은 자꾸만 일어납니다. 하물며 일상생활에 계시는 분들은 망상을 떼기가 참 어려운 것입니다.

그러기 때문에 우리가 성불까지 가는 길목을 잘 모르면 그때는 헤맵니다. 가사 안성에서 서울 가는데 서울도 미처 못가서, 잘 못 알아가지고 서울이라 하면 그때는 큰 탈입니다.

근래에는 그런 경우가 많이 있었습니다. 다시 말하면 성불(成佛)의 지위, 견성오도(見性悟道)의 지위도 미처 못 가 놓고서 그냥 길목을 잘못 알기 때문에 '내가 지금 견성했다. 내가 도인이 되었다.'고 함부로 말하는 것입니다. 이렇게 되면 자기도 허물을 범하는 것이고 또 많은 중생을 사기(詐欺)하는 것입니다.

불경(佛經)을 보면 사기 가운데서 가장 큰 사기가 무엇인가 하면, 진리의 사기입니다. 진리의 사기가 제일 무서운 사기입니다. 만일, 우리 출가한 스님네가 미처 도(道)를 모르면서 알았다고 하면 그 죄가 제일 무서운 것입니다. 그때는 승복(僧服)을 빼앗기고 쫓겨나야 하는 것입니다. 그런데 근세(近世)에는 그런 예가 허다하게 있는 것을 우리는 알고 있습니다. 그런 것은 우리 범부가 성불까지 가는 길목을 모른다는 말입니다.

부처님 당시에도 길목을 몰라가지고 헤맨 사람이 많았습니다. 그런데 현대와 같이 참다운 도인들이 없는, 없다고 하면 어폐(語弊)입니다만 참다운 도인이 있을까 말까 하는 그런 희소(稀少)한 때에 있어서는 길목을 잘 몰라서 헤매는 경우가 굉장히 많은 것입니다.

그런 의미에서 부처님 경전 따라서 말씀을 드리는 것입니다.

구해탈(俱解脫)
1. 혜해탈(慧解脫)…일체법(一切法)이 본래청정(本來淸淨)하고 평등일미(平等一味)하여 일체공덕(一切功德)을 구족(具足)함을 신해(信解)함
2. 정해탈(定解脫)…선정해탈(禪定解脫)

해탈(解脫)이라, 우리 목적은 해탈인데 해탈 가운데는 혜해탈(慧解脫) 또는 정해탈(定解脫)이 있습니다.

혜해탈은 그냥 이치(理致)로만, 비록 자기가 체험(體驗)은 미처 못했지만 이치로는 '본래 부처다.', '본래 부처니까 일체 번뇌가 없고 일체 모든 공덕을 갖추고 있다.'고 믿고 아는 것입니다.

물론 석가모니 부처님께서 안 나오셨으면 우리가 모르겠습니다만, 석가모니 부처님과 그 뒤의 무수한 도인들 덕택으로 해서, 내가 지금 체험해서 부처는 못 되어 있다 하더라도, 부처님 말씀에 의지하면, '본래 부처다.', '본래 부처니까 나한테는 일체 공덕이 다 갖추어 있다.', '석가모니 마음과 내 마음이 둘이 아니다.' 또는 '천지우주는 모두가 부처 아

님이 없다.' 이와 같이 딱 느끼는 것입니다. 이것이 혜해탈입니다.

혜해탈(慧解脫)도 역시 의심쩍은 사람들, 의심이 많은 사람들, 업장이 무거운 사람들은 좀체로 납득이 안 갑니다. 그러나 업장이 가벼운 사람들은 다시 말하면 마음이 불성(佛性)과 거리가 별로 안 먼 사람들은 척 느끼는 것입니다.

평생에 불경(佛經)만 보고 강사(講師)생활을 했다 하더라도 업장이 무거운 분들은 혜해탈을 잘 못 합니다. 그러니까 불경해석을 잘못하는 것입니다. 그러나 참선도 하고 염불도 많이 하신 분들은 별로 학문을 많이 안 배웠다 하더라도 그냥 척 들으면 '아 그렇구나.' 하고 느끼는 것입니다.

'비록 내가 지금 부처는 못되었다 하더라도, 부처님 말씀은 거짓말이 아니고 또, 도인들 말씀은 부처님 말씀을 다 증명한 말씀인지라, 거기에 의지하면 본래 부처다.', '본래 부처니까 비록 내가 지금 범부라 하더라도 나한테는 일체 공덕이 다 갖추어 있다.' 이렇게 딱 믿고, '천지우주는 부처 아닌 것은 아무 것도 없다, 한 가지도 버릴 것이 없다.'고 느끼는 것입니다.

우리는 나쁜 사람이나 부정적인 사태(事態)를 보면 '저것은 못쓴다.' 하고 그것을 제거(除去)하려고 애씁니다. 그러나 바로 보면 천지우주는 가사 개미 새끼 한 마리만 없어도 그때는 부처가 못되는 것입니다. 징그러운 독사 한 마리만 없어도 그때는 부처가 못되는 것입니다. 어느 한 가지도 모두가 다 부처 밖에 있는 것이 없습니다. 우리 중생이 다만 어두워서 자꾸만 구분을 세우는 것입니다.

죄(罪)는 무엇인가? 천지가 오직 하나의 부처뿐인 것인데 둘로 보고 셋으로 보는 그것이 죄입니다. 그것이 죄의 근원(根源)입니다.

우리는 일승적(一乘的)으로, 대승적(大乘的)으로 문제를 판단해야 합니다. 방금 말씀마따나, 바로 보면 천지우주는 하나의 평등무차별(平等無差別)의 부처뿐인 것입니다. 그런데 중생이 바로 못 보니까 둘로 셋으로 구분하고, 이원적(二元的)·삼원적(三元的)으로 생각하는 것입니다.

그와 같은 것을 최파(摧破)하고서 '오직 천지우주는 하나의 부처뿐이구나.', '내 자성(自性)은 부처구나.', '내 자성 가운데는 일체 공덕이 다 갖추어 있구나.' 이렇게 딱 믿으면 그것이 혜해탈(慧解脫)입니다.

공부를 이렇게 하고 들어가야 공부가 빠릅니다. 그래야 참선(參禪)입니다. 우리가 주문을 하든 하나님을 부르든, 그것은 상관이 없습니다. 그 부르는 것이 문제가 아니라 우리 마음 자세가 혜해탈(慧解脫)이 되면 그때는 참선인 것입니다.

우리가 이슬람교인이 되어서 알라신을 부를망정 상관이 없습니다. 그것은 오직 우리 마음자세가 '내 마음 본바탕이 절대적인 부처고, 천지우주가 부처 아님이 없다.' 이렇게 딱 믿으면 그것이 벌써 참선하는 자세인 것입니다.

그런데 지금 사람들은 '화두(話頭) 아니면 참선이 아니다 또는 묵조(默照) 아니면 참선 아니다.'고 하는 것은 너무나 협소(狹小)한 마음인 것입니다.

오직 문제는 마음자세가, 마음이 불심(佛心)을 안 떠나면 그때는 참선인 것입니다. '나무 묘우호우렌게교'를 부르건 무엇을 부르건 그때는 상관이 없습니다. 이렇게 해서 먼저 혜해탈이 딱 된 뒤에는 비록 내가 본래 부처라 하더라도 당하(當下) 부처가 아직은 못된 것이니까, 정작 부처가 되기 위해서 우리가 참선도 하고 염불도 하는 것입니다.

그렇게 해가지고서 우리 업장의 종자(種子)를 녹여야 합니다. 우리 마음의 잠재의식에는 과거 무수생(無數生)부터 지어내려온 업장이 누덕누덕 끼어 있습니다. 그것을 녹여야 정작 정말로 부처가 된다는 말입니다.

우리가 부처마냥 신통(神通)을 합니까? 무엇을 합니까? 우리는 아무 것도 못합니다. 이런 것은 우리가 본래 부처인 줄을 느끼기만 하였지 아직은 업장을 녹여서 정작 참다운 부처가 못되었으니까 우리는 아무런 재주도 못 부리는 것입니다.

그러나 오랫동안 공부해서 참선도 하고 염불도 해가지고서 업장이 녹아지면 그때는 삼명육통(三明六通)을 다해서 석가모니와 같이 기기묘묘(奇奇妙妙)한 여러 가지 공덕(功德)을 다 부리는 것입니다.

그와 같이 참선과 염불로서 정작 우리의 업장을 녹여서 참다운 부처가 되는 것, 그것이 정해탈(定解脫)입니다.

따라서 도인(道人)이라면 혜해탈(慧解脫)과 정해탈(定解脫)을 겸해야 참다운 도인인 셈이지요.

이렇게 하기 위해서는 어떻게 해야 하는 것인가? 그것이 해탈의 과정입니다.

해탈(解脫)의 과정(過程)

1. 사가행(四加行):사선근(四善根)

①난법(煖法)…명득정(明得定)…전자(電子)

②정법(頂法)…명증정(明增定)…양핵(陽核)

③인법(忍法)…인순정(印順定)…양핵(陽核)

④세제일법(世第一法)…무간정(無間定)…원자핵(原子核)의 본질(本質)

2. 사선정(四禪定):사선천(四禪天)

①초선정(初禪定)…희락지(喜樂地):리생희락지(離生喜樂地)

②이선정(二禪定)…정생희락지(定生喜樂地)

③삼선정(三禪定)…리희묘락지(離喜妙樂地)

④사선정(四禪定)…사념청정지(捨念淸淨地)

3. 멸진정(滅盡定)…일체번뇌습기(一切煩惱習氣)를 멸진(滅盡)하는 삼매(三昧)

※사선정(四禪定)은 정도(正道)와 외도(外道)가 공수(共修)하나, 멸진정(滅盡定)은 정도(正道):성도(聖道)에 한(限)함.

그 해탈 과정의 처음이 사가행(四加行) 또는 사선근(四善根)이라 합니다. 물론 이러한데 있어서 그냥 비약적(飛躍的)으로 한 걸음 두걸음 안 밟고서 마구 올라가는 분도 있고, (그 분은 업장도 가볍고, 영리하고 총명하겠지요) 또는 점차로, 단계적(段階的)으로 밟아가는 분도 있고, 또는 전(前)의 단계를 무시하고서 띔뛰기로 마구 뛰어가는 분도 있고, 그와 같이 구구한 것입니다. 그러나 우리는 지금 뭐라해도 말세(末世)에 와 있습니다. 말세라는 것은 오탁악세(五濁惡世)라는 말입니다. 여러 가지 혼탁(混濁)으로 굉장히 오염(汚染)된 현세(現世)에 와 있습니다.

따라서 우리는 그냥 비약적으로 성불은 도저히 불가능합니다. 역시 한 단계 한 단계 올라가야 하는 것입니다.

성불로 올라가는데 있어서 맨 시초의 올라가는 단계가 사가행(四加行), 다른 말로는 사선근(四善根)으로 착한 뿌리를 많이 심어야 합니다.

이런 것을 알지 못하면 참선할 때에 가사 혼자 토굴에서 백일 동안이나 얼마동안이나 하는 경우에 어떤 경계(境界)가 나오면 그냥 헤매어 버립니다. 그렇게 되면, 파뜩 마음만 개운하면 '다 되었구나.' 하고 아만심(我慢心)을 내어서 함부로 그냥 도인으로 행세하는 것입니다.

우리가 애써서 공부하다 보면 그냥 맑아와서 마음도 개운하고 몸도 가볍게 됩니다. 등골도 시원하고 눈도 시원하고 그리고 오래 앉아도 별로 피로도 못 느끼고서 잘 나갈 때에, 불교말로 성성적적(惺惺寂寂)할 때에, 혼침(昏沈)도 안 오고 어떠한 분별망상(分別妄想)도 줄어지고 말입니다. 분별망상이나 혼침은 다 개운하지 않으니까 나오는 것입니다. 우리가 개운하고, 쾌적(快適)하고, 상쾌할 때는 그게 줄어지는 것입니다.

그러나 찌뿌득하고 그야말로 빡빡할 때는 자꾸만 망상이 나오고 혼침이 꾸벅꾸벅 오는 것입니다. 그런데 이런 것이 떨어지고서, 물론 다는 안 떨어졌다 하더라도, 우선 개운해 가지고서 마치 자기 몸이 전류에 감전(感電)된 기분으로 짜르르 해올 때가 있습니다. 눈도 깜박거려지고 말입니다. 이런 때가 이런 것이 맨 처음 난법(煖法)입니다.

난법이란 그런 법상(法相)만 나와도 그때는 별로 피로를 모르는 것입니다. 그러니까 우리는 염불을 하든 화두를 들든간에 애쓰고서 하다보면 문득 이런 때가 온다는 것입니다.

이렇게 되어야 비로소 이것이 명득정(明得定)이라, 마음지평이 열려서 훤하니 마음이 툭 트인다고 해서, 이것이 밝음을 얻은 참선이라는 말입니다.

이러한 것은 지금 물리학적인 술어로 배대(配對)를 한다면 전자(電子) 정도로나 맑아있다는 말입니다. 지금은 우리가 물질에 딱 얽매인 것인데 공부를 하다보면 우리 마음은 이와 같이 훤히 맑아오고 우리 몸을 구성한 구성요소인 물질 역시 전자 정도로나 정화되어 온다는 말입니다.

그 다음에 더 공부를 하다보면 정법(頂法)이라, 우리 마음의 욕심이 줄어져서 욕계정천(欲界頂天) 즉, 욕계를 거의 벗어날 단계에 오는 것입니다.

그러면 그때는 명증정(明增定)이라, 시원하고 밝은 마음이 더 증가되어 옵니다. 물리적인 말로 하면 양핵(陽核)이라 즉, 양자나 그런 정도로 우리가 정화되어 온다는 말입니다. 이런 것은 우리가 공부할 때에 알아 두면 헤매지 않고 혼동을 느끼지 않습니다.

그 다음은 인법(忍法)이라, 이런 때는 심월(心月)이라, 우리 앞에 마음달이 부옇게 비쳐오는 것입니다.

그러나 공부할 때에 나오는 것은 허상(虛像)과 법상(法相)이 있습니다. 괜히 헛된 망상이 나올 때가 있는 것이지만, 법상은 허망한 것이 아니다. 법상(法相)은 몸도 마음도 시원스런 때에 나오는 심월(心月) 곧, 마음 달같은 것입니다. 법상이 한번 나오면 그때는 공부에 후퇴가 전혀 없지는 않지만 별로 없는 것입니다. 그러면 환희심과 행복감이 자기 마음에 충만해 오는 것입니다. 몸도 개운하니 시원하고 웬만한 병은 다 물러나고 말입니다. 원래 병이란 것은 우리 마음이 정화가 안 되어서 피가 맑지 않으니까 생기는 것입니다. 몸과 마음이 둘이 아닌지라 피가 맑아지고 마음이 정화되면, 따라서 병도 물러가는 것입니다. 몸과 마음은 절대로 둘이 아닌 것입니다.

그 다음은 세제일법(世第一法)이라, 이것은 욕계에서는 가장 제일인 법이라는 말입니다. 비록 아직 도인은 미처 못되었다 하더라도 세간에서는 제일 수승(殊勝)한 자리에 올라갔다는 뜻입니다. 이것을 다른 말로 하면 무간정(無間定)이라 합니다. 우리 공부하는 분들은 비록 도통(道通)은 미처 못해서 무간정까지는 못갈 망정 그래도 사람 몸으로 태어났으니까 꼭가야 하는 것입니다.

무간정(無間定)이란, 우리 마음이 딱 모아져서 잡념이 사이에 낄 수가 없다는 말입니다. 무간정 밑의 단계에서는 조금 시원스럽기도 하고 기분은 좋으나, 그때그때 잡념 때문에 방해를 받지만, 무간정은 마음이 일심(一心)으로 딱 모아지니까 잡념이 사이에 낄 틈이 없는 것입니다.

사람 마음 참, 기묘한 것입니다. 닦으면 부처가 되는 것이고 못 닦으면 결국은 밑에 가서 별 몸을 다 받는 것입니다. 따라서 이러한 길목이 다 있는 것이니까 우리는 부처님 법을 만났을 적에 길목 따라서 행하지 않으면 사람된 본의(本意)가 없습니다.

우리는 이제 한사코 참선·염불로 해서 명득정(明得定)이라, 밝음을 통해서 훤히 트이는 그 정도 또는 명증정(明增定)이라, 밝음이 더 증가되어서 천지우주 광명이 나한테 비추어 오는 그런 기분으로 있는 상쾌한 때, 조금 더 올라가 인순정(印順定)이라, 마음에서 달이 비추는 그런 때, 더 올라가서 일체 잡념은 사이에 안 끼고서 오직 청정한 생각만 이어가는 무간정(無間定)으로 가야하는 것입니다. 이런 때의 행복이란 무엇에도 비교할 수가 없는 것입니다. 여기까지가 물리학적인 술어로 말하면 원자핵(原子核)의 본질(本質)이라 곧, 물질의 가장 근원(根源)이 되는 셈입니다.

이렇게 해가지고서, 마음이 열려서 심월(心月)이, 부옇게 보인 마음 달이 훤히 트인 금색광명의 해로 변화하는 단계가 초선천(初禪天)입니다.

이렇게 되면 범부성(凡夫性)은 차근차근 초월(超越)해 가는 셈이지요. 아까 말씀드린대로, 색계(色界)에 태어나는 셈입니다. 몸은 비록 사람 몸일망정 자기 마음은 벌써 하늘에 있는 천상인간 곧, 색계에 태어난 셈입니다.

이때는 희락지(喜樂地) 곧, 이생희락지(離生喜樂地)라, 욕계의 더러운 생을 떠나서 참다운 기쁨과 안락을 맛본다는 경계입니다.

지금 우리가 아는 재미나 그런 욕계 행복은 너무나 찰나 무상(無常)한 것이고, 참다운 행복은 욕계의 오욕락(五欲樂)을 떠나서 영원적인 희락(喜樂)을 맛볼 때가 참다운 행복인 것입니다.

마하가섭(摩訶迦葉, Mahākāśyapa)은 두타제일(頭陀第一)이고, 부처님의 제일가는 제자 아닙니까. 이 분은 굉장히 근엄한 분으로 평생 동안에 잘 웃지도 않는 분인데, 이런 분도 역시 희락지가 나올 때 그냥 너울너울 춤을 추고 기뻐했다는 것입니다. 따라서 그 기쁨이 얼마나한가를 우리가 짐작할 수 있습니다.

이같이 이런 데에 올라가면 올라갈수록 우리 행복은 더 증장됩니다. 어째서 그런가 하면, 원래 불성·자성은 행복의 덩어리이기 때문입니다. 원래 부처라는 것은 행복과 지혜와 모든 공덕을 다 갖춘 것입니다. 따라서 부처 경지에 접근될수록 우리 행복은 더욱더 증가되어 온다는 말입니다.

이생희락지(離生喜樂地)라, 욕계의 생을 떠나서 그야말로 희락을 맛본다는 경계인데, 그 기쁨이나 즐거움이 더하기도 하고 덜하기도 하는 것입니다.

따라서 그 다음은 정생희락지(定生喜樂地)라, 선정으로서 잠잠한 행복이 온다는 말입니다. 그때는 기쁨이 정착(定着)되어서 후퇴없는 기쁨이 오는 것입니다. 이것이 이선천(二禪天)입니다.

그 다음 삼선천(三禪天)이란 이희묘락지(離喜妙樂地)라, 우리 마음의 거치러운 기쁨을 떠나서, 묘락(妙樂) 곧, 신묘한 안락을 받는다는 것입니다.

그 다음 사선정(四禪定)인 사선천(四禪天)은 사념청정지(捨念淸淨地)라, 기쁘고 무엇이고 다 떠납니다. 기쁨도 역시 한가지 번뇌임에는 틀림없습니다. 비록 우리 중생경계(衆生境界)에 비해서는 좋다 하더라도 역시 기쁨이나 그런 것은 상(相)이니까 하나의 번뇌입니다. 따라서 이때는 벌써 사념청정지(捨念淸淨地)라, 생각을 다 떠나서 오직 청정한 자리에만 머문다는 말입니다. 이렇게 되어야 이제 선정(禪定)에서 가장 높은 자리에 오른 셈입니다. 여기까지 올라오면 그때는 신통(神通)을 다 하는 것입니다.

우리가 근래에 신통하는 분들이 안 나오는 것은 무엇인가 하면, 여기까지 공부가 미처 미달해 있다는 말입니다. 이렇게 하려면 역시 오랫동안 염불삼매(念佛三昧)나 또는 화두삼매(話頭三昧)의 공부를 해야 하는 것입니다. 그런데 또 여기까지 올라왔다 하더라도 선정에는 비록 높은 지위에 올라왔지만 아직은 당하(當下) 도인은 못됩니다. 어째서 못 되는가 하면, 여기까지 올라와서 선정은 깊다 하더라도 나라는 아상(我相) 뿌리를 미처 뽑지 못했다는 말입니다. 제 아무리 공부가 되고, 학식이 많고, 또는 참선을 많이 했다 하더라도 나라는 아상(我相)을 미처 못 뽑으면 도인은 못되는 것입니다.

그래서 그 다음은 아상의 뿌리를 뽑는 멸진정(滅盡定)이라, 우리 번뇌의 종자를 마저 다 뽑아버린다는 말입니다. 일체 번뇌 습기(習氣)를 다 멸진(滅盡)한 삼매라는 말입니다. 멸진정에서 '나'라 하는 아의 뿌리, 범부의 뿌리를 뽑아야 비로소 성자(聖者)입니다.

여기에서 앞에 있는 사선정(四禪定)은 정도(正道)와 외도(外道)가 같이 닦는[共修] 것이나 멸진정(滅盡定)은 오직 정도(正道)·성자(聖者)에만 한(限)합니다. 근기(根機)가 수승하고 전생에 여러 가지로 선근(善根)이 아주 많은 분들은 그냥 범부에서 막 뛰어넘을 수도 있습니다만 그러나 보통은 다 이와 같은 과정을 거치는 것입니다. 그러나 일상생활로 가정에 계시는 분들은 이렇게 하기가 어려울 것입니다만, 이러한 사선정(四禪定)은 미처 어렵다 하더라도 사가행(四加行)의 무간정(無間定)

까지는 꼭 올라오셔야 합니다. 그래야 비로소 욕계(欲界)를 조금 넘어설까 말까 하는데에 이르렀다는 말입니다. 그래야 우리가 인생에 태어난 보람이 있게 되지 않겠습니까.

　오늘 밤으로 해서 이번에 용맹정진 법문은 마무리하는 셈입니다. 그래서 조금 지리하지만 더 말씀을 하겠습니다.

열반진색(涅槃眞色)

열반진색(涅槃眞色)
- 열반(涅槃)은　색(色)·성(聲)·향(香)·미(味)·촉(觸)·생(生)·주(住)·괴(壞)·남(男)·여(女)의 십상(十相)이 무(無)함

『열반경(涅槃經)』

- 색시무상(色是無常)이나, 인멸시색(因滅是色)하여 획득해탈상주색(獲得解脫常住色)이라

『열반경(涅槃經)』

- 여래장중(如來藏中)에 성색진공(性色眞空)이요 성공진색(性空眞色)이라 청정본연(淸淨本然)하여 주변법계(周邊法界)라

『능엄경(楞嚴經)』

▪일모공중(一毛孔中)에 무량불찰(無量佛刹)이 장엄청정(莊嚴淸淨)하여 광연안립(曠然安立)이라

『화엄경(華嚴經)』

▪찰찰진진(刹刹塵塵)이 구설구청(俱說俱聽)하여 설청(說聽)을 동시(同時)하니 묘재(妙哉)라 차경(此境)이여!

『사명교행록(四明敎行錄)』

▪묘색담연상안주(妙色湛然常安住) 불이생로병사천(不移生老病死遷)

『명의집(名義集)』

이제 열반진색(涅槃眞色)에 대해서 말씀 드리겠습니다.

전에도 말씀을 드렸습니다만, 부처님께서 말씀하신 법문을 부처님 일대시교(一代時敎)라 곧 부처님께서 말씀하신 법문을 체계를 세워서 본다면, 유(有)·공(空)·중(中) 삼교(三敎)라고 합니다.

맨 처음에는 우리 중생차원에서 '선(善)도 있고 악(惡)도 있고 너도 있고 나도 있다.' 그러한 정도의 낮은 법문을 하셨습니다. 이것을 유교(有敎)라 합니다.

그러나 이런 것은 실은 있지가 않습니다. 선악(善惡)이나 자타(自他), 이런 것은 우리 범부가 보아 있는 것이지 원래 있지가 않은 것입니다. 따라서 '원래 자타가 없다, 원래 본질에서 보면 선악이 없다.' 이러한 자타와 선악을 초월한 법문이 공교(空敎)입니다.

그 다음에는 '다만 비어 있지 않고 천지우주는 바로 부처님의 광명 뿐이다. 다만 부처님의 불성 뿐이다.' 이런 가르침이 중도교(中道教)입니다.

따라서 부처님 법문의 요지(要旨)는, 목적은 역시 중도(中道)에 있습니다.

맨 처음에는 중생차원에서 '있다. 없다' 하는 법문 곧, 인과(因果) 법문이나 그런 법문이 되겠지요. 그 다음은 '이런 것은 모두가 다 공(空)이다. 제법공(諸法空)이다.' 이러한 공(空)에서 보는 법문이고, 가장 높은 차원이 중도교(中道教)로 본질에 바로 들어선 법문입니다. 이것이 '모두가 다 부처 뿐이다. 불성 뿐이다.' 하는 법문입니다.

그러면 그러한 불성에서 본다고 생각할 때는 어떻게 보이는 것인가?

우리가 말씀을 더 깊이 해야만이 이제 실감이 좀 나겠기에, 경전(經典) 가운데서는 '불성광명(佛性光明)을 어떻게 보는가?' 하는 것을 살펴서, 우리한테 인식을 더 깊이 하기 위해서 말씀을 하는 것입니다.

『열반경(涅槃經)』에서는 '열반(涅槃)은 색(色)·성(聲)·향(香)·미(味)·촉(觸) 또는 생(生)·주(住)·괴(壞)·남(男)·여(女)의 십상(十相)이 없다.'고 합니다.

열반은 우리가 닦아서 성불(成佛)한 단계가 열반 아니겠습니까. 우리가 열반든다 하지만 그것은 죽는다는 의미가 아니라, 참다운 열반의 뜻은 '번뇌를 다 없애버린 단계 곧, 번뇌가 멸진(滅盡)한 단계' 이것이 열반입니다. 즉 말하자면 성자의 단계라는 말씀입니다. 그러한 성자의 단계는 십상(十相)이 없다는 말입니다.

아까 선정(禪定)을 말씀드렸습니다만, 선정에 올라가면 올라갈수록 그런 것은 다 끊어지는 것입니다. 맨 처음에는 그냥 맛도 못 보고, 또는 냄새도 못 맡고, 차근차근 올라가면 그때는 보아도 안 보이는 것입니다. 나중에는 의식(意識)만 남다가 가장 맨 나중에는 의식마저 끊어지는 것입니다. 의식이 끊어져 버려야 비로소 참다운 부처 곧, 대아(大我)가 되어서 성불한다는 것입니다.

그와 마찬가지로, 열반도 역시 번뇌를 다 끊어버린 단계니까 마땅히 이런 상(相)이 없어야 하는 것입니다. 나라는 상 곧, 물질이란 색(色)의 상(相)·소리·향기·맛·촉감 또는 낳는다는 생기는 상(相)·머무르는 상(相)·부서지는 상(相), 또는 남자 상(相), 여자상(相) 이런 것이 없어져야 비로소 열반인 것입니다.

아까 말씀한 법문 가운데, 욕계(欲界)에만 남녀의 구분이 있고 색계(色界) 이상에는 남녀가 없다는 것입니다. 따라서 마땅히 열반 가운데도 남녀의 상(相)이 없는 것입니다. 우리 욕계에 있는 중생이 보아서 남녀가 있는 것이지, 더 올라가서 참다운 불성(佛性) 자리에 올라가면 남녀나 색·성·향·미·촉 또는 낳는다·부서진다 이런 것이 없는 것입니다. 오직 평등무차별(平等無差別)의, 하나의 영원한 불성(佛性)뿐입니다. 영원히 존재하는 부처뿐인 것입니다.

그 다음에 『열반경(涅槃經)』에 있는 법문으로,

'색시무상(色是無常)이나, 색은 항상이 없으나 인멸시색(因滅是色)하여, 이 색이 곧 우리가 보는 물질이 없어짐으로 말미암아서 그때는 획득해탈상주색(獲得解脫常住色)이라, 항시 머무는 영생의 색 해탈상주색을 얻는다.'는 법문입니다.

이 법문은 일승법문(一乘法門)입니다. 따라서 어려운 법문이지만 이런 법문을 외워두시면 참 편리하실 것입니다.

우리가 보는 물질은 허망한 것인데, 허망하다는 관념이 익어져서 이걸 우리가 부정함에 따라서 허망한 것이 없어짐에 따라서 참다운 해탈상주색(解脫常住色)인 항시 머무는 영생의 색을 우리가 얻는다는 말입니다.

나라는 색(色), 너라는 색(色), 그런 상(相)이 있을 때는 아직은 영원히 해탈색(解脫色)은 우리가 얻을 수가 없습니다. 자타(自他)의 색(色)이나 이런 것을 없앰으로 해서 비로소 영원한 해탈의 색(色)을 얻을 수가 있는 것입니다.

불교에는 이런 법문이 있습니다. '일락서산월출동(日落西山月出東)이라.' 해가 떨어진 뒤에야 비로소 달이 솟아오른다는 말입니다. 그와 마찬가지로, 우리 번뇌가 안 떨어지면 영원의 해탈색은 우리한테 올 수가 없습니다.

우리 중생이 보는 물질의 색(色) 이것은 비록 무상(無常)이나, 이것이 없음에 따라서 이것을 부정함에 따라서 비로소 영원적인 항시 머무는 해탈의 색을 우리가 얻을 수가 있다는 말입니다.

또 그 다음 『능엄경(楞嚴經)』에는 '여래장중(如來藏中)에, 부처님의 깨달은 경계 가운데는, 성색진공(性色眞空)이요, 불성(佛性) 가운데에 있는 색(色)은 바로 진공(眞空)이 되는 것이고, 성공진색(性空眞色)이라, 부처님의 불성(佛性)은 텅 비었지만 또 역시 참다운 색(眞色)이 있다.'고 합니다.

너무 깊이 들어가면 복잡하니까 그냥 대강만 말씀 드리겠습니다.

그래서 '청정본연 주변법계(清淨本然 周遍法界)라, 청정미묘(清淨微妙)한 광명(光明)이 법계(法界)에 충만해 있다.'는 법문입니다.

우리 중생의 번뇌에서는 안 보이나, 참다운 안목으로 본다고 하면 청정한 광명이 법계에 온 우주에 충만해 있는 것입니다. 온 우주는 부처님 광명으로 충만해 있는 것이기 때문에 무량광불(無量光佛)인 것입니다. 천지우주가 바로 무량광불인 것입니다. 이것은 『능엄경(楞嚴經)』에 있는 법문입니다.

그 다음 『화엄경』(華嚴經)에는 '일모공중(一毛孔中)에 한 터럭 구멍 속에 무량불찰(無量佛刹)이 한량없는 부처님의 나라가 장엄청정(莊嚴清淨)하여 장엄스럽게 청정해서 광연안립(曠然安立)이라, 조금도 줄어지지 않고서 광활하게 편안히 있다.'는 법문입니다.

우리는 이러한 미묘법문(微妙法門)을 새기기가 참 어렵습니다. 우리가 생각해본다고 할 때 터럭 구멍이라는 것이 굉장히 작은 것인데, 이런 가운데에 부처님의 무량세계인 큰 세계가 조금도 안 줄어지고서 거기에 편안히 있다는 것입니다.

물방울 하나나, 태평양 물 전부나 물이란 점에서는 똑같습니다. 물론 농도는 차이가 있을런가 모르지만 물이란 점에서는 똑같습니다. 그와 마찬가지로 우리가 불성(佛性)에 한번 들어가면 천지를 다 통합한 불성이나 또는 불성의 한쪽이나 그때는 똑같은 것입니다. 그 성질은 조금도 차이가 없습니다. 그것이 원융무애(圓融無碍)라는 말입니다.

석가모니한테 있는 불성이나 나한테 있는 불성이나 차이가 없습니다.

개미한테 있는 불성 또는 사람한테 있는 불성이 차이가 없습니다. 따라서 불성에 한번 들어가면 우주는 모두가 다 불성뿐인 것입니다. 불성 위에서 우주가 그때그때 이루어져 있는 것입니다. 비록 한 터럭의 조그마한 구멍 속이라 하더라도, 의미로 보아서는 천지가 거기에 다 포함되어 있다는 말입니다. 이런 것은 우리가 다 공부해서 차근차근 스스로 납득하여야 할 것입니다.

한 터럭 구멍 가운데, 무량의 부처님 세계가 장엄청정(莊嚴淸淨)해서 조금도 크기가 줄어지지 않고 있다는 말은 이치가 아닌 말 같으나 이것이 원융무애(圓融無礙)입니다.

또 '찰찰진진(刹刹塵塵)이, 어떤 물질이나 모든 것이 구설구청(俱說俱聽)하여, 함께 설법하고 함께 들어서 설청동시(說聽同時)니, 설법과 듣는 것을 같이 동시에 하니 묘재(妙哉)라 차경(此境)이여, 묘하구나 이런 경계여!' 하는 말씀이 있습니다.

우리는 지금 설법을 저만 한다고 생각합니다. 그러나 여러분도 저한테 지금 설법을 하시고 계신 것입니다. 무언 중에 말입니다. 나무나 소나 또는 공기나 모두가 다 설법을 하고 있는 것입니다. 다만 중생이 어두워서, 중생의 귀가 한정되어서 미처 못 듣는 것입니다.

천지우주는 모두가 다, 모든 제법(諸法)이 다 방식만 차이가 있지 서로 피차 설법하고 서로 피차 듣는다는 말입니다. 이렇게 서로 피차 설법과 듣는 것을 동시에 하는 것이니 이런 경계가 참 묘하구나! 이런 경계는 깨달은 뒤에만 비로소 알 수가 있는 것이니까 이제 묘하다고 했겠지요.

그 다음 또 '묘색담연상안주(妙色湛然常安住)요.' 묘색(妙色)이란 일반 색이 아니라 청정미묘한 불성의 색을 말한 것입니다. 청정미묘한 불성의 색이 고요히 우주에 가득차게 안주(安住)해 있다는 말입니다.

그래서 '불이생로병사천(不移生老病死遷)이라.' 우리가 죽고 살고 늙고 병들고 한다 하더라도 이런 묘색(妙色)은 조금도 옮기지 않고 변치 않는다는 말입니다.

아무튼 이런 것은 일승(一乘) 경전에 있는 법문이니까, 앞으로 수십 번 외우시고 생각하면 차근차근 열반의 참다운 색인 열반진색(涅槃眞色)을 더 깊이 인식하고 느끼시게 될 것입니다.

이렇게 해서 혜해탈(慧解脫)을 얻으시고 가행(加行) 정진으로 사선정(四禪定)에 들고, 나아가 멸진정(滅盡定)을 통과하여 삼계(三界)를 초탈(超脫)하고, 선정해탈(禪定解脫)로 기필코 성불(成佛)하시기를 간절히 바라면서 오늘 법문을 마칩니다.

10. 성도(成道)의 장엄(莊嚴)

석가모니의 성도(成道)

우리 인류는 45억 이상 되는 인총(人總)이 살고 있습니다. 이런 가운데서 불행하게도 거의 태반이 되는 수가 무종교인, 종교가 무엇인지 모르고서 인간을 물질의 노예로 타락시키는 그런 부류가 있습니다.

그런데 다행히도 우리는 인간존재를 물질로 보지 않는 종교인이 되었습니다. 그러한 가운데도 또 다행히 우리는 자기 본질, 인생의 영원한 길, 그런 길에 갈 수 있는 무상대도(無上大道)인 불교를 믿게 되었습니다.

부처님께서 성도(成道)하신 오늘을 당해서 우리는 새삼스럽게 우리 행복을 되새기고 동시에 더욱더 감격해서 마지않는 것입니다.

석가모니가 나오시기 전에 또는 무상대도(無上大道)를 성취한 대성자(大聖者)가 없었더라면 우리 인간은 '자기가 무엇인가?' 하는 것을 알 수가 없습니다. 자기 고향을 알 수가 없습니다. 또는 '어떠한 것이 참 지혜인가?' 하는 것도 알 수가 없습니다.

방황하고 헤매는 불행한 인간, 인간 존재밖에 모르는 그러한 현상적인 인간이 영생(永生)의 자리, 죽지않는 행복 이러한 것을 알게 된 것은 오로지 석가모니의 참다운 깨달음에서 부터 비로소 비롯된 것입니다.

그러나 그러한 깨달음은 그냥 우연히 안락한 가운데서 얻을 수 있는 것은 아닙니다.

부처님의 6년 고행(苦行)은 그야말로 뼈를 깎는 고행이었고, 그 뿐만 아니라 부처님의 무상대도(無上大道)를 이룬 과거전생의 여러 가지 고행과 난행(難行)은 이루 헤아릴 수가 없습니다.

어떤 때는 주린 범한테 아낌없이 자기 몸을 보시했으며, 또 어떤 때는 참다운 진리의 몇 구절의 법문을 얻기 위해서 나찰(羅刹)한테 자기 몸을 바쳤습니다.

또 어떤 때는 부처님의 진리를 얻기 위해서, 하나의 경문을 베끼기 위해서 자기 살을 벗기어 종이를 삼고 자기 뼈를 분질러서 붓을 삼고 자기 피를 뽑아서 먹을 삼았습니다.

또한 어떠한 때는 부처님의 찬란스러운 공덕(功德)을 기리기 위해서 한 발을 들고서 칠일칠야(七日七夜), 일곱 날 일곱 밤을 부처님을 찬탄해서 마지 않았습니다.

이러한 가지가지의 난행고행(難行苦行), 심히 어려운 성실한 고행이 쌓여서 석가모니가 태어났습니다. 태어난 뒤에도 역시 6년 고행이라는 무시무시한 각고(刻苦)의 고행이 거기에 또한 곁들였습니다.

그렇게 해가지고서 성도(成道)하신 날이 2500여년 전의 오늘입니다.

이렇게 해서, 가시밭을 다 헤치고 성불할 수 있는 탄탄대로(坦坦大路)를 놓았음에도 불구하고서 우리는 아직도 그 길을 바로 못 가고 있습니다.

우리 불교현황을 볼 때, 바로 간다고 하면 이와 같이 혼돈(混沌)스러운 비극적인 사태가 있을 수가 없는 것인데, 탄탄대로를 다 놓았음에도 불구하고서 그 길로 바로 못 가기 때문에 여러 가지로 불행을 야기(惹起)시키는 것입니다.

그러면 어떠한 것이 부처님의 참다운 대도(大道)인가? 어떻게 가야만이 그러한 길로 바로 갈 수가 있는 것인가? 이것을 우리는 재차 다시 되돌아 보아야 할 것입니다.

무상대도(無上大道)는 삼학도(三學道)의 완성

여러 가지 말씀이 많이 있으나 부처님한테 가는 길은 역시 간단명료(簡單明瞭)합니다. 우리가 다 아는 바와 같이 계(戒)·정(定)·혜(慧) 삼학도(三學道)입니다. 계율(戒律)지키고, 선정(禪定)닦고, 참다운 지혜(智慧)로 해서 부처님의 길인 그런 성상을 비추어 보는 것입니다.

우리는 많은 말이 있고 팔만장경(八萬藏經)이 있어 가지가지의 법문(法門)이 많이 있습니다만, 간추리면 역시 귀결점(歸結點)은 누구나가 흔히 알 수 있는 계(戒)와 정(定)과 혜(慧)의 삼학도(三學道)입니다.

이같이 간단명료한 법이 있는데도 사람들은 애쓰고 계행(戒行)을 지키려 않고 또는 삼매(三昧) 선정(禪定)을 안 통하면 성불(成佛)이 없는데도 선정을 할려고 않으며 또, 부처님의 지혜(智慧)는 천지우주 만유(萬有)를 모두를 다 부처님으로 볼 수 있는 평등무차별의 지혜인데도, 무차별(無差別)로 볼려고 않습니다. 삼학도가 오로지 성불의 길로 가는 탄탄대로요 무상대도(無上大道)인데도, 그런 큰 길로 안 가고서 자꾸만 좁은 길로 갈려고 합니다. 계율을 지키지 않고, 삼매·선정을 안 닦고, 또는 우주만유를 하나로 볼 수 있는 그런 안목도 갖지 않고서는 성불의 길은 없습니다.

계율은 불성(佛性)에 따라서 곧, 부처님의 성품 따라서 행동하는 우리 말이요 우리 행위입니다. 억지로 누가 만든 것이 아니라 성자의 성품, 불성의 성품 따라서 행동하는 말, 행동하는 우리 행위가 계율입니다.

따라서 불성(佛性)의 표현양상이 계율인지라, 계율을 지키면 자기도 모르는 가운데 부처와 하나가 되는 것입니다.

또는 그와 역으로 우리 마음이 청정히 되어서 청정한 마음을 가지고 청정한 마음대로 행동하면, 그 행동 자체가 계율에 그냥 계합(契合)되는 것입니다.

불교에는 '인계생정(因戒生定)하고 인정생혜(因定生慧)라, 계율로 말미암아 삼매(三昧)라 하는 고요가 깃들고 그런 고요로 말미암아 참다운 지혜(智慧)가 나온다.'는 말씀이 있습니다. 계율이 없이 고요한 삼매를 구하는 것은 '연목구어(緣木求魚)'라, 나무 위에서 고기를 구하는 것이나 똑같습니다.

특히, 근래에 와서는 서방사회(西方社會)의 풍조(風潮)가 만연(蔓延)함에 따라서, 계율을 무시하고서 삼매에 들려고 하는 사람들이 있습니다. 또는 도인이라 자처(自處)하는 사람도 역시 계율을 무시하는 분도 있습니다. 이러한 것은 부처님의 탄탄대로, 무상대도를 옆길로 빗나가는 행위입니다. 계율 지키고 선정을 닦는 참다운 지혜는 무엇인가?

이것은 중생과 부처와 일체 만유를 둘이 아니고 하나로 보는 평등무차별의 지혜가 참다운 부처님의 지혜입니다. 이와 같은 지혜로 비추어 보면서 계율 지키고 참선·염불하는 것입니다. 우리는 이러한 참선·염불의 방법을 며칠 동안 공부해 왔습니다.

오늘 다시 한번 돌이켜 보고서, 어떻게 하는 것이 가장 효과적인 참선의 방법인가? 어떻게 하는 것이 가장 효과적인 염불의 방법인가? 이런 것을 몇 말씀하고서 오늘 부처님의 성도절(成道節)에 있어서 기념의 말씀으로 할까 합니다.

참선은 무엇인가?

'선시불심(禪是佛心)이요 교시불어(敎是佛語)라, 선(禪)은 바로 부처의 마음이요 교(敎)는 부처의 말이라.'

따라서 참선(參禪)이라 하는 것은 부처의 마음을 내 마음으로 하는, 그 마음을 변치않고서 닦는 것입니다. 다시 말하면, 비록 우리가 화두(話頭)를 들고서 의심을 백날 천날 한다 하더라도, 우리 마음이 불심(佛心)을 여의면 그때는 참선이 못되는 것이요, 비록 우리가 말로는 하나님을 부른다 하더라도 우리 마음이 불심을 안 여의면 그것은 참선입니다. 그러면 불심을 안 여읜다는 말은 어떤 의미인가? 이것은 내 자성(自性), 내 본바탕이 부처임을 분명히 느낀다는 말입니다. 또한 동시에 천지우주 일체 만유가 모두 부처임을 분명히 느끼는 것이 불심을 안 여의는 것입니다.

물론 우리는 아직은 범부의 자리에 있는지라 여실(如實)히 느낄 수가 없습니다. 그러나 우리가 원래 부처인지라, 그와 같이 느끼려고 애쓰면 애쓴만치 그러한 인상이 우리 마음에 심어져서 드디어 느끼고 만 것입니다. 따라서 참선이라 하는 것은 우리 입으로는 관세음보살(觀世音菩薩)을 부르든 또는 아미타불(阿彌陀佛)을 부르든 또는 어떤 것을 부르든, 참구를 하든, 그런 것은 문제가 아니라 다만 우리 마음자세가 불심을 안 여의면 됩니다.

'내 본바탕이 부처구나!', '천지우주가 부처 아님이 없구나!', '천지우주는 모두가 다 청정미묘(淸淨微妙)한 일체 공덕을 갖춘 부처구나!' 이같이 딱 느끼는 것입니다. 이렇게 하면서 공부하면 화두를 드나 또는 염불을 하나, 주문을 외우나, 무엇을 하나 다 참선입니다.

그러나 이렇게 하는데 있어서 계행(戒行)이 수반(隨伴)되지 않으면 마음이 청정히 안됩니다. 나쁜 행동 하나 하면 나쁜 행동 하나 한만치, 우리 마음이 오염(汚染)되는 것입니다. 따라서 반드시 계율이 기본이 되어서 '죽이지 말라. 훔치지 말라. 삿된 음행 말라. 거짓말·욕설·이간질하는 말·꾸미는 말 하지 말라. 술로 우리 마음을 흐리게 하지 말라.' 이런 정도의 계율은 지켜야만 불자입니다.

불자가 기본적인 오계(五戒), 누구나 알 수 있는 오계도 못 지켜서는 불자는 못됩니다. 따라서 그때는 참선도 안됩니다. 우리 반드시 기본적인 계율을 지키고, 그 위에서 참선하는 공부, 불심(佛心)을 여의지 않는 공부 그런 공부로 해서, 하루 빨리 무상대도(無上大道)를 성취(成就)해서 부처님 은혜[佛恩]에 보답합시다.

3편
대담법어(對談法語)

본 편에는 신문에 게재된 기자와의 대담법어
를 모았습니다

가장 바람직한 얼굴

남원군 산내면 실상사를 가다보면 인월에서 약 4km지점 도로변에는 판자에 어설프게 쓰여진 백장암이라는 표지판이 나온다.

표지판의 화살표대로 가파른 산을 2km쯤 올라가면 국보 10호인 백장암 3층 석탑과 보물 40호인 석등이 안내판도 없이 쓸쓸하게 손님을 맞는다.

탑 전면의 화려한 조각은 통일신라 시대의 대표적인 공예탑이라는데 보존관리 상태는 허술하기만 하다.

대나무 숲을 헤치고 나무토막을 이어 만든 층계를 오르면 깨끗하게 단장된 암자가 분위기를 무겁게 유도한다.

엄숙한 도량, 말쑥한 10여명의 선객(禪客) 스님들, 이것이 출세간의 풍경인가하여 감회가 새롭다.

지객(知客) 스님의 안내로 큰스님을 만난 것은 상당 시간이 지난 후였다.

9년 동안 장좌불와(長坐不臥:앉기만 하고 눕지 않음)하고 3년 동안 묵언수도(默言修道)한 청화 스님의 청아한 모습은 우리를 피안의 세계로 끌어들이는 듯했다.

전남 무안 태생인 청화(淸華) 스님(속명:姜虎成)은 젊은 시절엔 고향에서 학교를 설립, 운영했으며 24세에 입산(入山)하여 35년 동안 지리

산을 비롯한 두륜산, 월출산 등지의 암자에서 수도했다.

20여 년 전 이곳 백장암에 잠시 주석했고 2년 전부터는 줄곧 이곳에서 정진하고 있다.

바른 얼굴은 무외시(無畏施)

철학이 아는 것이라면 종교는 행하는 것이라고 하더군요. 결국 실천이 따르지 않는 종교는 바람직하지 못하다는 얘기겠죠. 동양인은 대부분 학문하는 목적을 행하는 것에 중점을 둠으로써 서양의 아는 것에 중점을 두는 것과는 대조적인 것 같습니다. 유교(儒敎) 경전에도 널리 배우고, 자세히 묻고, 삼가 생각하고, 밝게 분별하고, 독실하게 행한다는 문구가 있습니다. 우리의 학문목적을 알맞게 대변해 준 것이라고 봅니다.

오늘은 주제를 '얼굴'이라 내걸고 '알되 앎을 실행하는 얼굴'에 대해서 논의해 보고 싶습니다. 천태만상의 얼굴을 가진 인간들이 과연 어떤 얼굴로 살아가는 것이 육체적인 고통과 정신적 번뇌와 사회적 갈등을 극복하는 길인지 말씀해 주시기 바랍니다.

▶저는 무외시(無畏施)의 얼굴 곧, 부처의 얼굴을 들고 싶습니다.

무외시란 중생들의 모든 두려움을 없애주고 평온한 행복을 안겨주며 자기 생명 마저도 아낌없이 베푸는 보시(布施)를 의미합니다.

여러 가지 얼굴이 있지만 이러한 무외시(無畏施)가 넘쳐나는 부처의 얼굴이야 말로 가장 이상적인 얼굴입니다.

현대 사회는 참으로 각박하고도 복잡한 산업 사회입니다. 고귀한 인간정신이 거대한 기계 문명에 압도되어 심각하게 소외되고 유린당하는 사례가 허다합니다. 따라서 이러한 위기 상황일수록 인간성의 본질이 무엇인가 하는 문제는 가장 근본적인 문제가 아닐 수 없습니다.

자기 자신의 본질을 모른다는 것은 불안하기 그지없으며 말씀하신 바, 바람직한 바른 얼굴로 살아나갈 수가 없습니다. 유구한 인류 역사를 통해 인간성 문제는 꾸준히 탐구되어 왔으나, 불교에서 가장 철저하게 구명(究明)하고 있다고 생각합니다. 불교가 갈파하듯이, 인간의 본질은 영원한 생명과 지혜와 자비 등 무한한 가능성을 원만히 갖춘 부처라고 파악할 때, 구겨져 있던 얼굴은 자연히 펴지고 말 것입니다.

따라서 가장 바람직한 얼굴이란 불타(佛陀)의 대자대비한 얼굴이며 또한 우리 인간 각자의 진정한 자아(自我)의 얼굴이기도 합니다.

인간성(人間性)의 구조는 십법계설(十法界說)로 풀이

큰스님께서 주장하신 바람직한 얼굴이란, 무외시(無畏施)가 넘치는 대자대비한 부처의 얼굴이요 곧, 바람직한 얼굴을 이루려면 인간성의 본질을 바르게 깨달아야 한다는 얘기로 받아들여지는군요. 그렇다면, 인간성의 구조는 무엇인지? 인간성의 구조를 앎으로써 바람직한 얼굴의 형성을 위한 원리같은 것도 발견될 수 있을 것 같은데요, 불교 교리를 토대로 답변해 주시면 합니다.

▶인간성의 구조에 관해서 불교에는 여러 각도의 교설이 있습니다만, 가장 간략하고 보편적인 것은 십법계설(十法界說)입니다.

인간의 현재 마음은 비록 옹졸하고 너절한 번뇌로 들끓고 있다고 하더라도, 인간성의 저변은 시작도 끝도 없이 무시무종(無始無終)하고 무량무변(無量無邊)한 무한성(無限性)을 지니고 있습니다.

십법계란, 잔인하고 비뚤어진 마음인 '지옥'에서 부터 점차 승화된 단계로, 배고픔 속에서 괴로움을 받는 귀신의 세계인 '아귀', 그리고 동물의 세계인 '축생', 다투기를 좋아하는 '아수라', 사바세계의 '인간', 안락하기 만한 '천상', 부처의 진리를 깨달은 '성문', 인과법칙과 인연법을 터득한 '연각', 중생과 더불어 불심을 깨닫는 '보살, 끝으로 '부처' 등 열 가지 세계를 말합니다.

모든 중생은 각각 열 가지 세계 가운데 어떤 한 세계가 위주가 되어 그에 상응한 몸을 받고 살아가고 있으나, 언제나 십법계의 가능성을 모두 마음에 지니고 있기 때문에, 그 수행 여하에 따라서 지옥으로 떨어질 수도 있고 최상의 부처가 될 수도 있는 것입니다.

그러기에 우리 인간이 해야할 가장 시급하고 중대한 일은 우리 마음속에 들어있는 지옥같은 악독한 마음, 탐욕만 부리는 아귀같은 마음, 바보처럼 어리석은 축생같은 마음 등은 될 수 있는 한 이를 억제하고 정화하고 제거해 가면서 우리 마음속에 공존해 있는 가장 건설적이고 긍정적이며 모든 지혜공덕을 원만히 갖춘, 영생하는 마음인 부처를 개발하고 빛내는 것이 인간의 가장 고귀한 사명이 아닐 수 없습니다.

우리 인간이 만덕(萬德)을 갖춘 불타의 원만한 얼굴을 가슴마다에 간직하고 애써 닮으려 노력할 때 인간의 행복을 저해하는 험난한 모든 문제들은 말끔히 사라지고 광명무량(光明無量)한 안락정토(安樂淨土)가 이루어 질 것을 확신합니다.

물질(物質)의 본 근원은 신성(神性) 곧 불성(佛性)이다

지옥의 얼굴에서 부처의 얼굴까지 무수층의 얼굴이 자기의 한 마음에 내재해 있고 어떤 얼굴이 되느냐 하는 것은 스스로의 수행 여하에 달려있다는 요지의 교훈 말씀 감명깊게 들었습니다.

오늘날 우리 사회에는 물질만 있고 돈만 있으면 모든 것이 다 해결된다는 풍토마저 마련돼 있습니다. 돈을 수호신처럼 위하는 사람도 많아졌습니다. 수입의 많고 적음이 인격의 척도로까지 전락했습니다. 물질문명이 정신세계를 지배하는 것같은 인상도 흔히 받습니다.

물론 물질의 가치를 극단적으로 부정하는 유심사상도 위험하겠죠. 경제를 부정하는 생활은 전혀 불가능하기 때문입니다. 아무튼 물질우선주의, 배금주의 풍토가 극복될 이념이 나와야 할텐데요.

▶우리 인간의 신체도 물질이요, 의식주가 다 물질이 아닌 것이 없는데 어느 뉘라서 물질을 소홀히 할 수가 있겠습니까만, 그 소중한 물질의 본질이 다만 물질, 그것이 아니라 마음의 본질이기도 한, 아니 바로 마음뿐인 부처이며, 인간의 제한된 시야에 비치는 물질이란 다만 부처의 현상화(現象化)에 지나지 않는다는 사실을 깨달아야 합니다.

이러한 근원적인 철학이 선행될 때 비로소 물질 우선주의에서 오는 불안과 갈등은 해소가 되고 동체대비(同體大悲)의 진정한 윤리가 확립될 것입니다.

불교에 일체유심조(一切唯心造)라 하여 모든 것은 오직 마음으로 이루어지고, 만법유식(萬法唯識)이라 하여 일체만유는 오직 식(識)뿐이라는 말씀이 있습니다.

양파의 껍질을 벗기다보면 결국 알맹이는 아무 것도 없이 텅 비어 있듯 과학자들은 모든 물질을 원자, 소립자(素粒子) 등으로 분석해 나가면서 물질의 근원은 텅 빈 허무라고들 말을 합니다.

그러나 사실은 텅 빈 것 같으면서도 신비한 광명이 충만해 있는 영원한 광명의 바다가 무한(無限) 전개돼 있는 것입니다.

신비한 광명이란 곧, 무한한 힘, 무한한 지혜, 무한한 자비 등 무한의 가능성을 지닌 부처의 성품을 의미합니다.

이러한 부처의 성품에 대해 불교에서는 영생하는 생명이기 때문에 상(常)이요, 완전무결한 행복이기 때문에 락(樂)이며, 일체의 것에 자유자재하기에 아(我)고, 번뇌가 없이 청정영롱하기에 정(淨)이라는 '상락아정(常樂我淨)'으로도 풀이를 합니다.

그리고 앞서 말한 바와 같이 비단 인간의 본질만이 부처가 아니라 우주에 존재하는 일체 만유의 본질 또한 한결같이 부처이기 때문에 우리 인간을 비롯한 일체 만유는 찬란하고 무량무변한 부처의 바다 위에 이루어진 파도나 거품과도 같은 것입니다.

이러한 부처의 이름을 달리하여 주인공(主人公)·본래면목(本來面目)·실상(實相)·실존(實存)·도(道)·열반(涅槃)·진여(眞如)·하나님이라고도 하겠습니다. 가장 궁극적이고 제일의적(第一義的)인 표현을 한다면 우주 그대로가 광명찬란한 부처의 일대행상(一大行相)이요, 청정미묘하고 한없이 큰 불가사의한 명주(明珠)라고 말할 수 있습니다.

이같이 물질의 근원을 바로 이해할 때 유물 극단주의는 물론 유심 극단주의도 지양될 것입니다.

육도(六度)를 행(行)하는 것이 곧 바른 길로 통해

정신의 근원과 물질의 근원이 '하나인 부처'요 부처의 인격은 상락아정(常樂我淨)이군요.

결국 바람직한 얼굴은 부처의 인격이라는 결론이 나온 셈입니다.

지금까지 개념적으로나마 다루어진 것 같습니다만, 부처의 인격을 이루기 위한 구체적이고 체계적인 방법론을 제시해 주시면 합니다.

▶상락아정(常樂我淨)의 네 공덕을 원만히 지닌 부처를 이루는 방법으로는 팔정도(八正道)·삼학(三學)·육도(六度) 등이 있으나 육도(六度:6바라밀)만으로 설명을 하겠습니다.

육도(六度)란 보시(布施)·지계(持戒)·인욕(忍辱)·정진(精進)·선정(禪定)·지혜(智慧)를 말합니다.

보시에는 물질을 베푸는 재(財)보시와 진리로써 일깨워주는 법(法)보시와 앞서 바른 얼굴에서 설명한 무외(無畏)보시가 있습니다.

다음 지계(持戒)란, 바로 말하고, 바로 행동하는 것입니다. 그 계율의 종류는 살생하지 말라, 도둑질하지 말라, 간음하지 말라, 거짓말하지 말라, 술 마시지 말라 등, 기본 5계를 위시하여 8계·10계·48계·250계·500계 등이 있습니다.

다음은 인욕(忍辱)입니다. 우리 인간은 불완전합니다. 병든 사회일수록 고난은 비례합니다. 그래서 참지 않으면 살아갈 수가 없습니다. 심리적으로 생리적으로 또는 환경적·자연적인 모든 욕됨을 참고 용서하며 살아가는 것입니다.

그리고 정진(精進)이란, 끈기있게 끝까지 노력해 나가는 것입니다.

선정(禪定)이란, 혼탁한 마음을 가라앉히는 수행을 말하는데, 여러 방법이 있으나 요는 마음을 불심(佛心)에 집중하여 움직이지 않는 수행입니다.

끝으로 지혜(智慧)란 나의 본질 및 우주의 본바탕을 부처라고 믿는 것을 위시하여, 인과응보의 도리를 믿는 것, 육도(六度)를 실천해야 부처가 될 수 있다고 믿는 것 등의 바른 견해를 말하는 것입니다.

그러나 한없이 바쁜 현대 생활 속에서 쫓겨 사는 인간이 이 육도(六度)를 제대로 실천하기란 어려울 것입니다만 최소한 나와 우주만유의 본질이 부처라는 것을 분명히 믿고 그 부처의 무한한 공덕을 매양 생각하며 그 부처의 이름인 '아미타불'이나 '관세음보살'이나 '하나님' 등을 지성으로 외우면서 생활한다면 우리의 불안한 번뇌는 점점 사라지고 안온하고 황홀한 행복감 가운데 날로 바른 얼굴인 부처와 가까워지게 될 것입니다.

지금 나의 신조(信條)는 정통불교(正統佛教)의 중흥(中興)
▶끝으로 현하 불교계(佛教界)의 침체상을 극복하기 위한 큰스님의 구상은……
민족문화의 정수인 불교가 침체 부진한 근원적인 요인은 정통불법의 신행(信行)과 증득(證得)을 등한히 한 데서 오는 필연적인 추세로써 유능한 불교 지도자의 빈곤을 초래하게 되고 교단의 불화와 국민의 불신을 사기에 이르렀습니다.

그래서 이를 극복하기 위한 나의 의견을 피력한다면 곧, 정통불법의 중흥이란 명제아래 그 실천요강으로서 첫째, 다양한 교법(敎法)을 회통(會通)한 통불교(通佛敎)의 선양, 둘째 엄정한 계율(戒律)의 준수, 셋째 염불선(念佛禪)의 제창, 넷째 구해탈(俱解脫)의 증득(證得), 다섯째 위법망구(爲法忘軀, 진리를 위해 몸을 버림)의 전법도생(傳法度生, 진리를 전하고 중생을 구함) 등을 들 수 있겠습니다.

그 가운데서 네번째 항의 구해탈(俱解脫)이란 지혜해탈과 선정해탈로서, 지혜해탈은 번뇌를 끊고 참다운 지혜를 얻음을 말하고 선정해탈이란, 멸진정(滅盡定, 백팔번뇌를 완전히 없애버리는 선정)이라고 하는 깊은 삼매에 들어 번뇌의 종자 마저를 모조리 끊고 일체 사리에 통달하여 이른바, 생사(生死)를 해탈하는 성자(聖者)의 자재(自在)로운 지혜를 의미합니다.

따라서 위에 말씀한 정통불법의 실천에 의해서만 비로소 인간의식의 본질인 불성을 계발하여 진정한 의식개혁을 이룩할 수가 있고, 이렇듯 철저하고 원만하게 진리를 깨달은 이가 바로 성자(聖者)요 부처입니다.

이와 같이 수행정진하여 깨달은 성자의 수가 늘어나고 부처가 되려는 중생의 수가 많아질 때 우리 인류는 비로소 몽매에 그리는 지상극락의 여명(黎明)을 맞이하게 될 것입니다.

-본 대담은 청화큰스님께서 실상산(實相山) 백장암(百丈庵)에 주석하실 때 전북신문 문치상(文致相) 문화부장과의 대담임, 1983년 1월 10일 전북신문 게재

진아(眞我)를 깨달아야 인간존엄성 회복

1월, 3년 결사(三年結社) 끝내

　불가(佛家)에 전해오는 말 중에 '세심불세이(洗心不洗耳)'라는 말이 있다. 임금이 왕위를 내주겠다는 말을 들은 선비가 귀가 더러워졌다 하여 냇물에 귀를 씻었다는 고사(故事)를 빗대어 '마음을 씻으면 될 일인데 귀는 왜 씻느냐'는 뜻의 말이다.
　불교는 마음을 닦아 불성(佛性)을 되찾으려는 종교다. 중생도 집착과 편견을 여의고 인생과 우주의 실상(實相)을 바로 보기만 하면 부처가 될 수 있다고 믿는다. 그 마음 공부의 가장 효과적인 방법이 선(禪)이기 때문에 지금도 수많은 선객(禪客)들이 산사(山寺)의 선방(禪房)에서 선정(禪定)에 들고 있다.
　동리산(桐裏山) 태안사(泰安寺) 조실(祖室) 강청화(姜淸華) 스님(65세) 역시 이들 도반(道伴)과 같은 뜻을 품고 40여년 동안 산속에 숨어 살아온 산승(山僧)이다. 스님은 지난 1월, 20여명의 도반과 함께 3년 동안 일주문(一柱門) 밖에 나가지 않고 정진한 삼년결사(三年結社)를 끝냈다.
　전남 무안군 운남면 연리에서 태어난 청화(淸華) 스님은 24세 때인 1947년 송만암(宋曼庵) 스님의 상좌인 금타(金陀) 스님을 은사로 백양사(白羊寺) 운문암(雲門庵)에서 출가(出家) 득도(得度)했다.

그후 전국 각지를 돌며 수행에만 전념해 오다가 지금은 3년째 신라 말 구산선문(九山禪門)의 하나였던 고찰(古刹) 태안사(泰安寺, 전남 곡성군 죽곡면 원달리)에 주석하고 있다.

속인(俗人)과 세간사(世間事)를 이야기 하는 것을 무척이나 꺼리는 스님을 만나는 것은 쉽지 않았다. 결국 하룻밤 절 신세를 져야 했으니 말이다. 새벽녘 절집에서도 외진, 계곡 제일 위쪽 삼간(三間) 거소에서 들을 수 있었던 스님의 법문은 계곡 물소리처럼 조용하면서도 분명하게 귓전을 때린다.

진아(眞我) 깨달아야 인간존엄성 회복

내일이 불기(佛紀) 2532년 '부처님 오신 날'입니다. 불자들은 매년 맞는 날이지만 특히 이번 '부처님 오신 날'을 맞으면서 우리 모두가 되새겨야 할 일은 어떤 것이라고 생각하십니까?

▶지금 우리에게 가장 중요한 문제는 '자아의 상실(自我喪失)'입니다. 자아의 본바탕에 대해서 보다 확실한 인식을 가져야 해요. 저는 자아의 본질 즉 참 나[眞我]에 대해서 부처님처럼 확실하고 분명하게 말씀하신 분이 없다고 믿고 있어요.

'부처님 오신 날'을 맞아 우리가 다시 한번 깊이 생각해야 할 것은 자아의 존엄성, 바꾸어 말하면 불성(佛性)입니다.

천상천하유아독존(天上天下唯我獨尊)이라 하면, 그것을 잘못 생각하는 사람들은 석가모니 부처님 혼자만 유아독존(唯我獨尊)이고 일반 사람들은 그렇지 않은 것처럼 알아요. 그러나 불성(佛性)이라는 인간성의 본질, 우주의 본질까지 체험한 이들은 누구나 다 천상천하유아독존(天上天下唯我獨尊) 즉, 가장 위대한 영역에까지 오를 수 있기 때문에 인간성의 존엄성이 확립된다는 말이지요. 만약 석가모니 부처님만이 유아독존(唯我獨尊)이고 여느 사람은 그렇지 못하다면 인간성이 존엄하다고 할 수 없지 않겠습니까?

그렇기 때문에 '부처님 오신 날'을 기해서 우리는 참다운 자기, 즉 진아(眞我)의 계발을 다시 한번 다짐해야겠습니다. 진아는 자비로운 것으로 보나, 지혜로운 것으로 보나, 공덕으로 보나 완전무결한 것이기 때문에 인간성은 존엄한 것이라고 볼 수 있는 것이지요.

무소유(無所有) 터득하면 만사(萬事) 홍로점설(紅爐點雪)
현대인들은 과학 기술의 발달과 산업발전에 따라 놀랄만한 물질적 번영을 누리고 있습니다. 그러나 그 반대로 정신적인 빈곤을 느끼고 있는 것도 사실입니다. 그 결과 윤리 도덕의 퇴폐, 인간소외, 빈부의 격차로 인한 계층간의 갈등, 자연파괴와 환경오염의 문제 등이 우리나라에서도 큰 문제로 대두되고 있습니다.

그래서 역사적위기(歷史的危機)라는 표현까지 나오고 있는 실정입니다. 이런 위기의 시대를 맞아 우리들이 과연 어떻게 살아가야 지혜롭게 사는 것인지, 스님의 고견을 듣고 싶습니다.

▶모든 문제가 파생되는 복잡한 양상이 있겠지만 그것들의 뿌리는 가치관(價値觀)의 혼돈이라고 생각하고 있어요. 따라서 바른 인생관(人

生觀), 바른 세계관을 어떻게 확립시킬 것인가가 문제가 되는데, 그것을 위해서는 역시 인간의 진아(眞我)문제를 생각지 않을 수 없는 것이지요. 자기가 무엇인가를 안다면 저절로 올바른 가치관은 확립될 수 있을 테지요. 어느 분야건 마찬가지예요. 예를 들어 교육분야에서 참다운 인간상(人間像)이 어떤 것인가만 안다면 그 인간상에 비추어서 바른 교육을 하면 될 것입니다.

소유(所有)문제도 같아요. 불교에서는 중생(衆生)이 내세우는 것은 망아(妄我) 즉, 망령된 나 이고, 본질적인 나 즉, 진아(眞我)가 아니지요. 진아는 무아(無我)-내가 없다는 것입니다.

결국 참다운 나는 무아(無我)이기 때문에 소유관념도 무소유(無所有)가 되는 것은 필연적입니다.

우리들이 '무아(無我)·무소유(無所有)'의 진리에 입각해서 생각한다면 노사문제(勞使問題) 같은 것도 저절로 해결될 것입니다.

노동자도 무아(無我)의 입장에서 생각한다면 자기의 이권(利權)만 주장할 수는 없을 것이고, 기업가(企業家) 역시 재물이 원래 자기 것이 아니니까 사회로 환원시키게 될테지요.

지엽적인 제도적 개혁도 필요하지만 바른 가치관 확립이 본질적인 것이기 때문에 먼저 인간성문제 즉, '무아(無我)·무소유(無所有)'의 진리만 제대로 인식된다면 모든 문제가 홍로점설(紅爐點雪)로, 뜨거운 숯불에다 눈 한 송이 얹으면 금방 녹는 것처럼 순탄하게 순리적으로 풀려갈 것입니다.

이데올로기, 노사문제와 같은 현대적 병폐, 가치관 확립해야 치유(治癒)

현대사회에서는 이런 역사적 위기를 극복하기 위해 이른바, 민주주의·공산주의·네오마르크시즘·해방신학(解放神學) 등 갖가지 이데올로기들이 서로 견제하며 세력 확장에 안간힘을 쓰고 있습니다. 스님께서는 이런 이데올로기의 경쟁을 어떻게 보고 계십니까?

▶불교는 어디까지나 인도주의(人道主義)인 동시에 초월주의(超越主義)지요. 해탈(解脫)이 목적이기 때문에 출세간주의(出世間主義-초월주의)가 될 수 밖에 없지만 출세간에만 치우치다보면 자칫 인간적인 현실을 무시할 수도 있기 때문에 인도주의(人道主義)가 가미된 초월주의를 지향해 가고 있는 것입니다.

그러한 관점에서 이데올로기 문제를 보면 민주주의는 소중한 것이지만 관능적(官能的) 민주주의는 방종·퇴폐·도덕적인 타락을 가져오게 됩니다. 인간의 세속적인 본능에 입각한 개방(開放) 또는 민주(民主)라는 것은 자칫 잘못하면 인간을 바른 길로 이끌지 못하는 위험성이 있지요. 그런 의미에서 민주주의를 부르짖는다 하더라도, 그야말로 바른 인간성을 가지고 진리에 입각해서 해야만 참된 민주주의가 될 것입니다.

또 공산주의는 물질이나 경제면만의 평등사회를 주장하고 있지만, 경제를 위한 경제만을 주장하면 너무 무미건조하고 인간의 자유(自由)마저 박탈하는 결과를 초래하게 되지요. 불교에서 보시(布施)도 하고 자비(慈悲)를 베풀어서 사회적인 평등을 도모한다 하더라도, 불교의 평등은 평등을 위한 평등이 아니지요. 하나의 불성(佛性)으로 묶여 있는 동일성(同一性)에 입각한, 다시말해 동체대비(同體大悲) 사상입니다.

따라서 현대의 이데올로기문제도 불교의 인도주의와 초월주의에서 풀어갈 때 속물주의적인 관능주의도 지양할 수 있고 경제만을 주장하는 공산주의의 단점도 해결될 수 있어서, 그 장점만 따른 참다운 민주주의·참다운 민주화·참다운 평등을 이룰 수 있다고 믿고 있어요.

한국불교, 불성(佛性) 체험에 역점(力點), 종파성(宗派性) 지양, 원통화(圓通化) 이뤄야
신라나 고려불교는 지금처럼 종파가 여럿으로 갈리지 않은 통불교(通佛敎)였습니다. 그런 점에서 현재 우리 불교는 사회의 지탄을 받고 있기도 합니다. 앞으로 우리 불교가 서야 할 좌표는 어디여야 한다고 생각하시는지요.
▶종파성(宗派性)을 지양한 원융(圓融)한 원통불교(圓通佛敎)는 우리 불교가 앞으로 마땅히 지향해 가야할 것입니다. 진리 자체가 둘이 아니고 원래 원통무애(圓通無碍)한 것이기 때문이지요. 부처님의 가르침 자체가 그처럼 원통무애한 모든 것을 종합지향하는 것이지요.
그렇기 때문에 정통 조사(祖師)라고 하는 분들은 다 치우침이 없었습니다. 신라 때 원효(元曉)대사 의상(義湘)대사, 고려 때 대각국사(大覺國師) 보조국사(普照國師) 나옹대사(懶翁大師) 태고대사(太古大師), 이조 때 무학대사(無學大師) 서산대사(西山大師) 사명대사(四溟大師) 편양선사(鞭羊禪師) 연담대사(蓮潭大師) 초의선사(草衣禪師) 등 시대를 주름잡은 분들이 모두 다 원통불교(圓通佛敎)를 부르짖었지요.
서산대사는 유(儒)·불(佛)·선(仙) 삼교(三敎)의 통일을 염원해서 선가귀감(禪家龜鑑) 유가귀감(儒家龜鑑) 도가귀감(道家龜鑑)을 써서 동양종

교의 원통(圓通)해석을 시도했고 삼교일치(三敎一致)를 주장하셨어요. 필연적으로 회통이 안될 수 없는데 아직 원통불교가 되지 못하고 있는 것은 우리가 아직 부처님의 가르침을 철저하게 구명하지 못했기 때문입니다. 불심을 견증(見證)-체험하고 봤다고 생각하면 응당 원통무애한 데까지도 이르러야 하지요.

재가(在家)불자는 특히 어렵고 출가(出家)불자도 쉬운 일이 아니겠지만, 앞으로 불성(佛性)의 체험에다 역점을 두어 정진한다면 원통불교도 이루어질 것입니다. 불성을 체험하려면 철저한 계율이 뒤따라야 합니다. 더 나아가, 하나님이든 알라신(神)이든 부처님이든 관계없이 진리의 알맹이만을 통합한다면 불교인들이 갈망하는 통불교(通佛敎)뿐만 아니라 타종교와의 벽도 무너뜨려 통종교(通宗敎)로 까지도 이루어 낼 수 있다고 믿고 있어요.

그것이 어려운 작업이고 상당한 시간을 요한다 하더라도 불교는 마땅히 원통적으로 나가야 합니다. 회통이 안되면 불교는 설 땅이 없을 것입니다.

불교도 물론 그랬습니다만 과거에 종교는 국가나 사회에서 큰 역할을 담당해 왔습니다. 그러나 현재는 그다지 큰 영향력을 발휘하지 못하고 있습니다. 인간성 자체가 속화되어 그런 것일까요, 종교 자체에 문제가 있기 때문일까요?

▶두 가지 다 문제가 된다고 생각하고 있어요. 그러나 무엇보다 현대인들은 석가모니 부처님이나 성(聖)프란시스코처럼 불성(佛性)이나 신성(神性)이라는 참다운 영원성을 체험하지 못하고 있지요. 그런 깊은 영

원성에 대한 체험 내용이 빈약해요. 따라서 초인적인 행동도 취할 수 없어요. 불성은 무한공덕(無限功德)을 갖춘 것인데 불성을 체험하지 못하면 그 무한공덕을 발휘하지 못합니다. 신통자재(神通自在)가 안돼요. 또 산업사회의 물질문명이 발달하고 그걸 만끽하다보니 저절로 수행심도 줄어 버립니다. 결국 종교는 그래서 사회를 이끌어 가는 힘을 얻을 수 없게 된 것이지요.

불교가 구세(救世) 역할

현대는 불교가 중흥할 인연이 성숙한 때라는 주장도 불교계 일각에서 나오고 있습니다. 스님께서는 이 점에 대해 어떻게 생각하시는지요?

▶저도 그렇게 믿고 있어요. 현대는 과학만능시대인데, 과학의 근원은 무엇인가, 물질의 본질은 무엇인가? 하는 문제는 불교가 아니면 풀 수 없기 때문이지요.

그리고 가장 긴요하고 급한 문제인 인간의 본성 문제도 불교가 아니면 풀 수 없다고 생각해요. 따라서 불교가 아니고서는 현대적인 구세(救世) 역할을 할 수 없다는 신념을 가지고 있습니다.

물질(物質)도 결국 비물질(非物質)

과학이야기가 나왔습니다만 종교와 과학은 배치되는 것으로 대부분 알고 있는데 불교의 신비체험과 과학의 관계는 어떤 것으로 보고 계십니까?

▶제 개인적인 체험은 별것 아니지만 불경에서나 도인(道人)들이 밝혀 놓은 것을 보면 자연과학적인 문제들을, 지금 과학술어로 설명한 것은 아니라고 해도, 아주 소상히 밝혀 놓고 있어요.

불교에서는 '제법공(諸法空)'이라는 것을 말하는데, 그것은 어떤 물질이든지 그 실상(實相)은 물질 아닌 비물질 곧 공(空)이라는 것입니다. 이것은 현대물리학에서도 증명되고 있지요. 중성미자(中性微子) 같은 것은 전하(電荷)도 없고 물질적인 흔적도 없이 에너지만 남는다는 것이 물리학의 결론이지요. 현대과학은 제법(諸法)이 공(空)한 자리 즉, 에너지만 남는다는 것을 증명은 했지만 에너지가 되어버리는 실체는 구명해 내지 못했어요. 그 실체까지 밝힌 것이 '진공묘유(眞空妙有)'라는 불교의 이론인데, 단공(但空)이 아니라 진공묘유가 바로 실체라고 하고 있어요. 『반야심경』의 '색즉시공 공즉시색(色卽是空 空卽是色)'이 그것입니다. 과학은 공(空)은 알지만 공의 알맹이는 몰라요.

육바라밀(六波羅蜜)의 수행(修行)

우리나라에서는 재가불자들의 신심(信心)이 기독교 보다 약하다는 평을 받는 것 같습니다. 재가불자들이 생활하면서 지켜야 할 구체적인 수행방법에는 어떤 것이 있습니까?

▶불교도보다 기독교도의 신앙의 열도가 높다는 것은 저도 느끼고 있습니다. 불교는 자아의 계발, 진아의 체험을 주로한다는 데서 우리의 본성인 불성(佛性)에 대한 인격성을 소홀히 하는 경향이 있지요.

자아(自我)를 구한다 하더라도 아직 체험 못한 불성을 흠모해 갈구하는 형식이 필요해요. 우주 어디에나 있는 부처님을 우리가 인격적으로 수용해서 흠모하는 정신이 아직 미흡하지만 반드시 필요하다고 느끼고 있습니다.

재가신도들이 항상 지켜야 할 수행의 방법은 바로 육바라밀(六波羅蜜)입니다. 곧, 마음에 집착없이 베푸는 보시(布施), 행동과 언어를 바르게 하는 계율을 지키는 지계(持戒), 마음에 거슬릴 때 강인하게 참고 견디는 인욕(忍辱), 선행(善行)을 끊임없이 닦아나가는 정진(精進), 들뜬 마음을 거두어 근본마음자리인 청정한 불심(佛心)에 고요히 잠기는 선정(禪定), 우주만유의 실상은 일체 지혜공덕을 원만히 갖춘 부처님이라는 생각을 여의지 않는 지혜(智慧) 등 부처님의 가르침을 지키는 일이지요.

이 절에 오시자마자 도반(道伴) 20여명과 함께 3년결사(三年結社)를 발원, 지난 1월에 끝내셨다고 들었읍니다. 혹시 3년결사가 구산선문(九山禪門)의 하나였다가 거의 폐사될 지경에까지 이르러 있던 태안사의 중흥이나 한국의 선풍진작에도 관계가 있었는지요.

▶복합적인 것이지요. 불가(佛家)가 쇠미한 것은 정진이 안된 탓입니다. 정진을 해야 불성을 견증할 것인데 정진이 부족해요. 내 자신도 그랬지요. 때마침 같은 뜻을 가진 도반들이 운집했던 까닭도 있어요. 일반적인 수행으로는 높은 경지에 들 수 없어요. 그래서 별시수행(別時修行)을 한 것 뿐이지요. 선풍(禪風)진작이란 분수에 넘치는 일이예요. 그건 불가(佛家)에 힘이 생기면 저절로 되는 것입니다.

특별히 계획하고 계신 일은 없으신지요.

▶뭐 꼬집어 말할 만한 것은 없어요. 제 공부가 아직 미흡하기 때문에 신명을 다해서 정진하고 금생에 못 이루면 내생에라도 계속 정진하겠다는 주의지요. 도반들과 더불어 공부해 간다는 생각만 하면서 살고 있습니다.

-큰스님께서 동리산(桐裏山) 태안사(泰安寺) 금강선원(金剛禪院)에 주석하실 때 한국경제신문 고광직(高光稙) 문화부장과의 대담임, 1988년 5월 22일 부처님 오신 날 한국경제신문 게재

'무아(無我)·무소유(無所有)'의 삶을 살아야

'봄이 오매 풀 절로 푸르더라.(春來草自靑)'는 어느 선사(禪師)의 간절한 가르침이 시공(時空)을 넘어 또 다시 되살아나는 계절이다. 얼마나 많은 봄이 깨달음의 빛을 가득 머금고 동리산(桐裏山)을 스쳐갔던가!

봄빛 완연한 곡성 동리산 기슭에서 법계(法界)에 가득찬 광명을 포착, 찾아오는 사람들에게 삶의 새 이정(里程)을 제시해 주며 사는 숨은 선장(禪匠) 청화 스님, 웬만큼 공부했다는 수행자나 신도들 사이에서는 이미 고준한 인격자이자 호남의 도인(道人)으로 알려져 있지만 세인들에게는 꽤나 낯선 이름이다.

불기 2531년 부처님 오신 날을 며칠 앞둔 지난 4월 26일, 전남 곡성군 죽곡면 원달리 태안사로 청화 스님을 찾아가 부처님 오신 참뜻은 무엇이며 어떻게 살아야 할 것인가에 대해 옥음(玉音)을 청했다.

개인적 부귀와 영화를 마다하고 헛된 이름을 피하여 숨어산 40년 세월, 오랜 침묵을 깨고 마침내 세상을 향해 말문을 연 청화 스님의 첫 마디는 '무아(無我)·무소유(無所有)의 삶을 살아야 한다.'는 것이었다.

스님에 관한 소식이 매스컴 등을 통해 외부로 알려지는 일이 거의 없기 때문에 스님의 근황을 궁금해하는 분들이 많습니다. 요즘 어떻게 지내시며 건강은 어떠신지요?

▶부처님의 가피로 잘 지내고 있습니다. 저는 언제나 사내(寺內) 대중과 더불어 같은 생활을 하지요. 새벽 2시 30분쯤 일어나 3시 예불 후 2시간 동안 좌선(坐禪)하고 8시부터 다시 입선(入禪)하여 10시 방선(放禪)합니다. 점심 공양을 마치고 나서 오후 2시부터 4시까지 좌선하고 저녁 예불 후 또다시 좌선에 들어갑니다. 그리고 40년 승려생활을 해오면서 앓아 누운 적은 한번도 없을 정도로 건강하답니다.

군불 때고 빨래하는 등의 일을 손수 하신다고 들었습니다만…
▶수행자로서 당연한 일이지요. 옛 선사들께서도 자기 일을 자기 스스로 하여 후세인들에게 모범을 보이신 생활을 하였습니다. 알고 보면 일하는 즐거움도 적지 않거든요. 봄 되면 씨앗 뿌리고 가을에 수확하는 그것이 바로 선(禪)이 아니겠습니까?

오는 5월 5일(음력 4월 8일)은 부처님 오신 날입니다. 부처님께서 사바세계에 오신 참뜻이 어디에 있다고 보십니까?
▶부처님께서 이땅에 오신 참뜻에 대해서는 잘 아시다시피 이미 종정 예하께서 좋은 법문(法門)을 설하시어(도하 신문에 보도된 종정 법어를 지칭하는 듯) 이 산승이 새삼 다시 말씀드릴 것이 없습니다. 그러나 물어오셨으니 대답하지 않을 수도 없고…. 저는 부처님께서 이 땅에 오신 뜻은 부처님께서 교시(敎示)한 가르침에 따라 중생들이 무명(無明)에 의한 미혹된 삶을 버리고 정견(正見)에 입각한 올바른 삶을 살도록 하기 위한 것이라고 봅니다.

정견(正見)에 입각한 바른 삶이란 어떤 것인지 좀 더 구체적으로 말씀해 주십시오.
▶산승은 불교의 도리가 곧 우주의 도리라고 봅니다. 즉 불타의 가르침이 우주자연의 근원적 도리와 일치한다는 말입니다. 이 도리에 부합하는 인간의 삶이란 바로 '무아(無我)·무소유(無所有)'의 삶입니다. 존재를 바로 보면 '무아(無我)'이고 무아(無我)이므로 자연 '무소유(無所有)'인 것입니다. 수행자이든 아니든 누구든지 '무아(無我)·무소유(無所有)'의 삶을 살아야 하는 것입니다.

물론 이러한 도리를 체득한 진정한 도인(道人)이 아닌 담에야 '무아(無我)·무소유(無所有)'의 삶을 살기란 거의 불가능할지도 모르지만 그렇게 살기 위해 노력하는 것이 무엇보다도 중요하지요.

앞서 정견(正見)이라고 말씀하셨는데 사물과 현상에 대해 어떻게 보는 것을 정견이라 할 수 있는지요?
▶사람의 마음이란 마치 허공과 같이 광대무변하고 무장무애(無障無碍)하여 그 무엇에도 걸림이 없고 아무런 자취도 없지만, 그러나 그 실상(實相)은 무한한 능력을 두루 갖춘 생명의 본질로서 곧 불성이라고도 부르는 것입니다. 경전에 '마음이 바로 부처이고 부처가 곧 마음[心卽是佛 佛卽是心]'이라고 한 것은 이를 지칭한 말입니다.
인간을 비롯한 일체 만유(萬有)는 모두 불성(佛性)의 광명으로 이뤄진 화신불(化身佛)이며, 우주의 실상은 바로 장엄한 연화장(蓮華藏)세계요, 극락세계인 것이지요.
그런데 어두운 번뇌에 휩싸인 중생들이 그러한 자기 근원을 모르고 만유의 실상을 보지 못하기 때문에 잠시 인연따라 이루어진 전변무상(轉變無常)한 가상(假相)만을 집착하여 너다, 나다, 내것이다 하며 파멸의 구렁텅이로 달려가는 것입니다. 사물과 현상에 대한 올바른 안목을 가지지 못하면 '무아(無我)·무소유(無所有)'의 바른 삶을 살 수 없다는 것은 자명(自明)하지 않겠습니까?

무아(無我)라는 말은 현실적으로 많은 오해를 불러 일으키고 또 잘못 쓰이는 경우가 많은 용어인데 스님께서 말씀하시는 '무아(無我)'의 참뜻은 무엇인지요.
▶우리의 몸과 마음은 인연 따라 잠시 구성되어 있는 임시적 존재라 하겠습니다. 불교적 표현으로 사대(四大) 곧, 물질적 구성요소인 지(地)·수(水)·화(火)·풍(風)과 오온(五蘊) 곧, 정신과 물질의 구성요소인, 색(色)·수(受)·상(想)·행(行)·식(識)이 가화합(假和合)하여 잠시 머무르므로 무상(無常)이라 하겠고, 따라서 고유한 나[我]가 없으므로 무아(無我)라 할 것입니다.
이로써 미루어 볼 때 무아(無我)는 불교의 도리만 아니라 우주의 도리이며 과학적 진리인 동시에 철학적 진리임이 분명해집니다.

흔히들 현대를 일컬어 물질의 가치가 더 존중되는 시대라고 표현합니다. 물질 지상주의라고 할까요. 아무튼 이러한 시대적 병폐를 고칠 수 있는 묘방(妙方)이 있으신지요?
▶물질의 실상을 바로 본다면 '본래 없는 것(本無:空)'임을 알게 될 것입니다. 『금강경』에서도 '불성(佛性) 이외의 모든 것은 마치 꿈같고 허깨비같고

물거품같고 그림자 같나니…(一切有爲法如夢幻泡影)'라고 하셨듯이 허망 무상한 것이 물질의 본래적 속성임을 알아야 하겠습니다. 물질과 정신 등 모든 것의 바탕이 되는 '공(空)', 다시 말해 진아(眞我)이자 대아(大我)인 그것을 인식하지 못함으로써 탐욕과 번뇌로 얼룩진 삶을 떨쳐버리지 못하는 것이지요.

요즘 모 재벌그룹의 총수가 자살직전 작성한 유언장에서 '먼저 인간이 되시오.'라고 한 말은 이 시대의 '비인간화(非人間化)' 추세를 단적으로 보여준 예라 하겠습니다. 인간의 '비인간화' 병증을 구료(救療)할 인간성 회복의 묘약은 없는지요?
▶인간이 보다 더 인간다워질 수 있는 길에는 여러 가지가 있겠습니다만 먼저 정견(正見)을 확립하는 것이 무엇보다도 중요하다고 봅니다. 정견의 확립을 통해 우주의 도리에 맞는 인간다운 인간이 될 수 있으리라는 얘기죠.
나와 남이 둘이 아니고 우주의 삼라만상이 평등 무차별한 하나의 존재이며, 유정(有情)은 물론 무정(無情)까지도 모두가 부처임을 여실히 인식한다면 이를 정견의 확립이라 할 것입니다.
이와 같이 시방삼세에 변만(遍滿)한 법신불(法身佛)을 인정할 때 비로소 정견의 확립은 가능해지고 정견에 입각하여 우주와 불법의 도리에 어긋나지 않게 '무아(無我)·무소유(無所有)'의 삶을 살도록 다 같이 노력해야겠지요.
각자 자기 생명의 본원(本源)인 불성을 자각하여 부처님[大我]이 되고자 노력해야만 갈등없는 참된 인격을 갖출 수 있으리라 생각됩니다. 부처님이 되고자 노력한다는 말은 바로 우주의 도리에 부합하는 인격이 되도록 힘쓴다는 뜻이지요.

요즘 가치관의 혼돈으로 인해 정신적 위기를 맞고 있다는 느낌입니다. 이러한 시대 상황 속에서 우리들은 주어진 삶을 어떻게 살아야 보다 가치있는 삶이 될런지요?
▶우선 찰나에도 부처님을 떠나지 않는 생활을 하는 것이 중요하지요. 부처님을 모든 생명의 본원(本源)으로 파악하는 것과 생명의 본원에 배치되지 않는 삶을 사는 것이 다 같이 중요합니다. 생명의 고향, 부처님을 떠나지 않는 삶이란 일찍이 여러 부처님께서 교시하신 '온갖 나쁜 짓을 그치고 모든 좋은 일을 봉행하라(諸惡莫作 衆善奉行)'는 가르침에 따라 사는 것을 의미합니다.
부처님에게서 떠나지 않기 위해 계율을 지키고 십선(十善)을 닦으며 참선을 하고 부처님 이름을 외우는 등의 여러가지 수행을 하는게 아니겠습니까? 염념상속(念念相續)하여 잠시의 간단(間斷)도 없이 부처님에게서 떠나지 않는 생활을 하다 보면 자신은 물론 가정과 사회, 나라까지도 좋은 방향으로 발전을 이룩하게 될 겁니다.

생명의 본원인 부처님을 깨닫기 위해, 즉 부처님과 내가 둘이 아님을 여실히 인식하기 위해서는 어떻게 공부해야 하겠습니까?
▶옛말에 '우주의 대도(大道)로 들어가는 길에는 따로이 문이 없다(大道無門)'고 했듯이 성불을 위한 수행방법에는 헤아릴 수 없는 많은 길이 있는데 각자 자기 근기에 맞는 방법이 최선의 법문(法門)이 됩니다.

성불의 길에 따로이 문이 있지는 않지만 따지고 보면 8만 4천의 한량없는 법문(法門)이 있으며 이를 요약하면 네 가지 수행법으로 구분지을 수 있습니다. 곧 참선(參禪), 염불(念佛), 간경(看經), 지계(持戒)의 네 가지입니다.

청허(淸虛) 스님께서 '선(禪)은 부처님 마음이고 교(敎)는 부처님 말씀(禪是佛心 敎是佛語)'이라고 하였듯이 선(禪)이 비록 망상을 떠나 부처님의 마음을 체인(體認)하는 첩경이라고 할 수는 있으나 그것만이 최상유일의 방법이란 생각은 편협한 사고방식이지요. 과거 우리네 원효·의상·자장·보조·의천·태고·나옹·무학·기화·서산·사명·연담 등 선교(禪敎)의 대종장(大宗匠)들이 너 나 할 것 없이 모두 염불을 강조하고 몸소 실천하기도 한 것은 간화선(看話禪)만을 유일한 수행방법인양 오해하고 있는 우리나라 불교의 현실에 비추어 볼 때 시사하는 바 크다 하겠습니다. 가까운 일본이나 중국의 불교에서도 여러 가지 선(禪)법이 고루 인정받고 발전해온 데 반해, 유독 우리나라 불교계만 간화선 일변도로 치우치는 듯한 풍조는 반성해야 할 점입니다. 본체만 여의지 않으면 염불 지계 간경이 궁극적으로 선(禪)이 아님이 없습니다.

근대 선지식 중 가장 존경하는 분이 있으시다면…
(스님은 창밖을 가리키면서)
▶저 산에 만약 꽃 한송이가 있다면 얼마나 불품이 없을 것이며, 과연 산이라고 말할 수 있겠습니까? 선지식들께서는 모두 독특한 빛깔과 향기를 지녔던 분들이며, 저는 그분들 모두를 다같이 깊이 존경하고 있

습니다. 제게도 소속문중이 있고 직계스승이 있으나 부처님 법 앞에서 문중의식을 조금치라도 지녀서는 안되겠지요.

다만 한 가지, 정견(正見)을 확립하지 못한 채 남을 지도한다면 그것은 곧 남을 정신적으로 병들게 하는 '병도사(病導師)'인 만큼 맹목적으로 추종해서는 안 될 것입니다.

세상에 이름이 알려지지 않도록 지나치게 애쓴다면 겸손을 위한 겸손, 은둔을 위한 은둔이 되지 않겠습니까?

▶저는 그렇지는 않습니다. 다만 참선수행시 네 가지 방해되는 일을 피하는 것 뿐이죠. 방선(妨禪)의 네 가지 조건은 인간관계[人事]·생활(生活)·학문(學問)·기능(技能) 등으로 공부하는 사람이라면 누구나 피하는 법입니다.

공부하는 후학들을 위해 스님께서 체험한 오도(悟道)의 기연(機緣)과 그 당시 오도송(悟道頌)을 소개해 주셨으면 합니다.

▶천부당 만부당한 말입니다. 저는 이제 막 입산한 행자처럼 아직껏 초심(初心) 경계를 벗어나지 못하였으니 어찌 감히 오도송을 읊겠습니까? 굳이 물어 오셨으니 제가 평소 애송하는 옛 선지식의 게송 하나를 소개하는 것으로 답할까 합니다.

'온갖 반연 모두 쉬고서, 다만 아미타불만을 염하나니, 바로 그것이 여래선이며, 그것이 바로 조사선일레(萬緣都放下, 但念阿彌陀, 卽是如來禪, 卽是祖師禪)'

오랜 시간 동안 저와 많은 불자들, 그리고 관심 가진 수많은 사람들을 위해 법문 들려주시어 감사합니다.

(인터뷰가 끝난 시간은 오후 2시, 스님은 곧바로 좌선에 들어 무심삼매로 몰입하기 시작하였다.)

청화(淸華) 스님은 1923년 전남 무안군 운남면 연리에서 태어나 24세 되던 1947년 송만암 스님의 상좌인 금타 스님을 은사로 하여 백양사 운문암에서 출가 득도하였다. 이후 40여년 간 제방 선지식들을 찾아 전국의 유수 선방과 토굴을 유력(遊歷)하며 수행에만 전념해 왔다.

오랜 토굴생활 끝에 경기도 안성 칠장사에서 한철 살고 나서 2년 전 태안사에 오시어 퇴락해가는 절을 일신(一新)시키는 한편, 상시선원(常時禪院)을 열어 출가 스님은 물론 재가신자들에게도 선을 공부하게 하였다.

지난 85년 10월 보름부터 21명의 선승(禪僧)들이 태안사에 모여 산문(山門)을 걸어 잠근 채 조사관(祖師關)을 뚫기 위한 3년결사(結社)에 들어가자 스님은 조실로서 이들을 지도하는 한편 함께 정진하고 있다.

태안사는 신라말엽 혜철 스님이 중국의 서당(西堂) 화상으로 부터 법등(法燈)을 이어와 구산선문(九山禪門)의 하나인 동리산문(桐裏山門)을 열고 선풍(禪風)을 크게 드날렸던 유서깊은 절이다.

-부처님 오신 날(佛誕節) 특별 인터뷰로 불교신문 김윤세(金倫世) 기자와의 대담, 불기 2531년 5월 6일 부처님 오신 날 불교신문 게재

연기도리(緣起道理)를 깨달으라!

청화(淸華) 스님!

흰구름에 얼굴을 파묻고 서 있는 청산(靑山)과도 같이, 신비롭고 신선한 이미지로 우리에게 도인(道人)으로 알려져 있는 스님은, 곡성 동리산 태안사에 주석중이다.

구산선문(九山禪門) 중에서도 그 비조격이었던 동리산 태안사는 곡성읍으로 부터 30km를 더 달려야 하는 곳에 있었다.

구례쪽으로 흘러내리는 섬진강을 왼쪽으로 끼고, 오른쪽으로도 역시 구례쪽으로 달려가는 전라선 철도를 끼고 포장도로를 18km를 달려 압록역을 벗어나면, 서쪽에서 흘러온 보성강줄기가 섬진강과 만나는 곳에 이른다.

포장도로는 그대로 다리를 건너가도록 놔둔 채, 청법자(請法者)가 탄 차는 보성강 줄기를 따라 오른쪽으로 갈려난 비포장도로로 꺾어든다.

길은 가파른 산기슭 암벽을 깎아 1차선으로 어렵게 나있고, 보성강은 그 발 밑 저 아래로 흐른다. 차창밖으로 내려다 보이는 보성강물은 비취빛이다. 폭넓은 강류의 건너편 기슭에는 검은 빛을 띤 돌들이 물가에 엎드려 있는데, 조개를 캐는 것일까? 허리를 구부린 아낙네 두어 사람이 황새처럼 느릿하게 움직이고 있다.

이곳에는 은어가 많아 여름이면 피서객들이 강을 덮을 정도란다.

6km를 그렇게 달리면 길은 또 갈래난다. 청법자(請法者)가 탄 차는 왼편으로 꺾어 다리를 건넌다.

새 다리는 시멘트로 된 태안교, 폭이 2차선으로 넓어져 있다. 다리를 건너면 도로도 2차선.

"이 다리는 스님이 놓으셨지라우. 이 길도 스님이 내시고라우."

스님이란 청화(淸華) 스님을 가리키는 것임을 택시 기사의 설명없이도 알 수 있다. 청화 스님이 곡성골에 가득 차 있다는 느낌이다.

태안교로 부터 태안사까지는 6.5km, 이 다리와 길이, 스님이 태안사에 주석한 후로 닦여진 것이다.

스님을 존경한 곡성 군수가 스님에게 바친 신심의 표현이었음은 절에 가서야 안 일.

어느새 가을이 다 갔는지, 길 양 옆에는 잎마저 말라버린 코스모스 앙상한 줄기들이, 못다진 한 두송이 가냘은 꽃잎을 한들거리며 늦가을을 지키고 있다.

"여기서부터 절로 들어가는 길입니다요."

개울을 끼고, 잡목과 측백나무, 전나무 등이 어우러진 숲 사이로 난 길은, 하늘이 나뭇가지로 덮여져서 활엽수 잡목들의 물든 잎이 벌써 반쯤은 졌는데도, 그늘에 덮여 있다.

"여기서부터 2.5킬로여라우."

향긋한 낙엽 냄새를 담뿍 담은 서늘한 산기(山氣)가 가슴 구석으로 깊이 파고 든다.

청법자(請法者)는 어머님이 계시는 고향에라도 돌아온 듯한 행복감에 젖는다.

조용한 물소리를 들으며 싱그러운 숲속으로, '반야교'를 지나고 '해탈교'를 지나 그렇게 한참을 가노라면 능파각(凌波閣)이란 크지 않은 현판을 이마에 걸고 서 있는 고건물이 개울의 양 언덕에 걸터서서 검푸레한 암반을 깎아 흐르는 물을 그 마루 밑으로 흘려 보내고 있다.

앞이 훤히 열린다. 태안사 건물들의 지붕이 높은 축대 위로 드러나 보인다.

황국이 노랗게 피어있는 선방(禪房) 앞뜰을 지나 숲속으로 들어가는 길을 밟아, 개울을 지나 계단을 올라가니, 조그만 토굴이 있다.

안내하는 선방의 선덕(禪德) 금산 스님이 문밖 뜰에 서서 방문을 신고한다.

"스님 제가 왔습니다."

안에서 방문 열리는 소리가 들리더니 곧 현관문이 열린다.

깡마른 몸에 안광이 번쩍이는 중키 정도의 늙수그레한 주인이 들어 오라고 허락한다.

청법자는 두 평도 못 될것 같은 천정이 낮은 방안으로 안내되어 3배를 드린다.

일배를 맞절로 받으신 스님은 청법자에게 일배만 하라고 말리신다.

기어이 3배를 마치고, 청화 스님의 빛을 쏘아내는 형안(炯眼)을 지켜보며 스님께 여쭈었다.

연기도리(緣起道理)를 깨달으라! 315

본분(本分)

스님, 『원각경』 보안보살장(圓覺經 普眼菩薩章)에, '선남자(善男子)야, 이 보살(菩薩)과 말세중생(末世衆生)이 여러 환(幻)을 증득(證得)하여 영상(影像)을 멸(滅)한 고로, 이때에 곧 모없이 청정함을 얻을 것이니 무변허공(無邊虛空)이 각소현발(覺所顯發)이니라, 각(覺)이 둥글고 밝은 고로 나타나는 마음이 청정하며, 마음이 청정한 고로 보이는 것이 청정하며, 견(見)이 청정한 고로 안근(眼根)이 청정하며 근(根)이 청정한 고로 안식(眼識)이 청정하며…'라고 말씀되어 있습니다.

이 말씀중에 '무변허공 각소현발(無邊虛空 覺所顯發)'이라는 부분이 예로 부터 그 해석을 놓고 공부인(工夫人)들 사이에 이견(異見)이 있어온 것으로 알고 있습니다. 스님, 깨달으면 무변허공(無邊虛空)과 같은 경계가 나타난다는 뜻입니까? 그보다도 번뇌망상이 모두 잠자서, 환상이 없어지고, 주객(主客)·시공(時空)이 없어져 무변허공과 같이 되어지면, 산을 만나면 산이 되고, 물을 만나면 물이 된다는 뜻입니까?

무변허공이 각소에서 나타난다고만 하면, 그 앞의 변득무방청정(便得無方淸淨)이라는 말씀과 중복되지 않겠습니까? 스님께서 학인(學人)들의 미혹(迷惑)을 가려주십시오.

▶지금 물으신대로 견해(見解)를 두 가지로 가질 것이 아니고 두 가지 견해를 하나로 해야 합니다. 깨달음 없이 무변허공과 같은 청정한 경계를 얻을 수가 없는 것이지만 청정함 없이 깨달음이란 얻어질 수 없습니다.

현상계(現象界)가 모두 환(幻)임을 알고 모든 영상(影像)이 멸해 없어진 자리를 얻으면 그때그때 일어나는 경계가 모두 청정하지 않음이 없지요.

부처님께서 하신 말씀은 모두 부처님께서 법성(法性)을 온전히 얻으시고 선정해탈(禪定解脫)을 하신 후에 하신 말씀이기 때문에 해(解)로 알아볼 수 있는 차원이 아닙니다.

오(悟)의 경계에도 심천(深淺)에 현격한 차이가 있습니다. 혜해탈(慧解脫)에 머물 것이 아니고 구해탈(俱解脫)을 증득(證得)해야 합니다. 선정(禪定)·삼매(三昧)를 닦지 않고는 생사(生死)를 초탈하는 구해탈(俱解脫)을 얻을 수가 없습니다.

일미평등(一味平等)한 진여불성(眞如佛性)을 얻으면 그때에 화장세계(華藏世界)를 그대로 볼 수 있습니다.

있는 그대로 모두가 진리 아님이 없는 것을 중생이 어두워 보지 못할 뿐입니다. 진리가 그대로 우리 앞에 항상 전개되어 있습니다.

스님, 『유마경』「불이법문품」에 보면, 삼십일명의 보살들이 저마다 불이법문(不二法門)에 드는 견해를 말하고 나서, 보살들이 문수보살에게 "어떻게 하는 것이 보살이 불이법문에 드는 것이냐."고 묻습니다.

문수보살이 여러 보살들에게 대답하기를 '일체법(一切法)에 있어서 그것을 설(說)하는 것도 없고, 해설[言]하는 것도 없으며, 이것은 좋고 저것은 나쁘다고 하는 것(示)도 없고 알음알이 내는 것[識]도 없어 모든 문답을 떠나는 것을 보살이 불이법문에 드는 것이라고 한다.'고 말하고, 유마거사에게 묻기를 '무엇이 보살이 불이법문에 들어가는 것입니까?' 하니 유마거사가 이때에 '묵연무언(默然無言)' 잠자코 말을 하지 않았습니다. 스님, 스님께서는 묵연무언(默然無言)하시지 마시고 보살이 불이법문에 드는 법(法)을 일러주십시오.

▶불이법문 아님이 없는데 새삼 무엇을 말하겠습니까? 어묵동정(語默

動靜)에 어묵동정(語默動靜)이라 하면 그것이 곧 분별(分別)이지요. 불이법문은 분별을 떠나는 것입니다.

『금강경(金剛經)』에 말씀 하시기를 '선남자 선여인이 발아뇩다라 삼먁삼보리심일 땐 응여시주 여시항복기심(應如是住 如是降伏其心)이니라.' 하였는데 '여시(如是)' 즉 '이와 같이'는 어떻게 하라는 뜻의 말씀이십니까.
▶제법(諸法)이 공(空)한 줄 알고 마음에 앙금을 두지 말라는 뜻입니다. 허공과 같이 비고 걸림없는 자리에서 마음을 써야 합니다. 역시『금강경』에 '응무소주 이생기심(應無所住而生其心)'이라고 말씀하셨지요.

우리 불자들이 모임을 갖거나 의식을 집행할 때, 빠짐없이 독송하는『반야심경』에 '색즉시공 공즉시색'이라고 말씀되어 있습니다. 이 말씀은 색과 공이 동시적(同時的) 존재라는 말씀이기도 합니다. 색과 공을 동시에 성립시키고 있는 것은 무엇입니까?
▶그것은 중도(中道)이고 중정(中正)이겠지요. 바꾸어 말하면, 현상(現象)으로 보면 '색(色)'이지만 실상(實相)으로 보면 '공(空)'이라는 뜻입니다. 미루어 짐작으로 이해할 수 있는 일이 아니지요.

공부(工夫)
스님, 이제 공부하는 방법에 대하여 여쭈겠습니다. 부처님 재세시(在世時)의 원시교단에서는 지관수행법(止觀修行法)외에 다른 공부법이 있지 않았습니다. 지관수행법에 대하여『잡아함경』에서는 이렇게 말씀하고 계십니다.

'난타여, 마땅히 이법(二法)을 닦으라. 이법(二法)이란 지(止)와 관(觀)이니라.'
'비구여, 선(禪)을 닦는 데에는 안으로 마음을 고요히 하고 정진(精進)하여 여실히 관할지니라.'
'수행자는 혹 먼저 적(寂:止)을 얻고 뒤에 관(觀)에 들어가기도 하며, 혹 먼저 관(觀)을 얻고 적(寂)에 들어가기도 하거니와, 선후에 관계없이 다 해탈(解脫)을 얻게 되느니라. 적(寂)이란 그 마음이 움직이지 않고 어지럽지 않으며, 방일하지 않는 것을 말하고 정법을 관찰하여 정법대로 보고 깨달음을 관(觀)이라고 하느니라.' 등을 볼 수 있습니다.

그 밖에도 지관수행에 관한 말씀은 많이 있겠습니다만, 이 지관수행법은 마음을 고요히 안정시키고, 진리를 관하는 것으로, '디아나(Dhyāna)' 즉 선나(禪那)입니다. 그런데 이 선(禪)이 중국에 들어가서 간화선(看話禪)으로 발달하고, 중국을 통해 선(禪)을 들여온 우리나라는 지금 대부분의 선방이 간화선(看話禪)을 따르고 있습니다. 스님, 저도 화두(話頭)를 합니다만, 화두를 잘못하면 평생을 그르치게 됩니다. 제 경우를 말씀드리면 '홀연한 한 생각이 산하대지를 일으킨' 이후에 유무가 모두 병인 줄을 알기까지는 20년을 헤매야 했습니다.

스님, 공부인들이 어떻게 공부를 하면 잘못되지 않고 성취할 수 있겠습니까? 공부하는 방법을 말씀해 주십시오. 간화선(看話禪)만이 정도(正道)고 다른 법은 모두 사도(邪道)입니까?

▶어떤 방법이건 지금 전해지고 있는 방법은 다 옳다고 생각합니다.
간화선(看話禪)이건 묵조선(默照禪)이건, 또 염불선(念佛禪)이건, 모두 자신의 근기에 맞춰 하는 것이니까, 어느 한 가지만을 고집하는 것은 옳지 않습니다.

사람의 근기가 이성적인 사람을 위해서는 수법행(隨法行)이 발달하고, 감성적인 사람을 위해서는 수신행(隨信行)의 행법이 발달되었습니다. 이것은 당연한 발전으로, 각각의 행법내에마다 수많은 도인들이 배출되었으니, 행법의 우열을 가리거나, 어느 한 가지 행법만을 최고로 보는 것은 잘못입니다.

북송시대(北宋時代)에 간화선(看話禪)을 대성한 임제종(臨濟宗)의 대혜종고선사(大慧宗杲禪師)가 역시 같은 시대에 묵조선(默照禪)을 비난하자, 같은 묵조선파에 속하는 진헐청료선사(眞歇淸了禪師)가 삼조(三祖) 승찬(僧璨) 스님의 신심명(信心銘)을 들어 현지를 나타내는 글을 써서 때의 악폐를 바로 잡고, 난선맹오(亂禪盲悟)의 무리들을 교계(敎誡)하면서 종횡무애로 종고(宗杲)를 나무랐습니다.

그 글을 '진헐화상염고(眞歇和尙拈古)'라고 하는데, 진헐선사는 묵조선파에 속하면서도 염불선(念佛禪)을 했습니다.

진헐(眞歇)·굉지(宏智)·대혜(大慧) 세 분이 모두 천 여명의 회중을 거느리고 있었으니 염불선의 힘이 얼마나 큰 것이었던가 알 수 있는 일입니다. 그 후로도 원조(元朝) 때에는 중봉명본(中峰明本) 같은 거장(巨匠)이 30권에 이르는 저작에 근념아미타불가(勤念阿彌陀佛歌)를 포함하여 맥을 잇고 명조(明朝)때에는 선관책진(禪關策進)을 쓴 운서주굉(雲棲株宏)이 염불선을 하고 청(淸)을 거쳐 지금에 이르도록 대선사(大禪師)들이 간화선을 하면서 염불화두를 하고 있습니다.

스님, 염불선을 공부하는 방법을 상세히 말씀해 주십시오. 많은 공부인들이 뜻을 얻게 될 것으로 생각합니다.

▶염불선(念佛禪)에는 두 가지가 있습니다. 하나는 염불에 시삼마(是甚麽) 화두를 붙이는 것으로, 염불을 하면서, '염불하는 자가 이 누구인가?(念佛者是誰)' 참구하는 것이고, 다른 하나는 본래가 부처라는 확신을 가지고 부처님의 법신(法身)을 관(觀)하는 것으로 이것을 실상염불(實相念佛)이라고도 합니다. 중도실상(中道實相)을 아울러 관(觀)하는 것이지요. 이것은 보통염불과는 다릅니다.

처세간(處世間)

부처님께서 지금 이 땅에 출현하신다면 부처님께서는 세간중생(世間衆生)들에게 첫마디 말씀으로 무어라고 말씀하실까요?

스님께서 지금 세계의 모든 사람들에게 하시고 싶은 한 마디 말씀은 무엇입니까?

▶'연기(緣起)의 도리(道理)를 깨달으라.' 이렇게 말하고 싶습니다. 연기의 도리를 알게 되면 아집(我執)도 법집(法執)도 모두 없어집니다. 현상(現象)이란 모두가 인연에서 일어난 것이니까 고집(固執)할 것이 없다는 것을 알게 되지요. 연기법을 말하기는 쉬워도 얻기는 어렵습니다.

스님 앞으로 결코 멀지 않은 장래에 인류가 맞이하지 않을 수 없는 심각한 문제들이 한두 가지가 아닙니다만, 가장 심각한 점은 지구의 한계(限界)가 보이고 있다는 점입니다. 유엔이 조사한 보고자료에 의하면 세계인구의 증가율은 년평균 2.1%로, 배가 증가하는데 33년이 걸린다고 합니다. 1970년의 세계인구가 36억이었으니까, 2003년에는 지구상에 62억의 인구가 있게 된다고 추계하고 있습니다. 그런데 지구상의 잠재적 농업적지(地)는 약 32억 헥타아르인데 지금 그 절반 정도가 경작에 이용되고 있고 나머지는 개척, 개발비가 너무 많이 들어 농지화할 수 없다고 합니다. 게다가 인구가 증가하고 산업화 시설이 확장되어감에 따라, 주택·도로·각종시설 등으로 농업용지가 침식당하여, 100년 후에는 농경지가 약 반으로 줄 것이라고 합니다. 지금도 해마다 2천만 명 정도가 기아로 인한 영양 부족으로 사망하고 있고, 세계 인구의 약 3분지 1에 해당하는 저개발 인구의 50~60%의 인구가 지금 심각한 영양부족 상태에 있다고 합니다.

공기오염 수질오염으로 환경이 파괴되면 생태계에 혼란이 일어나고 깨끗한 물이 없으면 농사도 지을 수가 없게 됩니다.

한 가지나 두 가지 정도의 지하자원이 고갈되면 2차산업에 마비현상이 일어나 전 산업수단이 멈춰서게 됩니다.

스님, 어떻게 하여야 인류의 앞날에 닥쳐오고 있는 지구의 절망적 한계를 극복할 수 있겠습니까?

『법화경』「견보탑품」에, 부처님께서는 설법 들으러 모여오는 분신보살들을 회상에 수용하시기 위해 팔방의 천상계로 세번 공간을 넓히십니다.

석가모니 부처님의 삼변토전(三變土田)에서 무엇인가 시사되는 바는 없습니까?

▶인류의 장래에 대해서 낙관하고 있습니다. 인구의 기하급수적 증가, 환경의 오염, 자원의 고갈 등의 문제가 심각한 것은 분명하나, 나는 인간자체를 신뢰합니다.

모든 사람이 불성을 가지고 있으므로 불성이 계발되면 극복하지 못할 한계란 없습니다. 부분적인 특정분야만을 연구하는 과학도 어느 한 분야에서 진전을 얻으면 그것이 크나큰 보탬이 되지 않습니까? 유전공학이 발달하여 다수확에 비약적 성과를 기록해가고 있습니다. 불성에는 모든 것이 다 갖추어져 있으니까 모든 분야가 다 한계를 두지 않는다는 말입니다.

마르크스는 그의 유물사관으로 인류역사를 원시 공산사회로 부터, 농노·봉건·산업·공산사회로 발전한다고 설명하고, 그 발전법칙으로 '부정(否定)의 부정(否定)'이라는 혁명도식을 제시했습니다.
역사의 발전과정을, 투쟁을 통한 기존사회의 전복운동으로 본 것은 마르크스의 의도적 편견으로 생각됩니다. 이 부정의 부정도식이 공산 사회 이후를 제시하지 못하고 있는 것은 발전법칙으로서의 자가당착입니다. 그것이 운동법칙이 되려면 운동은 정지하지 않아야 하며, 공산사회 이후로도 발전해가야 합니다.
스님, 평화로운 조화 속에서 무한히 향상하고 발전하는 인류사의 발전 법칙이 불교사상에 있는 것으로 알고 있습니다
부정의 도식이 이미 고전이 되어가는 듯한 느낌이 들기는 하지만 유물사관을 순화하는 철학을 불교가 내놓았으면 하는 아쉬움이 있습니다. 스님께 복안은 없으십니까?
▶마르크스가 자본주의의 모순 구조를 지적한 점은 그의 공로라고 해도 괜찮을 것입니다. 그러나 자본주의 사회를 이상사회로 옮겨가는 과정에 부정의 도식을 내세워 유혈혁명을 합리화한 것은 큰 잘못입니다.
마르크스주의는 결국 불교의 자아개발로 극복될 수 있습니다.
'자아(自我)'가 개발되면, 마르크스주의만이 아니고 모든 문제가 홍로점설(紅爐點雪)로 녹아 없어집니다.
『유마경』「불국품」에 '보살이 정토(淨土:이상세계)를 이루고자 하면 마땅

히 그 마음을 맑혀야 하나니, 맑은 그 마음을 따라 불토(佛土:이상세계)가 곧 맑아지느니라(菩薩若欲得淨土當淨其心隨其心淨則佛土淨)' 하신 말씀이 있습니다.

사상가는 먼저 자아를 개발하여 그 마음을 맑혀야 합니다. 그런 면에서 마르크스는 미치지 못하고 있지요. 이상사회 성취는 인류의 공동염원입니다. 이상사회를 향한 인류의 발걸음이 비록 느리다고 할지라도, 결국은 불성(佛性)주의, 인도주의로 갑니다.

불교가 더 적극적으로 노력한다면, 이상 사회는 훨씬 앞당겨 성취할 수 있을 것입니다. 불교의 우월성은 현대과학이 자꾸 증명해가고 있습니다.

현대물리학이 물질의 실체가 없다는 것을 알아내어, 색즉시공(色卽是空)을 증명하고 있습니다. 과학이 발달할수록 불교는 더욱 진리로운 모습이 뚜렷해지고, 귀의하는 사람들도 많아질 것입니다.

「지면 관계로 이하 생략」

-주간불교에서 유심거사 청법순례로 큰스님을 뵙고 대담한 최유심(崔唯心) 주필의 대담임, 1988년 10월 31일 주간불교 게재

참마음 세계오면 사회악(社會惡) 사라져

지금은 사세(寺勢)가 약화되어 송광사(松廣寺)의 그늘에 묻혀 있으나 통일신라시대엔 구산선문(九山禪門)의 하나였던 태안사(泰安寺)의 큰 스님 강청화(姜淸華). 66세의 나이답지 않게 목소리에 울림이 있고 조용한 미소 속에서 안광이 무섭게 번쩍인다. 40여 년 동안의 토굴생활과 면벽정진(面壁精進)을 거듭하였고 최근 3년간도 태안사의 일주문 밖에 나가지 않고 참선을 거듭하였던 그는 "지금도 앉아서 수면을 취하느냐."니까 미소로서 답한다. "눕고 싶진 않느냐."고 물어도 여전히 미소.

1923년 무안군 운남면 연리에서 탄생, 24세 때 송만암(宋曼庵) 스님의 상좌인 금타(金陀) 선사의 문하에서 출가했다. 『정통선(正統禪)의 향훈(香薰)』이라는 법어집(法語集)이 간행된 바 있는 그는 계행(戒行)이나 불교이론에 다같이 투철하며 현실판독에도 예민하다.

광주항쟁에 대해서는 "1세기 이상의 이 나라의 업보가 맺힌 것"이라고 하면서도, 그러나 그 죄업을 지은 사람들은 책임을 지지 않으면 안 된다고 말한다. "사원이 산속 멀리 있고 스님도 이렇게 우리에게서 멀리 계신 것이 불교의 현실 외면 아니냐."니까 "가까이 있어서 좋은 점과 나쁜 점이 있고 멀리 있어서 좋은 점 나쁜 점이 있다."고 응답. 우리 사회의 내일과 인류의 장래에 대해서도 "불성(佛性)을 가진 인간은 능히 무명(無明)을 헤쳐나갈 것"이라고 낙관적으로 전망한다. 믿음에 의해서 성립되는 종교가 갖는 건강성일 것이다.

"무엇이 우리 사회에서 가장 시급한 것이냐."는 물음에는 "진정한 자아인 부처를 성취하고 고해에 헤매는 이웃을 또한 부처가 되게 하는 보편타당한 길, 그 길을 가는 것보다 더 소중한 일은 없다고 봅니다."라고 힘주어 말한다.

오랜만에 스님을 뵌 감회가 큽니다. 72년 여름에 뵌 것이 마지막이었으니 18년쯤 되었군요.
▶그렇게 오래 됐습니까. 정말 오래됐군요.

요즘도 변함없이 선(禪)에 정진하고 계시지요?
▶그것이 산승(山僧)의 업이라 놔서요.

그 시간표를 말씀해 주시겠습니까?
▶(쑥스러운 표정을 한참 지은 뒤) 새벽 2시 반쯤 일어나 예불하고 두어시간 좌선하고 8시경에 입선(入禪), 10시경에 방선(放禪)합니다. 그리고 점심 공양 후 2시경에서 4시까지 좌선, 저녁 예불을 한 뒤 또 좌선합니다.

지금도 손수 세탁하고 군불 뗍니까?
▶일하는 즐거움이 적지 않거든요. 노동자들이나 농사꾼들처럼 고된 일

이라면 못하겠지만 빨래 정도야 놈새 밭에서 일하는 것과 같잖습니까.
말씀드리기 거북스럽습니다만 저는 불교에 대해 문외한입니다. 아무리 책을 읽고 알려고 해도 윤곽이 잡혀지지 않습니다.
▶너무 어렵게 생각해서 그럴 겁니다. 사실 불교는 쉬운 겁니다. 밭에 씨앗 뿌리고 수확을 거두는 것이 바로 선이고 깨우침인 겁니다.

저는 그것이 불교의 관념적이고 사변적인 면 때문에 아닌가 합니다만…
▶그보다 믿음을 가져야지요. 사변적인 면이 없지 않습니다만…….

한국불교가 유신(維新)을 부르짖은 지 어언 70여 년이 됩니다. 그런데도 한국불교는 현대화가 미진한 상태이고 현대적 삶에 의해 불교(또는 그 敎理)가 재해석되지도 않았습니다. 불교는 옛날과 마찬가지로 산속에서 살고 있으며, 옛날과 같은 용어로 교화와 해탈을 말하고 있습니다. 즉 불교는 현대 속에서 중세적 논리와 체계를 유지하고 있다고나 할까요. 이 점이 반성할 점이 아닌가 생각합니다만.
▶최선생의 말 뜻을 알겠습니다. 그런데 여기서 우리가 유의해야 될 것은 두 가지 있습니다. 그 하나는 조선시대 5백년 동안에 불교가 금기시되어 '산중불교'가 되었으며, 그 긴 기간에 민중의 고통과 슬픔을 민중 속에서 이해하고 풀어주지 못했다는 점입니다. 이 둘은 불교가 현대적 성격과 다른 면이 없지 않아 있다는 겁니다. 현대는 그것이 자본주의 체제이든 사회주의 체제이든 물질중심적입니다. 그런데 불교는 그와 다른 '마음의 종교'입니다. 불교가 이 시대에서 현대인에게 쉽사리가 닿지 못하는 까닭이 여기 있을 겁니다.

제 소견으로는 현실이야말로 모든 사상·종교·문학을 낳는 밭이라는 생각이 듭니다. 그것들은 현실로 부터 비롯되고 현실을 뜻깊게 하며 현실을 변화시킵니다. 현실을 망각한 사유형태는 그것이 어떤 중요성을 갖는다 할지라도 어머니를 버린 불효와 같습니다. 우리가 죄 짓지 말고 올바르게 살자는 것은 오늘 '이곳에서의 우리 삶의 중요성' 때문이지 전생이나 내세를 위해서가 아닙니다. 해탈도 이곳에서의 고통스런 업보를 벗어나고자 한 것이지 극락행을 위해서는 아니라고 봅니다. 그 면에서 불교는 현실을-그것이 물질중심적 세계라 할지라도-너무 소홀히 하고 있는 것이 아닌가 하는 생각이 듭니다.

▶아니지요. 불교는 현실을 외면하지도 무시하지도 않습니다. 현실의 중요성을 인정했기 때문에 부처님은 마을로 내려 왔고 불교는 우리 가운데서 역사(役事)하게 된 것이지요.

다만 문제점은 물질 중심적인 이 시대에서 불교가 어떻게 자기전개를 해나가느냐 하는 것인데, 저는 그것을 물질중심적이기 때문에 마음의 종교인 불교가 바르게 대응해 나갈 수 있다고 봅니다.

마음이란 허공과 같이 광대무변하고 무장무애하여 그 무엇에도 걸림이 없고 자취도 없습니다. 그것은 불성(佛性)과 같고 빛과도 같습니다. 이에 비해, 인간의 제한된 시야에 비친 물질이란 다만 환영에 지나지 않는 것이며, 갈등과 대립, 모순으로 가득 찬 것입니다.

물질적 세계라고 할 수 있는 이 사회는 나와 남이 대립하고, 좌우 이데올로기가 대립하고, 노사가 대립하고, 학생들이 연일 시위하고, 인신매매, 성폭력 등의 사회비리가 횡행합니다.

그 갈등과 대립상을 비추어주는 것이 마음이며, 그 갈등 대립상을 해소

하여 동체대비(同體大悲)의 진정한 윤리관을 확립케 하는 것이 참 마음 즉, 불성입니다.

어느날 소림석굴에서 바위덩어리처럼 깊은 선정(禪定)에 잠긴 달마 대사에게 신광이라는 젊은 스님이 찾아와 마음이 불편하다고 했습니다. 그러자 달마 대사께서 "그러면 불편한 그대 마음을 가지고 오너라, 내가 편안케 해 주리라." 했습니다. 마음이란 모양이 없는 것, 따라서 편안하게 할 수도 불안하게 할 수도 없는 것입니다. 신광은 달마께 마음을 가져다 줄 수 없었습니다. 그는 그의 불편한 마음이 무명(無明)임을 거기서 깨달은 것입니다.

그렇다면 마음을 거울과 같다고 할 수 있을까요. 우리의 갈등과 대립상을 비출 수 있는…
▶그렇다고도 할 수 있을 겁니다.

방금 인신매매, 성폭력 등을 말씀하셨는데, 사회의 그같은 추한 면은 이 시대에 살고 있는 바로 우리 자신의 추(醜)의 반영이라고 할 수 있을 겁니다. 마음은 그 추(醜)도 비춰준다고 할 수 있을까요.
▶비춰줄 뿐만 아니라 비춤으로써 바로잡아준다고 할 수 있을 겁니다.

스님이 말씀하신 '마음'의 세상이 오면 경찰이 없어도 될까요?
▶되고 말고요. 부처님이 없어도 될 겁니다.

어린애들을 폭행하고 가정을 파괴하는 그같은 제반 사회악이 정말 제거될까요.
▶밝은 달 같아질 겁니다.

아무리 갈등과 대립으로 부터 벗어난 마음이라 해도, 그 마음은 그 흔적들을 지니고 있지 않겠습니까.
▶완전한 득도에는 흔적이 없지요.

불교에서는 무소유(無所有)라는 말을 자주 합니다만, 인간이란 아이가 태어나자마자 젖을 빨아먹듯이 생명의 욕구, 소유욕구를 지니고 있는 것 아닙니까?
▶생명과 소유는 다른 것이라고 생각되는군요. 불교에서 보면 아무 것도 가지지 않았을 때 자유로워집니다. 불교적 정진이나 선행(禪行)은 욕망을 버리고 생명의 본질에 가까이 가려는 것, 부처에 가까워지려는 것입니다.

불교가 기독교와 다른 점의 하나는 탁발승에서 보듯이 검소한 생활인 것 같습니다. 슈마허는 이를 자본주의에 대신하는 경제논리로, '작은 것이 아름답다.'는 책에서 주장하고 있습니다만 어느 면에서는 개인에게 부의 불평등은 감수하라는 면으로도 보입니다.
▶글쎄요. 그것은…

지나치다는 말씀이시죠.
▶그런 것 같군요.

저는 불교가 세상에 개입하고 세상을 적극적으로 변화시켰으면 해서 그럽니다.
▶그러고 있는 셈이지요. 단, 불교는 이 세상만이 아니라 저 세상(내세)을 위해서도 그러고 있다고 저는 생각합니다. 저 세상을 전제하지 않고 이 세상만을 본다면 올바름의 의미가 엷어짐은 물론 저 세상으로 갔을 때 최선생은 손해보는 일이 일어나지 않겠습니까. 그런 일은 없어야겠지요.

내세가 있다고 믿습니까?
▶믿지요.

보입니까?
▶보이지요.
불교에서는 이 세계가 발전하고 있다고 봅니까. 날로 아수라장이 돼 가고 있다고 봅니까?.
▶발전하고 있다고 봅니다.

범죄행위들은 날로 극악해져가고 있지 않습니까?
▶그렇게 보이는 면도 있지만, 과학의 발달이라든가 자유의 신장, 복지정책 등은 발전이라고 봐야겠지요. 현대물리학은 물질의 본질을 에너지 광명이라고 밝혔습니다. 이것은 불교의 광명과 일치합니다. 저는 그 광명이며 불성(佛性)인, 그것을 지닌 인간이 인간의 역사가 나락으로 떨어질 수는 없다고 봅니다.

가장 존경하신 분은?

▶부처님입니다.

스님이 믿고 계시기 때문인가요.

▶아니지요. 광명이기 때문입니다.

-동리산 태안사에서 최하림(崔夏林) 편집부국장 대담,서기 1989년 6월 30일 전남일보 게재

불교가 가장 합리적이고 보편적이며 궁극적인 가르침

　본지와 남가주불교사원연합회 초청으로 미국에 오신 강청화 대선사를 비롯하여 정조, 정귀, 금산, 도륜, 정현, 정훈 스님 등 일곱 분이 남가주 빅 베어(Big Bear)근처 체리벨리(Cherry Valley)에 미주금강선원을 세우고 동안거에 들어갔다. 한국 스님들이 선방을 개설하고 안거에 들어간 것은 미주한국불교 역사상 처음 일이다.
　9산선문 중의 하나인 태안사의 조실로 계시면서 선풍을 떨치고 계시는 청화 대선사가 미국에 오셨다는 본지의 보도가 나간 후 뉴욕은 물론이고, 텍사스, 오하이오, 샌프란시스코 등지에서 스님의 소재를 묻는 전화가 빗발치고 있다.
　안거에 들어가신 스님을 방선시간을 이용하여 본지 김형근 편집인이 찾아뵙고 여러 가지 고견을 들어보았다.
　-편집자 주-

불교란 무엇이며 불교의 목적이란 무엇이라고 말할 수 있겠습니까?
▶인생에 있어서 고(苦)를 떠난다는 것은 다만 불교 뿐만 아니라 어떤 종교나 철학이나 마찬가지가 되겠습니다. 일반적으로 정신문화나 물질문명 모두가 다 인생고를 떠나서 안락스러운 행복을 추구하는데 목적

이 있습니다. 그러나 안락스러운 참다운 행복을 찾는 것은 쉬운 일이 아닙니다. 정말로 완벽한 행복을 느낄 수 있을 것인가? 인류는 그간 역사를 통하여 시행착오를 겪으면서 많은 경험을 했습니다. 자본주의도 공산주의도 경험했습니다. 이러한 것은 결국 우리에게 유익한 것도 있었지만 오류도 많았습니다. 세계에는 불교인을 포함하여 기독교인, 이슬람교도 등 종교를 가진 사람이 수십억이 있지만 그럼에도 불구하고 정말 행복을 느끼는 사람은 과연 얼마나 되겠습니까?

현대과학 문명이라는 것은 인간생활을 위하여 물질문명의 풍요를 가져왔지만 또한 인간성의 상실을 초래했습니다.

인생고를 떠나는데 있어서 불교가 가장 합리적이고 보편적이며 궁극적인 가르침이라 단정할 수 있습니다. 인생고라는 것은 사제법문에도 있는 바와 같이 무지무명 때문에 근원이 되었습니다. 무지무명 때문에 우주의 진리를 바로 못 보고 가상만 보고 느낍니다. 우리가 무명심 즉, 근본무명이 있다고 생각할 때는 필연적으로 업이 거기에 따르는 것이고 업이 있다고 생각할 때는 필연적으로 '고(苦)'가 거기에 따르는 것입니다.

'혹·업·고'라, 번뇌가 있고 번뇌에 따라 업이 있고 업에 따라서 과보가 있고 이것은 불교의 공식이라 할 수 있습니다. 12연기법에도 있는 바와 같이 무명이 있기 때문에 무명을 떠나기 위해 바른 지혜가 필요하겠지요.

그러기에 4제 8정도의 처음이 정견이라, 무명의 반대가 정견아닙니까. 바른 인생관, 바른 가치관, 바른 철학 다 같은 뜻입니다. 무명으로 인한 진리에 맞지 않는 업으로 우리가 고를 받았으니까 행복을 위해서는 바른 가치관을 확립한다고 생각할 때 행동도 거기에 따르겠지요.

따라서 바른 가치관, 바른 인생관으로 말미암아 바른 행동을 하는 것이 8정도에 다 들어 있습니다. 바른 생각, 바른 말, 바른 생활, 바른 정진, 이렇게 해서 일념으로 바른 정진하면 바른 삼매에 들 수 있습니다. 바른 삼매에 들면 나쁜 습기를 닦아서 없애고 그렇게 되면, 참다운 우리 성품을 증득할 수 있습니다. 여기에서 중요한 것이 바른 정견입니다. 그러면 바른 정견이란 무엇인가? 바른 정견을 세울 때, 우리 불교인들이 거기에서 많은 혼돈을 느낍니다. 왜냐하면 불교 교리가 매우 다양하기 때문입니다. 소승, 대승, 현교, 밀교, 유교(有敎), 공교(空敎)…이래서 길을 잃어버리기 쉽습니다. 그래서 우리가 교학적으로 공부를 해야합니다. 부처님께서 말씀하신 것 모두가 깨달음에서 온 것이고, 깨닫기 위해서 온 것이기 때문에 무시할 수 없습니다. 참선만 주장하는 사람들은 무시하기 쉽지만, 우리가 교학을 알고서 바로 확립한 뒤에는 모르겠지만, 미처 교학체계도 없고 부처님의 가르침의 한계도 모르는 상태에서 그것을 무시해서는 안됩니다. 따라서 부처님의 일대시교의 갈래를 알아야 합니다.

부처님께서는 일반대중한테는 어려운 법문을 할 수 없었습니다. 초기에는 결국 우리 중생에 맞추어서 나도 있고 너도 있고 선·악도 있다고, 상대유한적인 입장에서 이른바, 유교(有敎)의 가르침을 주었습니다.

그러나 부처님의 청정한 반야 지혜로 볼 때는 우리 중생의 있다는 것이 사실로는 있지 않습니다. 고통이라는 것도 중생 차원에서 고통인 것이지 부처가 볼 때는 고통이 없습니다. 밉다 사랑한다 하는 것도 우리 중생차원에서 그런 것입니다. 선악도 시비도 자타도 없는 이유는 우주가 연기법으로 구성되어 있기 때문입니다. 우주가 연기법으로 구성되어 있기 때문에 내 몸이나 두두물물 모두가 인연법으로 구성 안된 것이 없습니다. 인연 따라 잠시 된 것이기 때문에 고유한 무엇이 없습니다. 인연법으로 보면 잠시 상을 낸것도 그 상이 그대로 있는 것이 아니라 순간 찰나도 머물지 않습니다.

이른바, 헤라클레토스가 말한 "만물은 유전한다."나, 그리스 철인들 주장도 다 부처님 말씀과 같습니다. 또 플라톤의 현상론이나 소크라테스 주장이나 모두가 다 부처님 말씀과 비슷비슷합니다. 물론 깊이가 불교보다는 못하지만.

연기법이란 부처님이 깨달은 법인데 이 연기법으로 볼 것 같으면 제법(諸法)이 공(空)입니다. 일체 만법이 실제로 있지 않습니다. 제법 가운데는 나도 들어 있는데 사실은 나도 없습니다. 내가 분명이 존재하는데 왜 내가 없을 것인가? 우리가 보통 속인 차원에서는 모두가 그렇게 생각합니다. 소중한 내가 없으면 살맛도 없는 것이고, 세상에 좋다 싫다 차별이 있으니까 좋으면 취하고 싫으면 버리는 것인데, 그것이 없으면 무슨 살맛이 있겠는가! 이렇게 생각하기 쉽습니다. 그러나 엄격히 연기법으로 보면 모두 다 인연 따라 잠시 상만 보인 것이지 실제 고정된 것이 없습니다. 따라서 어떠한 존재나 어느 시간·공간에 같은 것이 없습니다.

그러면 아무 것도 없는 것인가? 아무 것도 없다면 불교가 허무주의에 빠지게 됩니다. 그러기 때문에 공집(空執)에 빠져도 안되며, 공집은 부처님 법을 굉장이 허물어뜨리는 것입니다. 그러니까 아상은 수미산같이 산더미처럼 낸다 하더라도 공집을 내지 말라고 일렀습니다. 공에 착하면 부처님 말씀도 아무 필요없습니다. 불교에서 공이라는 것은 아무것도 없다는 것이 아닙니다. 가상은 있으나 고정된 형태로 있지 않습니다. 따라서 공교(空敎)라고 합니다.

마지막으로 부처님께서 우리 중생들한테 바른 정견으로 가르킨 것이 중도입니다. 시·공의 제한도 받지 않고 참말로 있는 것이 부처입니다. 불성이라고도 하며 중도라고도 합니다. 그러므로 유교(有敎)나 제법(諸法)이 공(空)이라는 공교(空敎)가 아니라 실상은 중도(中道)입니다. 따라서 팔정도 가운데서 정견이라 하면 바로 이 중도를 말하는 것입니다.

이렇게 생각할 때, 있다 없다 상대유한적인 차원에서는 내가 있고 내것이 있습니다. 또한 물질이 있고 상대적인 대상이 있습니다. 그렇게되면 나를 위해서 상대방이 희생되어도 무방하다고 생각할 수도 있습니다. 있다고 생각할 때는 잘 입고 잘 먹고 잘 사는 것이 주가 될 수 있습니다. 그렇다고 보면 다른 나와 충돌이 안될 수 없습니다.

자연문제도 인간이 여기 있고 자연은 저기에 상대적으로 있다고 볼 때는 만물의 영장인 인간이 자연을 아무렇게나 정복해도 무방하겠지요. 따라서 유교(有敎)의 차원에서 모든 문제를 볼 것 같으면 과학도 유교요, 예수의 근본 뜻은 그것이 아니라고 생각이 되지만 현행된 기독교도 유교입니다. 공자의 유교(儒敎)도 마찬가지입니다. 그러나 성자들의 근본 가르침은 중도실상에서 본것이라고 해야 하겠지요. 중도실상의 안목을 가지고 바른 생활을 해야만 바른 깨달음이 생기는 것입니다. 이런 견해를 옳다고 믿어도 일반 사람들은 습기 때문에 잘 안됩니다. 그렇기 때문에 수행 곧 닦음이 필요합니다. 정진을 하고 선정에 들어가 습기를 잘 녹여야 견성불성이 되는 것입니다.

미국에는 세계 각국의 불교가 다 들어와 있습니다. 세계불교에서 한국불교의 특징은 무엇이라고 보십니까?
▶한국불교가 위대하다고 말하는 것은 앞으로 인류사회를 구제하는데 있어서 가장 선구적인 역할을 할 것으로 확신하기 때문입니다.
중국의 경우 불교·유교의 선달국인데 공산정권 때문에 제대로 계승되지 못하고 중단되었습니다. 또 중국민족도 과장이 많은 사람들인데 무슨 종파가 생겨나면 그것만 옳다고 합니다. 선·교종도 원래 둘이 아닌 것인데 선·교로 나뉘어져 서로 피차간 비방하고 헐뜯고 했습니다. 그런 가운데서 불법이 바로 서지 못했습니다.
일본의 경우에는 확실히 알 수 없지만 80% 정도가 불교인이고 불교가 거의 생활화 됐다고 볼 수 있겠지요. 일본문화가 지금 부흥한 것은 부처님 가르침이 그들의 의식에 잠재해 있기 때문이라고 봅니다. 일본인 자체가 마음을 활짝 열지는 못했지만.
일본의 종파불교는, 한국불교는 비교도 안될 정도로 아주 심각합니다. 일본 선방을 예로 들어도 임제종·조동종·황벽종 등이 있어 참선이 여러 갈래이고 자기들식 아니면 성불을 못한다고 주장합니다. 지금 일본 국력과 문화를 배경으로 하여 미국에서 많은 세력을 확보했을 것입니다. 절도 크고 내용도 충실해 보이고 신도도 많겠지요.
티베트는 달라이라마 이런 분들이 미국에서 환영을 받고 세력을 편 것은 이유가 있습니다. 티베트 민족 전체가 오로지 불법에 귀의하기 때문에 그네들의 부처님에 대한 청결하고 순수한 마음, 검소한 생활은 우리가 못 따라 갑니다. 이런 면에서 볼 때 태도면에서 한국 스님들보다 숭앙이 가기도 하겠지요.

그리고 달라이라마 같은 분은 어려서부터 이른바 린폰체 아닙니까? 어려서부터 엄선한 가운데서 선근이 깊고 과거 도인의 후손들을 골라서 승왕으로 교육을 시킵니다. 순수하고 선근이 좋은 사람들을 철저하게 교육을 시키니 그정도 되면 사람이 순수하기가 이를 데 없겠지요.

정치적인 관점에서 보면 공산주의 세계에서 압박을 받고 거기에서 망명을 했다고 생각할 때 마땅히 자유세계 모두가 공명과 동정을 하겠지요. 또 그네들의 경건한 모습, 순수한 모습을 보고 숭앙할 것이고 동시에, 세계적인 분위기가 망명객인 승왕이라는 위상 때문에 응당 깊은 동정과 관심이 갈 것입니다.

그러나 그네들이 갖고 있는 법은 무엇인가? 대승권이기는 하나 그 수행면에서는 한국같이 철두철미하게 회통적으로 닦고 있지는 않습니다. 그네들의 성불하는 법은 '옴 마니 반메 훔' 일색입니다. 다분히 밀교적인 분위기가 풍깁니다. 그러나 아까 내가 말한바와 같이 유교·공교·중도교 같은 정밀한 체계가 있어야 이 첨단 과학세계를 지도할 수 있지 신비적인 밀교만 가지고는 제대로 안됩니다. 순수한 것은 따라야 하겠지만 밀교적인 분위기 가지고는 고도로 다원화된 세계를 지도할 수 없습니다. 다원적이고 복잡한 세계에서는 유교·공교·중도교 이 세 차원을 다 포용해서 그때그때 중도교적인 관점에서 알맞게 적용해야 합니다.

동남아불교-버마, 라오스, 태국, 스리랑카 등은 승려 행으로서는 철저합니다. 그러나 계행에 있어 육식을 함부로 하는 것은 우리가 본받을 것이 아닙니다. 수행방법에 있어서 그들은 점차 올라가는 이른바 점수행법만 취합니다. 바꾸어 말하면 돈오(頓悟)적인 행법을 안 취합니다. 우리가 아직 도인이 안되었다고 하더라도 우리가 문득 깨달아 본래 부처다. 이렇게 믿어야 하는데, 그네들은 그것을 안믿는 것은 아니겠지만, 현행의 행법을 보면 돈오적인 행법은 취하지 않고 점수에 관한 것만 취합니다. 비파사나만 보더라도 굉장히 번쇄합니다.

그렇기 때문에 세계적인 추세를 감안하면 그러한 방법으로는 불교 자체의 통일도 이룰 수 없을 뿐 아니라 과학과 다른 종교를 설득시킬 수가 없습니다. 더구나 미국사회는 과학문명이 극도로 발달된 사회 아닙니까? 적어도 에너지의 실상을 말할 수 있는 그런 가르침이 되어야 합니다. 그렇지 않고서는 미국사람을 우리가 제대로 제도할 수 없습니다. 따라서 절대로 합리적인 과학주의가 되어야 합니다. 그와 같은 차원에서 볼 때 한국불교는, 지금 현재는 여러모로 복잡하지만 원효·의상·대각·보조·태고·나옹·기화,·서산·초의 선사 등을 거치면서 흐름이 회통적입니다. 중도실상에 입각하여야 회통이 됩니다. 한국불교도 이 전통적인 회통불교를 부르짖지 않고서는 발전할 수가 없습니다. 마땅히 한국불교 스스로가 다시 본연의 정통의 자세를 찾아야 합니다. 불법 스스로가 회통이고 원통이기 때문입니다. 진리라는 것이 회통이 안되면 진리가 될 수 없겠지요.

그런 원리와 전통이 스님께서 말씀하신대로 분명히 있습니다 그러나 서양은 그렇다 치더라도 훌륭한 불교사상의 전통이 있는 우리나라를 포함해서 불교권 국가에서도 이혼문제, 환경문제, 전쟁문제 등이 심각한 상태입니다. 이러한 것은 어떻게 해석해야 하겠습니까?

▶환경문제도 물질문명의 소산이라고 볼 수 있겠지요. 우리나라에서도 이런 문제는 심각한 문제로 떠오릅니다. 부처님 가르침을 제대로 계승하였는데 이같이 못 살고 분열이 있는 것은 어찌된 것이냐고 물으면 그 답은 명백합니다. 우리 불교인들이 불법을 온전히 지키지 못해서 그렇다고 봐야 합니다. 바른 정견이 있다고 할 때는 그렇게 될 수가 없습니다. 바른 정견이 설사 있다 하더라도 나쁜 습관 때문에 거기에 딱 구속되어 버리거나 또는 경계에 부딪치면 나쁜 일도 하고 분열도 됩니다. 불교를 믿는다고 해도 유교(有敎)나 공교(空敎) 차원에서 믿었겠지요. 말한 마디라도 정당하게 중도차원에서 해야합니다. 삼강오륜도 나올 때는 참다운 진리에서 나왔겠지요. 무슨 사상이든지 굳어버리면 사회의 질곡이 되지 않습니까? 마찬가지로 불교도 굳어버리면 질곡이 되어 발전이 못되기 때문에 마땅히 무엇이든 찰나 찰나 중도의 실상에서 봐야 합니다.

『선문정로』가 출판된 이후『깨달음과 닦음』에 관한 문제가 한국불교의 중심문제의 하나로 부각되었습니다. 여기에 관한 책도 몇권 나왔고 불교계 차원에서 볼 때 대규모 학술토론회도 몇번 있었습니다. 며칠 전에는 샌프란시스코에서 미국종교학회 연례세미나의 한국분과에서『돈오돈수(頓悟頓修) 돈오점수(頓悟漸修)』가 주제로 채택되어 대토론이 있었습니다. 여기에 관해서 스님께서도 관심이 많은 것으로 알고 있는데 성철 스님의 보조 스님 돈오점수 비판에 대한 스님의 견해 그리고 『돈오돈수·돈오점수』에 대한 스님의 견해를 들려주십시오.

▶돈오돈수와 돈오점수에 관한 논쟁은 선(禪)과 교(敎)의 논쟁과도 관계가 있는 그 뿌리가 매우 깊습니다. 일찌기 중국의 『마하연나 스님』과 인도의 『카마라실라 스님』이 티베트의 랏사에서 이 문제를 가지고 격렬한 논쟁을 벌였는데 끝내 양편이 서로 자기편이 이겼다고 주장을 했다고 합니다.

보조 스님이 떠난지 거의 800년이 지났는데, 그동안 선과 교를 일치한 회통불교의 분위기였기 때문인지는 몰라도 아직 돈오점수에 대하여 이의를 제기할 분은 없었다고 생각합니다.

그런데 현재 조계종에서 오랫동안 종정을 지내시고 선지식으로 추앙 받는 성철 스님이 보조 스님의 돈오점수설을 그의 선문정로에서 옳지 않다고 비판을 했습니다.

저는 전문학자가 아닌 참선수자이기 때문에 교학적인 분석에는 능하지도 못할 뿐 아니라 그런 복잡미묘한 논쟁에는 끼어들고 싶지도 않습니다. 그러나 먼길에 일부러 찾아오신 성의를 무시할 수도 없기 때문에 혹, 공부하시는 불자님들에게 참고라도 되실까 하여 저의 소견을 말씀 드립니다.

다 잘 아시는 바와 같이 보조 스님에 대해서는 비단, 한국불교사상(韓國佛敎史上)에서 뿐만 아니라 세계적인 대 선각자로서 오랫동안 추앙을 받아왔다는데 문제의 중요성이 있을 것입니다.

저는 성철 스님에 대하여는 개인적으로 우리 종단의 종정스님으로서 후학의 입장에서 깊은 존경을 드리고 있습니다. 그래서 종단의 상징인 종정 스님의 위상에 다소라도 누를 끼쳐서는 안된다는 염려스런 마음에서 몇마디 사견(私見)을 말씀드립니다.

문제의 초점인, 성철 스님이 지적한 바, 보조 스님의 돈오점수설이 과연 옳지 않은 것인가? 제가 알기로는 돈오점수설은 이미 육조 스님의 돈오돈수설을 수용한 불교일반의 수증(修證)론이라고 생각되기 때문에 그르지 않다고 생각합니다.

돈오돈수라는 개념은 성철 스님이 맨 처음으로 사용한 것이 아니고 『육조단경(六祖壇經)』『돈점품』에 이미 나와 있습니다. 그리고 돈오점수라는 개념도 중국 당나라 때 화엄종 4대 종사인 징관스님이 비로소 사용했다고 하나 종밀 스님이나 『화엄경』을 비롯한 대승경론의 뜻이 대체로 돈오점수의 사상으로 일관돼 있다고 생각합니다.

그러면 돈오돈수설은 어떠한가? 저는 돈오돈수도 깨달은 뒤의 닦음을 무시한 것이 아니기 때문에 옳다고 생각합니다. 따라서 육조 스님의 돈오돈수설도 옳고, 보조 스님의 돈오점수설도 또한 옳다고 생각하기 때문에, 위의 두 법문이 표현은 차이가 있다고 할지라도 그 근본 취지는 동일하다고 생각합니다.

그것은 『단경』의 「돈점품」에 나오는 돈오돈수설이 깨달은 뒤에 닦을 필요가 없다는 돈수가 아니라, 깨달아서 자타시비의 차별이나 높고 낮고 깊고 옅은 등의 분별심은 끊어졌으나, 아직 번뇌의 습기(習氣)는 남아있기 때문에 이른바, 시비분별에 집착하지 않는 무념수행(無念修行) 곧,

무염오수행(無染汚修行)이어야 한다는 의미에서 돈오돈수라고 표현했다고 생각합니다. 그것은 『단경』을 정독하면 그런 뜻을 충분히 이해할 수 있는데 특히 『단경』의 「부촉품」에 '그대들이 만약 일체 종지를 성취하고자 하면 모름지기 일상삼매와 일행삼매를 성취해야 하느니라…(汝等若欲就種智 須達一相三昧 一行三昧……)' 등을 참고 하든지 『전등록』 제5장 「남악회양장」에 보면 육조 스님이 남악회양 스님의 깨달음을 인가할 때도, 깨달은 뒤에도 닦고 증(證)함이 없지 않으나 무염오수행 곧, 무념수행이어야 한다고 고구정녕이 역설하였습니다.

그리고 깨달음이 해오(解悟)가 되었든 증오(證悟)가 되었든 간에 지극히 수승한 근기가 아닌 보통 근기로는 깨달음이 바로 구경각인 묘각성불의 자리에 이르지는 못하기 때문에 견도(見道) 이전의 해오(解悟)에도 4선근(善根)의 깊고 옅음이 있고, 견도(見道) 이후의 증오(證悟)에도 보살 10지등의 심천의 차이가 있기 때문에, 깨달은 뒤에도 착실히 닦아야 한다는 돈오점수설이 오류일 수가 없습니다.

대소경론에서 묘각성불의 일체 공덕을 간략으로만 살펴봐도 삼명육통(三明六通)과 불가사의한 무량공덕을 원만히 성취한다고 하였는데 석존이후 오랜 불교사상에 과연 얼마만의 선지식들이 이러한 원만성불의 자리를 얻을 수가 있었을 것인가…

우리 불자들은 매양 겸허한 마음으로 선지식들의 가르침에 따르되, 그때그때 인연에 따른 표현도 말에 걸리지 말고 그 깊은 의미를 좇아서 일심 정념으로 공부하면 되는 것입니다.

다시 바꿔 말하면 육조 스님의 돈오돈수설이나 보조 스님의 돈오점수설이나 또는 성철 스님의 돈오돈수설이나 다 같이 중생교화의 배경과 인연이 다를 것이므로 그이들의 표현방법과 그에 따른 함축된 의미도 다소 차이가 있을 것입니다.

그러나 다 한결같이 미혹한 중생들이 미처 증득(證得)하지 못하고 증득했다고 하고 철저히 깨닫지 못하고서 깨달았다고하는 이른바 증상만(增上慢)을 경책하며 올바르고 철저한 수행과 깨달음을 위한 노파심절한 근본정신은 충분히 존중되어야 합니다.

그래서 좋은 보약도 잘못 쓰면 병을 더하게 하는 것이니 많은 선지식들의 가르침을 귀감으로는 할지언정 거기에 걸리거나 구속은 받지 말고 철저한 고증과 투철한 자기수행의 점검으로 원만무결한 깨달음을 성취해야 할 것입니다.

그러면 의미로 볼 때 돈오돈수와 돈오점수는 같은 의미입니까?

▶돈오점수와 돈오돈수가 같은 의미라고 저는 생각합니다. 보조 국사와 같은 대천재적 선지식이 돈오돈수란 뜻을 모를리가 있겠습니까? 저는 의미로 봐서는 같다고 생각이 됩니다. 다만 육조 대사가 깨달음 다음에 왜 돈수라고 했을 것인가? 이것은 의심이 되겠지요.

돈오돈수의 뜻은 「돈점품」, 「부촉품」, 남악회양 대사와 육조 대사가 거량한 것 등을 통해서 살펴보면 한번 돈오했다고 했을때 돈오, 그것이 성불(成佛)을 의미하는 것은 아닙니다. 이른바 삼명육통과 일체종지를 갖춘 깨달음이 못된다는 말입니다. 우리가 단박 깨달았다고 해서 석가모니 부처님의 그것과 같겠습니까? 따라서 돈오돈수는 일체구경각 즉,

묘각이 아닙니다. 원만무결한 깨달음이 아니기 때문에 돈수라고 수(修)자를 붙인 것이지 오(悟) 다음에 닦음이 없으면 수는 왜 붙입니까? 마땅히 돈수라고 할 때는 수가 있으니까 수를 붙였겠지요. 다만 그 수는 자타 시비, 고하계급을 가리는 수가 아니라 무념수행(無念修行)입니다. 무념수행이란 자타시비 고하계급을 가리지 않는 것입니다. 왜냐하면 본래 깨달음이란 자타시비가 있는 것이 아니기 때문에 그것이 해오가 되었든 증오가 되었든 돈오가 되어버리면 비록 구경각까지는 가지 못했다 하더라도 점차로 올라가고 높고 낮고 하는 마음이 있으면 안됩니다.

앞에서도 말했지만 회양대사가 육조 대사한테 인가받을 때 육조 대사가 "닦음과 증득이 있는 것인가."라고 물었습니다. 이에 회양 대사가 "닦음과 증득이 없지 않으나 차별과 시비를 두지 않고 상에 걸리지 않는 것"이라고 대답했습니다. 이에 육조 스님께서 염오하지 않는 수행은 모든 부처가 보호하고 생각하는바요. 그대가 그렇고 나 또한 그렇다고 했습니다. (祖曰. 還可修證否. 曰修證卽不無. 汚染卽不得. 祖曰. 只此不汚染諸佛之所護念. 汝旣如是吾亦如是.)

이렇기 때문에 점수라해도 하등 오류가 안되는 것인데 다만 사람들이 나와 네가 있고 고하계급이 있다는 등의 상을 둘까봐 노파심에서 돈수라 했다고 봐야 합니다. 더구나 보조는 화엄학에 투철한 분인데 그 분이 본래시불(本來是佛)을 모르고 묘각을 모르겠습니까? 보조의 돈오점수는 깨달은 뒤에 묘각성불에 이르기까지의 습기를 착실히 닦아야 하기 때문에 점수라고 한 것입니다.

돈오돈수라는 언어도 육조가 쓴 말인데 오류가 있을리가 없습니다. 이 말을 성철 스님은 "돈오돈수는 성불이다. 성불은 수가 있을 수 없다."라고 주장했습니다. 성철 스님 주장대로 성불만 오다라고 한다면 점수 뿐만 아니라 돈수라는 사족을 붙일 필요도 없습니다.

스님께서도 『정통선의 향훈』을 통해 말씀하셨지만 수행이 부족한 분들의 도인행세는 우리 불교계의 큰 문제입니다. 그런데 돈오점수가 이 거짓 도인행세의 이론적 뒷바침을 하는 폐단이 있다는 지적에 대해서는 어떻게 생각하십니까?
▶그것은 그렇지 않습니다. 왜냐하면 돈오점수 때문에 미증을 증으로 하고 미오를 오로 했다는 증상만의 도인이 나온다는 말은 성립하지 않습니다. 보조국사가 완전한 깨달음을 무시했다면 모르거니와 완벽한 성불을 목적으로 하고 돈오점수를 주장한 것입니다. 그래서 돈오점수를 주장했기 때문에 깨달음을 함부로 했다는 것은 성립될 수 없습니다. 도리어 성불만이 깨달음이고 다른 것은 아니다. 그렇게 되면 석가모니 부처님 다음에 성불한 사람이 몇이나 되겠습니까?
성불이라는 것도 우리가 불경을 보면 삼명육통과 일체종지와 만공덕을 갖춘 것인데 삼명육통과 만공덕을 갖춘 분은 누구 누구인가 생각할때는 의단이 갑니다. 보조국사가 성불을 무시했으면 모르거니와 그것을 전제로 해서 돈오점수를 말했기 때문에 돈오점수가 거짓도인 행세의 이론적 뒷받침이 될 수 있다는 그 지적은 정확하다 볼 수 없고 반대로 돈오점수를 말해야 설부른 도인이 못 나옵니다.
그리고 『아함경』 등 경전에도, 아라한들에게도 깨달음의 깊음과 옅음의 심천이 있다고 했고 그런 깨달음의 심천을 알아두어야 내 공부는 이만치다 라고 점검할 수가 있겠지요. 완전원만한 성불만이 깨달음이 아니라, 깊고 옅음이 있다는 것이 전통적인 해석이고 번뇌와 습기를 소멸하는 수행의 도리가 또한 그러합니다.

깨달음은 아까 말한 바와 같이 단계가 많은 것인데, 본래 부처님의 경계에서는 하나이지만 중생이 수행해가는 데는 깊고 옅은 단계가 많습니다. 다만 그런 단계도 본래는 공(空)이기 때문에 집착말고 걸리지 말라는 것이지 단계가 없다는 것이 아닙니다. 그렇기 때문에 보조는 돈오점수라 했고, 육조 스님 당시에는 사람들이 교학적으로 너무 걸려있으니까 교학에 걸리지 말라는 뜻으로 돈오돈수라 했습니다. 도인들은 그때그때 시대에 따라 상황에 따라 말씀하시니까 후대에 우리가 섣불리 비판하기 어렵습니다.

현대는 과학발달에 힘입어 물질문명의 풍요를 즐기고 있지만 범죄문제 환경문제 교통문제 등이 만연돼 있습니다. 그리고 불교는 생명의 사상인데 현재의 시류는 비생명쪽으로 흘러가고 있습니다. 21세기를 맞이 있는 상황에서 이런 점을 어떻게 극복해야 할지 스님을 통해 듣고 싶습니다.

▶서구적인 사고방식은 종교나 과학이나 거의 다 이원적이고 상대적입니다. 그렇기 때문에 그런 사상으로서 자연을 상대할 때는 정복의 상대 밖에는 안되겠지요. 자본주의 모순도 이것을 해결하려는 공산주의 모순도 다 이원적이고 대립적인 그릇된 생명관에서 옵니다.

이분법은 진리의 본 궤도에서 이탈한 것입니다. 그러므로 필연적으로 역사의 심판을 받을 수 밖에 없습니다. 전쟁, 환경문제 등으로 우리 인간이 받는 고난도, 대체로 상대적인 서구적 가치관에서 온 것이므로 불교의 바른 정견인 생명의 동일성을 언론을 통해, 교육을 통해, 또는 선지자를 통해 가르쳐야 합니다. 이외에 다른 대안은 절대로 없습니다. 그러므로 하나의 언론인이 되어 세간적인 문제를 다룬다고 해도 항시 정견에 따르는 자세를 견지해야 합니다. 어떠한 사회적인 문제, 죄악, 모순, 불행도 부처님의 정견 곧, 반야바라밀로 통찰할 때는 풀리지않는 문제가 없을 것입니다.

지난해 10월『대중불교』표지 인물로 염불선운동을 펴는 현장 스님이 나왔더군요. 현장 스님은 여기에서 염불선에 대하여 청화 스님께 많은 감화를 받았다고 했습니다.『정통선의 향훈』에서도 스님께서는 염불선을 많이 말씀하셨고 염불과 염불선의 차이를 강조하셨습니다. 이러한 일로 해서 스님께서는 일각에서 외도라고 비방도 받은 것으로 알고 있습니다. 정통불교의 중흥을 주장하시는 스님이신데 염불선이 한국불교의 전통속에서 강한 흐름이 있었나요.

▶분명히 말씀드리지만 저는 염불선을 주장하는 사람은 아닙니다. 다만, 그것도 하나의 선법이라는 것이지요. 화두도 하나의 선법이고 염불선도 하나의 선법이지 그것이 다는 아닙니다. 그렇게 봐야 옳고 회통이 되는 것입니다. 우리가 진여불성자리에 우리의 마음을 두고, 진여불성이 바로 우리 마음이라는 생각을 여의지 않고 하는 공부는 다 옳습니다. 그런데 그런 도리를 모르는 사람들은 관을 하면 관법외도, 염불하면 염불외도라 합니다. 그러나 설사 우리가 화두를 한다 할지라도, 화

두 자체가 원래 나올 때 불심(佛心)·본래면목을 문제로 해서 나왔기 때문에, 화두하는 자세가 불심에 마음을 두고 불심을 참구(參究)해야 화두가 되지 그냥 '이뭣꼬'해서 의심만 한다고 참선이 되는 것이 아닙니다. 염불도 마찬가지로, 우리 마음이 부처고 천지우주가 본래로 부처가 아닌 것이 없다. 이러한 자세로 염불해야 염불선입니다. 또 이러한 자세로 화두하면 화두선이고 주문하면 주문선입니다. 이와 같이 진여불성을 여의지 않고 하나님을 참구하면 하나님선이 되겠지요. 근본성품을 여의지 않고 하는 공부는 다 참선이 되는 것입니다.

『정통선의 향훈』으로 말씀하면 제가 부끄럽습니다. 이 책은 제가 내려고 한 책이 아닙니다. 내지 말라고 했는데 주위사람들이 냈습니다. 좀 더 다듬어서 나왔어야 하는데 불만스러운 점이 많습니다.

그러세요. 그 책으로 봐서는 그렇게 느껴집니다.

▶제 스스로는 염불선을 합니다. 주장이라는 것은 그것만이 옳다는 것인데 저는 그렇지는 않습니다.

우주는 하나의 생명이고 인격입니다. 부처님은 내 몸에도 가득 차 있고 우주 공간 어디에나 충만해 있는데 부처님을 생명자체라고 인격적으로 생각하지 않고 원리로만 추구한 것과는 차이가 있습니다. 왜냐하면 부처에 대하여 마치 그리운 고향과 마음의 님을 흠모하는 것과 같은 간절한 마음과 사무치는 마음은 우리 마음을 정화시키고 비약시킵니다.

불경에 보면 그런 대목들이 많이 있습니다. 참다운 님은 바로 부처가 아닙니까? 따라서 경전에도 염불왕생원이라는 구절이 있는데 부처를 흠모하고 추구하면 그것만으로도 우리 마음은 맑아지고 안온한 충족감을 느끼게 되는 것입니다. 생명을 생명으로 추구한다는 의미에서 염불이 나에게는 적당한 수행법이라고 생각합니다. 다만 이름만 외고 하는 것은 방편이 되겠습니다. 이런 저런 수행법이 모두 다 같은 목적이기 때문에 회통이 됩니다. 원효나 보조나 이런 분들은 모든 수행법에 대해서 좋고 나쁘다는 말을 하지 않았습니다.
현장 스님은 원래 신학도 하신 분인데 아주 순수한 분입니다. 염불 쪽에 비중을 두니까 남이 생각할 때는 현장 스님이 염불선만 주장한다고 볼 수 있습니다. 그러나 현장 스님과 저는 염불선만 주장하는 것은 결코 아닙니다.

원효 스님이 대중속으로 들어가 "나무 아미타불" 하고 염불을 하며 대중 속으로 들어가 부처님 법을 많이 폈고 또 한국불교에 정토신앙적인 요소가 얼마나 많습니까? 보조 스님 등도 염불에 대해서 언급을 많이 한것으로 알고 있는데요. 선방에서 염불 운운하는 것에 대해 문제시하는 곳이 많다고 하더군요.
▶신앙을 생활과 생명으로 취급하는 것은 기본적인 자세입니다. 그래야 신앙이 힘이 생깁니다. 원효는 염불에 치우친 분이 절대 아닙니다. 일반대중에게는 염불이 하기도 쉽고 공부의 힘을 얻기도 쉬운 것입니다. 보조국사도 염불요문 등에서 참 염불은 선과 일치한다고 역설했습니다. 그런 도인들은 어느 행법에 대해 옳다 그르다 하지 않았습니다.

스님께서는 미국이 초행이지만 뉴욕을 중심으로 동부를 보셨고 나성지역에서 안거 중입니다. 그동안 미국에 대한 느낌과 미주 한국불교계에 대한 인상과 바람 등에 대해 말씀해 주십시오.

▶저는 우선 모두에게 감사하고 장하게 느껴집니다. 미국 사회는 활기에 넘치고 미국인들은 인상도 밝고 해서 우리보다 업장이 가볍지 않나 하고 느낄 정도입니다. 서구적인 사고방식인, 이원적인 삿된 가치관만 지양되면 우리 한국보다 더 열성적으로 불교가 퍼질 것이라 생각됩니다. 물론 퇴폐적인 면도 많겠지요. 이런 면은 불교인들이 앞장서서 앞으로 좋은 방향으로 이끌면 될 것입니다.

한국불교에 대해서는 저는 굉장히 감사하게 생각합니다. 숭산, 법안, 도안 스님 등과 그 외에 많은 스님들과 박성배 교수 등 그 외에도 한국불교를 위해 멀리 미국에 까지 오셔서 애쓰는 분들이 고맙게 느껴지고 원력보살들이라고 생각합니다.

그러나 중생제도는 나가서 행동으로만 하는 것은 아닙니다. 우주는 하나의 부처이기 때문에 선방에 들어앉아 참선을 하든, 자기 직장에서 일을 하든, 우리 마음이 근본성품인 진여불성을 여의지 않고 최선을 다하면 다 한결같이 중생제도가 되는 것입니다.

특별히 시간을 내 주셔서 대단히 감사를 합니다.

장소:미주금강선원. 일시:불기 2536(서기 1992) 11. 23.김형근:본지 편집인(미주현대불교 1993년 1월 미주현대불교 제33호 게재

'무아(無我)·무소유(無所有)' 실천이 부처의 뜻

'맑은 꽃, 비상하게 자기를 다스린 사람에게서만 느껴지는 향훈(香薰)의 큰스님'. 불교에 문외한이라는 시인 최하림(崔夏林)씨는 그렇게 고백했다. 그런 표현이 잡향(雜香) 속의 대중에게는 사문(沙門)이 '일세의 선장(禪匠)'으로 받드는 청화 큰스님(70)을 보다 친근하게 다가서게 할지도 모른다.

40년간 장좌불와(長坐不臥)

먼발치에서 큰스님을 뵌 일이 있는 불자(佛子)들은 머뭇거리는 표정과 함께 '한국의 밀라레파'라고 설명했다. 머뭇거림속에는 "비교란 물론 부질없는 것이지요." 하는 외람스럽다는 뜻이 담겨 있다. 그러나 철저한 계행(戒行)으로 이름높은 티베트불교의 밀라레파와, 단 한번도 바닥에 몸을 뉘어본적이 없다는 '40년 장좌불와(長坐不臥)'의 청화 스님 고명(高名) 등은 그 자체만으로 흐트러진 세간 범부(凡夫)들을 화들짝 정신이 들게 한다.

무엇보다도 청화 스님은 염불선(念佛禪)으로 이름이 높다. 여기에는 쉽게 믿어지지 않을 얘기 한토막이 있다. 염불과 선을 회통한 선풍(禪

風)으로 중국 초기 선종사 형성에 지대한 영향을 줬던 신라출신 무상(無相:684~762)대사와 청화 스님 사이의 1천3백년을 뛰어넘는 인연을 말한다. 청화 스님은 전남 곡성의 태안사에 주석하시며 정중당(淨衆堂)을 세웠다. 정중당은 무상(無相) 대사가 일으켰던 정중종(淨衆宗)과 이름이 같다. 물론 국제학계가 무상(無相) 대사를 규명해내기 전의 일이다. 청화 스님도 "인연에 따른 것"이라고만 말했다. 그 인연으로 청화 스님은 최근 자료집 '정중(淨衆)무상 대사'출간을 뒤에서 돕기도 했다.

불기(佛紀) 2537년 부처님 오신 날(28일)을 맞아 청화 큰스님을 전남 곡성의 성륜사(聖輪寺)에서 만났다. 요즘은 설령산(雪靈山) 자락의 성륜사에도 자주 계신다는 것이 사문들의 얘기다.

스님에 관한 크고 작은 일들은 인근 광주(光州)를 비롯해 서울에서 회자되고 음미되고 있습니다. 우선 40년 장좌불와(長坐不臥)의 계행부터가 궁금합니다.
▶40년이니, 몇년이니 하고 제가 꼽아봅니까? 주위에서 헤아려보고 그렇게들 말하는 거지요. 젊었을 때, 내 힘이 어디까지 가능할 것인가 하고 시험해 봤는데, 70이 된 지금은 앉고 싶으면 앉고 눕고 싶으면 눕고…. 그러나 원칙은 변함이 없고 평생 그렇게 할겁니다.

스님의 철저한 계행(戒行)은 그렇게 못하는 미망 속의 우리들을 막막한 절망으로 밀어 넣습니다. 시봉하는 제자들도 그렇다고 들었습니다.
▶아니지요. 몸에 익으면 그쪽이 훨씬 편합니다. 반야의 도리가 가르치는 '무아(無我)·무소유(無所有)'의 삶이란 것도 역시 마찬가지입니다.

오는 28일은 부처님 오신 날입니다. 부처님께서 이땅에 오신 뜻을 스님의 옥음(玉音)으로 다시 헤아려보고 싶습니다.

▶부처님이 오신 참뜻은 무명(無明)에 의한 미혹된 삶을 버리고 정견(正見)에 입각한 바른 삶을 깨우치려는 것이었습니다. 그런 삶이란 '무아(無我)·무소유(無所有)'의 삶인데, 이를 제대로 인식하면 뜨거운 숯불 위에서 눈송이가 녹듯 모든 일이 풀립니다.

불법(佛法)은 불변(不變)진리

그러한 부처님의 교법(敎法)이 구르고 굴러 사악한 견해를 무너뜨린다는 금륜(金輪)이 구른지도 2천5백여 년인데 세상은 여전히 혼돈스럽습니다.

▶금륜(金輪)은 진리 그 자체인데, 그것은 본디 부증불감(不增不減)한 채로 있습니다. 그런데 바로 무명(無明)에 가렸기 때문에 누에가 자기 몸을 감듯 자승자박하는 셈이지요.

무명(無明)에 철저히 가려서일까요. 아니면 불교의 사회적 처방이 약해서일까요. 스님의 좋은 말씀이 너무 아득하게 들린다면 왜 그럴까요.

▶물맛이 문자나 논리만으로 설명이 될까요. 물이란, 입으로 들이마실 때 비로소 알아집니다. 현대문명이란 것도 격랑을 만나 사람이 파도 한 자락을 움켜쥐려고 집착하는 상황입니다.

이 기회에 염불과 염불선에 대해 쉽게 말씀해 주시지요.

▶부처님 경(經) 가운데 2백부 이상에서 '염불'을 말씀하셨습니다. 본디 자성(自性)이면서도 우주의 본체인 부처님의 대명사가 바로 아미타불입니다. 거기에 귀의한다는 '나무 아미타불'을 외는 것만으로 업장이 녹습니다. 기독교인들이 '오! 주여' 하고 외치는 것도 역시 마찬가지입니다.

염불선은 어떤 겁니까?
▶저는 효봉(曉峰) 스님이 하신 공안선(公案禪)이나, 의지력을 중시하는 묵조선(默照禪)을 모두 긍정합니다. 또 본질만 떠나지 않았다면 하나님을 부르나 알라신을 부르나 마찬가집니다. 그러나 염불선은 '내 마음이 부처고, 천지우주 역시 부처다.' 하는 생각을 마치 어미닭이 계란을 품듯하면서 참선하고 공부하는 것을 말합니다. 지(知)·정(情)·의(意) 모두를 갖춘 염불선은 결코 근기(根機) 낮은 중생들을 위한 것이 아닙니다.

종교인 청빈(淸貧)해야, 불교계 종파싸움 '내 법문만이 옳다.' 집착서 비롯
종단이나 범종교계에 대해 귀한 말씀을 부탁드립니다.
▶바로 이 대목에서 무상(無相) 대사는 우리에게 귀감이 됩니다. 무상 대사는 문파(門派)와 종파(宗派)를 초월했으며 불문(佛門)과 종교일반의 고질인 '내 법문(法門)만이 옳다.'는 법집(法執)으로 부터 벗어났습니다. 진리란 우주를 포함하는 것이어서 모두를 수용해야 합니다. 원만하게 깨닫지 못한 아류(亞流)의 무리들이 진리 아닌 종파에 매달립니다. 그런 면에서 저는 통(通)불교, 통(通)종교론자입니다.

제가 선배의 한분으로 존경해온 무상대사는 또한 철저한 무소유(無所有)의 청빈한 삶을 실천했듯이 모든 종교인들이 거러지(거지)가 돼야함을 깨우고 있습니다.

그동안 극도로 자신을 드러내시지 않다가 이제는 세간에 많이 알려졌는데….
사문들은 한국 선풍(禪風)의 진작을 내다보기도 하고, 스님의 높은 법력(法力)을 얘기하기도 합니다.
▶다 인연이지요. 선풍(禪風)진작이라니 분수에 넘치는 얘기이지만, 비상한 정진에 도움이 됐으면 합니다.

이른바 새정부의 개혁(改革) 드라이브로 세상이 달아올랐습니다.
▶남을 심판하고 단죄하는 것은 굉장히 신중해야 한다는 점을 말씀드리고 싶습니다. 모두가 공범(共犯)이라는 자세가 중요한 거 아닙니까. 또 광주(光州)문제 역시 당사자가 들으면 섭섭해하실지 몰라도 역시 용서와 화해가 올바른 길입니다.

-조우석(趙祐奭) 기자 대담, 1993년 5월 22일 문화일보 게재

청화스님 '당대의 선승'

인물 탐구, 47년 눕지 않고 한끼 공양

　참선하는 스님(선승)하면 알듯 모를 듯한 선문답, 괴팍한 화두, 기행 등이 먼저 떠오른다. 이는 아마도 대중들이 용맹정진하는 수도승에 대한 '외경'에서 비롯될 법하다. 그런데 불문에든 지 47년을 산중 선방에서 수행에만 힘써온 전남 곡성 태안사 조실 청화(71) 스님은 이런 '기대'를 비켜간다. 보통 키에 깡마른 체구, 해맑은 얼굴에 자비로운 미소, 담담한 말투는 천상 마음씨 좋은 이웃집 할아버지의 모습이다. 다만 마음을 꿰뚫어보는 듯한 형형한 눈빛이 수도승으로서의 세월의 무게를 짐작케 한다.

선법수행체계 확립

　눕지 않고 앉아서 잠을 자며 좌선하는 '장좌불와'의 수행법을 지켜온 청화 스님은 또한 수년 동안 말을 하지 않는 묵언수도를 해온 당대의 우뚝한 선승으로 꼽힌다. 그런가 하면 47년간 줄곧 하루 한 끼 공양(식사) 만을 고수한 채, 철저한 참선수행을 해 청빈한 '고행자상'의 스님으로 선법수행 체계를 이룬 독보적 존재로 알려져 있다. 여느 스님과 신도들은 그를 친견할 때면 으레껏 삼배의 예를 갖춘다.

불탄일을 앞둔 요즘 청화 스님은 전국 곳곳에서 법회 요청이 잇따라 한창 바쁘다.

"부처님의 가르침은 본래 나와 남이 없고 천지와 더불어 하나의 생명인 부처님이 되는 길입니다. 석가모니 부처님이 오셨기에 인간은 비로소 억겁으로 쌓인 무명과 번뇌를 벗어나서 참다운 인간이 되는 길을 알았으며, 진정한 자유와 행복, 평화롭고 안온한 영생의 고향을 찾을 수가 있었습니다."

'부처님 오신 날'을 맞아 인생의 본래의 모습인 '참나'(진아)의 존엄성을 깨달을 때만이 바른 가치관이 서고 참다운 자유와 행복을 느낄 수 있다고 말한다.

그러함에도 어두운 번뇌에 가린 중생들이 그러한 자기 근원을 모르고 만유의 실상을 보지 못하기 때문에 잠시 인연 따라 이루어진 무상한 가짜 모습만을 집착해 너요, 나요, 내것이요 하며 탐착하고 분노하고 아귀다툼을 벌여 파멸의 구렁으로 달려가고 있다는 것이다.

교육으로 민족계몽

전남 무안군 운남면에서 태어난 청화 스님의 속명은 강호성. 그는 광주사범학교를 졸업하고 일본에 유학한 뒤 민족 자각의식을 깨우치면서 교육의 중요성을 절감하고 국내에 들어와 친구들과 함께 고향에 고등공립학교(현 망운중학교)를 세워 학생들을 가르쳤다. 평소 동양철학에

심취했고 진보적 의식을 갖고 있던 그는 극한적인 좌·우익의 대립을 목도하고 심적갈등을 겪으며 보다 큰 진리공부를 위해 출가하기로 뜻을 굳힌다.

24살 때 속세를 등지고 장성 백양사 운문암을 찾아가 송만암 대종사의 상좌인 금타화상을 스승으로 모시고 불문에 들었다. 그에게서 '청화'라는 법명을 받고 가없는 구도의 길에 들어선 것이다. 금타화상은 하루 한 끼를 공양하고 짚신을 손수 삼아 신는 등 청빈이 몸에 밴 스님으로 좌선을 해온 선승이다. 또한 현대물리학에도 조예가 깊었던 금타화상은 한국불교의 정통인 통불교(統佛敎)를 주창해왔는데, 그의 이런 수행법과 사상은 청화 스님에게 큰 영향을 주었다. 밤낮으로 수행을 하며 탁발을 돌면서도 스승의 참뜻을 따라 그때부터 하루 한 끼 공양과 좌선수행을 위한 장좌불와를 평생의 신조로 삼는다.

"장좌불와의 수련법은 나 뿐만 아니라 수행자라면 모든 사람들이 취하고 있어 특별히 신기한 게 아닙니다. 원래 각종 참선자세에서 좌선이 가장 안정감을 주는데 이 자세가 삼각형을 그려내는 형태이지요. 똑바로 앉아서 두 손을 무릎에 얹어놓으면 편하고 머리가 맑아집니다."

중도실상(中道實相) 안목 가져야,

47년을 하루 한끼만을 공양하고 있는 청화 스님은 음식이란 사람의 신체와 정신을 유지시켜주는 최소한의 수단일 뿐, 배를 불리기 위한 것이 아니라고 말한다. 오히려 음식을 많이 먹는 것보다 적게 먹는 것이

건강유지에도 좋고 배설량이 적어 수행에도 많은 도움이 된다고 한다.

"정견은 바른 인생, 바른 가치관, 바른 철학과 같은 뜻입니다. 무명으로 인한 진리에 맞지 않는 업으로 우리가 고통을 받으니까 행복을 위해서는 바른 가치관을 확립하고 거기에 따른 행동도 실천해야 합니다. 중도실상의 안목을 가지고 바른 생활을 해야만 바른 깨달음이 생긴다는 뜻이죠."

청화 스님은 40여년 동안 두륜산 대흥사, 월출산 상견성암, 지리산 백장암 등 전국 각지의 사찰과 암자의 토굴에서 계율을 엄격히 지키며 수도 정진했다. 지금도 새벽 2시 30분에 참선에서 일어나 3시에 예불을 드리고 곧바로 2시간 동안 참선에 들어간다. 아침좌선은 오전 8시부터 10시까지며, 오전 11시에 공양을 마치면 오후 2시부터 4시까지 좌선을 하고 저녁 예불을 한 뒤 또다시 참선에 들어간다.

그의 탁발수행과 떠돌이 선방좌선은 지난 85년 태안사에 주석하면서 끝난다. 신라 말까지만 해도 9산선문의 하나였던 고찰 태안사는 당시 6·25전란 때 불타버려 폐허를 방불케 했다.

이런 퇴락한 절을 다시 일으키기 위해 그는 그해 10월, 20여명의 도반과 함께 3년 동안 묵언수도 하며 일주문 밖에 나가지 않는 3년결사를 벌였다. 이 결사는 당시 수도정진을 게을리했던 불가에 신선한 충격을 주었으며, 전국 곳곳에서 시주가 들어와 태안사를 중흥시키는 원동력이 돼 선풍도량으로 옛 명성을 되찾게 해주었다.

진리 알맹이 모아 통종교(通宗敎) 가능

"선(禪)이란 우리 마음을 중도실상인 생명의 본질에 머물게 해 산란하게 하지 않는 수행법입니다. 이런 수행을 계속하면 마치 흐린 물이 쉴 새없이 흘러 그 자정작용에 의해 저절로 맑아지는 것처럼 어두운 그림자가 가뭇없이 스러지고 필경은 부처님과 하나가 되는 생명의 근본목적을 이루게 해줍니다."

선을 닦아 삼명육통이 되면 과거나 현재, 미래를 알고 천지우주를 두루 통관하는 안목과 자기 몸을 자기 마음대로 할 수 있는 신통을 얻어 최상의 영생행복을 느낄 수 있다고 한다. 그것이 바로 불타의 경지다.

참선을 많이 했다는 사람들이 도인연하며 함부로 음식을 먹고 계행을 파괴하는 것은 진정한 참선을 하지 않았다는 증좌라며 청화 스님은 언짢아 한다. 그는 참선을 할 때는 심지어 석달열흘동안 물만 먹고 정진한 일이 있다.

선법 수행체계를 확립한 청화 스님은 모든 수행을 정견을 바탕으로 불성체험에 역점을 두는 선오후수(先悟後修:먼저 개념적으로 깨닫는 것)로 정진해 불성에 안주해야 할 것이라고 한다.

그는 지난해 11월 미국에 건너가 미주 금강선원이라는 선방을 개설하고 3개월 동안 동안거에 들어갔는데, 이는 미주 한국불교사상 처음 있는 일로 수행독려와 포교활동에 큰 힘이 되었다. 당시 법회는 대성황을 이뤘는데 일반 선승들이 불교교리에 대한 이해가 부족하고 법문도 비논리적인데 반해 교리에 기본을 두고 논리적인 사고와 풍부한 자연과학 지식, 그리고 깊은 통찰을 통한 청화 스님의 법문에 찬탄을 보내기도 했다고 한다.

종파성 지양하고 통불교(通佛敎)로

"중도실상에 입각하면 회통이 됩니다. 부처님의 가르침 자체가 원통무애한 모든 것을 종합지향하는 것으로 마땅히 종파성을 지양한 원통불교를 이끌어 내야 합니다."

청화 스님은 하나님이든 알라신이든 부처님이든 관계없이 진리의 알맹이만 통합한다면 불교인들이 갈망하는 통불교뿐 아니라 타종교와의 벽도 무너뜨려 통종교까지도 이뤄낼 수 있다는 믿음으로 정진하고 있다.

-현이섭 기자, 1993년 5월 24일 한겨레신문 게재

지금이 '바른 철학(哲學)' 세워야 할 때

　수행자 어느 한 사람과도 말 한마디 없이 일주문 밖 출입을 하지 않고 정진하는 3년 동안의 묵언수도, 불문에 든 이후 48년 동안 계속된 하루 한 끼만의 공양, 앉아서 잠을 자며 좌선하는 장좌불와.
　이 시대 선승으로 청빈한 고행자의 길을 걸어온 곡성(谷城) 태안사 조실 청화(淸華) 스님(71)에 대해 일반 수도승들이 따르기 힘든 이러한 용맹정진의 행적은 사부대중들로 하여금 우선 '외경'에서 비롯된 두려움을 갖게 하기 쉽다.
　그러나 사람의 속마음을 꿰뚫어보는 듯한 형형한 눈빛에 담담한 말투와 자비로운 미소를 접하면 두려움은 사라지고 사모하는 마음만이 남는다.
　석가탄일을 맞아 전국 곳곳에서 줄을 잇는 법회요청으로 한창 바쁜 청화 스님을 지난 26일 늦은 오후에 곡성 옥과의 성륜사에서 만났다.
　청화(淸華) 스님의 속명은 강호성(姜虎成), 무안군 망운(望雲)에서 태어난 스님은 광주사범을 졸업한 뒤 잠시 일본에 유학하고 일제의 압박 아래서 제대로 교육을 받지 못하는 조국의 어린이들을 위해 친구들과 함께 고향에 학교(현 망운(望雲)중학교)를 설립, 교육을 시작한다.
　해방 후 좌우익의 극심한 대립은 청년의 심적갈등을 더욱 심화시켰고 결국 속세의 탈출을 결심한다. 아들 하나를 둔 가장으로서 부모의 강력한 반대를 뿌리치고 불문에 귀의키로 결심한 청년은 24살 때 장성(長城) 백양사 운문암을 찾아가 송만암 스님의 제자인 금타화상을 스승으로 모시고 '청화(淸華)'라는 법명을 얻어 불경을 깨치고 가없는 수행에 들어갔다.

48년 하루 한끼 공양, 장좌불와(長坐不臥) 수행법 고수한 이 시대의 선승(禪僧)

지난 85년, 40여년간의 토굴에서의 좌선수행을 마치고 태안사에 정착한 스님은 그해 10월부터 3년간 20여명의 도반들과 함께 묵언수도에 돌입, 불가에 화제를 일으켰으며 48년간 줄곧 하루 한 끼 공양과 장좌불와의 철저한 수행법을 고수, 선법수행 체계를 확립한 이 시대의 선승으로 알려지고 있다.

"불교는 덮어 놓고 믿는 것이 아니라 지혜의 종교입니다. 참 지혜란 모든 사물을 하나의 생명으로 보고 부처와 자연과 인간은 하나라는 일원주의에 입각해 하나의 도리를 밝히는 반야지혜를 일컫는 것입니다. 반야지혜의 철학 위에서 정견이 가능하고 정견으로서 우주만유 일체를 바라볼 때 견성오도의 경지에 이를 수 있습니다."

청화(淸華) 스님은 어두운 번뇌에 싸여 나와 남을 가르고 이해관계에 따라 서로를 핍박하는 중생들에게, 자기 체험만으로 생각과 판단을 내리지 말고 모든 것을 가정하지 않는 무가정의 원리인 반야지혜를 따라, 나와 남을 하나로 봐야 한다는 부처님의 가르침을 전했다.

"자연과 인간, 하나님을 구분하는 서구의 이원주의 아래서는 참다운 화합은 있을 수 없고 갈등과 반목만이 남습니다. 불교사상의 핵심은 무아(無我) 즉, 내가 없는 것입니다. 내가 없으므로 남이 있을 수도 없으며 따라서 서로를 시비하는 마음도 있을 수 없습니다. 현대는 바른 철학이 부재한 시대입니다. 바른 철학을 세우기 위해 석가·공자·예수 등 동서양의 성자들이 우주의 법칙을 제시해 주었지만 사람들이 따르지 않는 것은 기본적인 이념이 확립되지 않았기 때문이죠."

자기 가치관을 확립하기 보다는 외래문화의 유입에 따른 물질만능주의가 팽배한 세상 속에서 인생본래의 모습인 참나[眞我]를 잃고 방황하는 중생들에게 스님은, 성자의 가르침은 모두 같다는 사실을 강조하면서 바른 철학이 서면 윤리도 저절로 서는 것이라고 말한다.

금타화상 수제자로서 원통불교를 주창하는 스님은 "불교든 기독교든 역사적으로 위대한 철학이라고 검증된 종교라면 믿어볼만 하다."면서 성자의 가르침은 하나된 우주의 법칙으로 불교나 기독교는 수행법이 서로 다른 방법일뿐 궁극적인 목표는 도를 지향하는 것이라고 말한다.

"기독교가 서구문화에 힘입어 일사불란한 사회사업의 틀을 통해 일반대중 속으로 깊숙이 파고들고 있지만 불교는 이조 5백년 이래 승려는 도성출입도 못하는 핍박을 받았고 해방 후에는 사회의 엘리트들이 불문에 드는 것을 꺼려함으로써 상대적으로 어려운 처지에 있는 것은 사실입니다. 그러나 불교의 대중화를 위해서는 이를 탓하기 보다는 우선 성직자가 부처의 말씀을 잘 따르고 청빈하게 생활함으로써 모범적인 수행의 모습을 보여줘야 합니다."

스님은 종단간의 감투싸움으로 대중의 환멸을 받기보다는 기왕에 출가한 몸이니 철저한 봉사와 수행의 자세를 보여야 할것이라며 불교계의 각성을 촉구했다.

이와 관련, 문민정부가 들어선 뒤 사정개혁 바람이 불고 있는 가운데 종교계 인사들의 재산공개 이야기가 나오고 있다는 사실을 언급한 스님은 성직자는 자기 몸도 자기 것이 아니라는 사실을 명심해야 한다고 강조한다.

"석가나 예수는 생존시에 거지같은 무소유(無所有)의 생활을 했습니다. 불교 교리의 핵심은 무아(無我)이며, 성자의 길을 따르는 자라면 응당 자기 소유란 말이 성립하지 않습니다.

따라서 본디부터 아무 것도 없어야 할 성직자에게 재산공개란 어불성설이죠. 또 현 정부의 사정작업도 법대로 다스리되, 이들 성자를 제외하면 모두 죄인이라는 생각을 가져야 합니다. 4천만의 범부들 뿐 아니라 사정을 담당하는 개혁주체도 다소의 차이가 있을 뿐 모두 죄인인 것입니다.

자신은 완벽하고 남은 죄받아 마땅하다는 생각은 버려야 합니다. 비록 책임의 경중은 있겠으나 겉으로 드러난 부정과 비리는 속으로 서로 연결되는 고리로 맺어져 있다는 사실을 깨달아야 할 것입니다."

불교의 인생관에서 보면 원수를 원수로 갚는 것은 타오르는 불을 마른나무로 끄는 격이요, 원수를 덕으로 갚은 것은 불을 물로서 끄는 것에 해당한다고 말한 스님은 부모가 강도에게 살해당하는 것은 인과법칙에 따라 전생의 죄닦음을 한 것이며 보복이 되풀이되는 악연의 고리를 끊는 길은, 모든 사람이 불성(부처의 성품)을 갖추고 있다는 인간성에 대한 깊은 성찰로써 용서하는데 있다고 한다.

무혈혁명을 통해 내정을 성공적으로 이끌고 국민의 열화와 같은 지지에도 권력욕심을 부리지 않고 선선히 물러난 태국의 잠롱시장과, 갖은 핍박속에서도 온당한 생각을 잃지 않고 바르게 행동하는 홍남순(洪南淳) 변호사를 무척 좋아한다는 스님은 혼탁한 정치현실을 꼬집으면서 대권이란 것도 무아(無我)의 경지에서 보면 덧없는 껍데기일 뿐이라며, 양보의 미덕 속에서 자신이 빛날 수 있다는 사실을 왜 깨닫지 못하는지 모르겠단다.

청화(淸華) 스님은 또 일련의 숙군작업과 비리정치인 구속에 대해서도 지금은 혁명기가 아니라는 사실을 지적하면서 용서와 화해를 강조했다.

남을 단죄할 때는 인격을 무시해서도, 어느 누구에게 깊은 원한을 심어줘서도 안되며 요순의 평화시대처럼 사람을 살린다는 인간존엄의 차원에서 문제를 풀어 나가야 한다는 것이다.

인터뷰 내내 선(禪)자세로 미동도 않던 스님은 사회의 목탁인 언론인들에 대한 당부의 말도 잊지 않았다.

"정보화시대에 사회를 바른 길로 이끌어가는 언론의 힘과 책임은 막중하기 그지없습니다. 따라서 진실을 밝히되, 죄와 상응된 벌을 받는 것은 당연하나, 사람의 인격을 모멸치 않고 사회의 모든 갈등도 한편으로만 몰아붙이지 않고 될수록 화합과 용서의 차원에서 풀어나감으로써 진정한 사회의 목탁구실을 할 수 있을 것입니다. 글을 쓸 땐 성자들의 말씀을 항상 염두에 두십시요."

-태안사 조실(祖室) 청화(淸華)스님 석탄일 인터뷰:이기종(李琪宗) 기자. 1993년 5월 28일 광주일보 게재

'참나' 존엄(尊嚴) 깨우쳐야 바른 인생(人生)

부처님 오신 날 '바른 삶' 말하는 선승 청화스님

　부처님 오신 날을 맞아 우리 시대의 우뚝한 선승(禪僧) 청화(淸華)스님(71)을 만난다. 불문에 든지 46년을 산중선방에서 수행에만 힘쓰며 통불교(通佛敎)의 큰 뜻을 설파해 한국불교의 주봉(主峰)을 세운 청화스님, 그는 눕지 않고 앉아서 좌선하는 장좌불와(長坐不臥)의 수행법과 묵언수도에 정진하며 46년간 줄곧 하루 한끼 만을 고수한 채 참선수행을 해와 청빈한 선법 수행체계를 이룬 독보적 존재로 알려져 있다.
　부처님 오신 날을 하루 앞두고 청화스님을 찾아가 어떻게 사는 삶이 바른 삶인지 말씀을 들어본다.
　-편집자 주-

만유(萬有) 참모습 못 보고 탐욕(貪慾) 집착하면 결국 파멸의 구렁

큰스님이 성륜사(聖輪寺)에 계신다는 소식을 듣고 찾아왔습니다. 올해로 2537년째 부처님 오신 날을 또 맞습니다. 광주매일(光州每日) 독자들에게 부처님의 말씀을 좀 나누어 주십시오.

▶부처님의 가르침은 본래 나와 남이 없고 천지와 더불어 하나의 생명인 부처님이 되는 길이니 서로 다투고 겨룰 상대가 없으며 탐욕과 분노가 일어날 까닭이 없습니다. 석가모니 부처님이 오셨기에 인간은 비로소 억겁으로 쌓인 무명과 번뇌를 벗고 참다운 인간이 되는 길을 알게 됐습니다. 진리라는 것을 발견했지요. 부처님이 몸소 실행하신 것처럼 불교의 본질은 무엇보다도 스스로의 깨달음에 있습니다. 인생의 본래 모습인 '참 나'를 깨닫게 되면 누구나 삶의 본질인 불성에 이를 수 있답니다.

요즘 세상이 아주 숨가쁘게 돌아가고 있습니다. '변화'와 '개혁'이라는 말은 이제 유행어가 되다시피 했습니다. 큰스님께서는 요즘 세상을 어떻게 보고 계십니까?
▶부정부패는 어느 시대에나 있었지요. 특히 최근에는 더욱 심했지요. '개혁'은 어느 시대에나 강도의 차이는 있지만 있어왔고 꼭 필요한 것입니다. 그러나 진정한 개혁이 되기 위해서는 개혁안에 '희망'이 들어있어야 합니다. 개혁주체와 대상을 둘로 나누어 한쪽이 다른 쪽을 파멸해 버리는 이분법적 방식으로 가면 안되겠지요.
누구에게나 다 허물은 있는 것이며 개혁이 필요한 세상자체가 허물인 것입니다. 개인이나 특정집단은 다 그속에 있는 존재들에 불과합니다. 단죄를 할 때에도 겸허하게 해야하며 모두를 함께 반성하는 마음을 가져야 합니다. 세상이 맑아지고 깨끗해지는 쪽으로 가야지요. 부정부패의 허물을 들춰내서 벌하는 것도 중요하지만 그와 같은 일이 일어나지 않도록 이 사회자체를 청정하게 낙토로 가꾸어서 사람들이 희망을 가지고 더불어 잘 살 수 있게 만들어야지요.

큰스님께서는 눕지 않고 앉아서 잠을 자며 좌선하는 '장좌불와(長坐不臥)'의 수행법과 46년간을 줄곧 하루 한끼 공양(식사)만을 고수한 채 철저한 고행의 참선수행을 해오신 것으로 알고 있습니다. 큰스님께서 이같은 참선수련을 통해 추구하시는 궁극적인 길은 무엇입니까?
▶참선은 모든 현상적인 것을 떠나 본질적인 성품으로 가는 방법을 이릅니다. 이 세상은 둘이 아니고 하나이듯 세상의 진리는 오직 하나만 있습니다.
이 진리는 궁극적·보편적·본질적인 것이니 생명의 본질을 이룬다 하겠지요. 부처님께서도 말씀하셨지만 이 세상의 진리라는 것이 부처나 예수 공자와 같은 성인들이 나타나서 만들어 낸 것이 아닙니다. 그분들은 세상에 원래 있는 진리를 발견해서 중생에게 가르침을 주신 것이지요.
부처님 말씀에 '천상천하유아독존'과 '일체중생개유불성'이라는 가르침이 있습니다. 천상천하유아독존이란, 인간이 지닌 '자주성' 즉 스스로 세상을 깨달아 헤쳐가는 본성을 일컫는 말입니다. 일체중생개유불성은 모든 중생은 본래 진면목으로 불성(佛性)을 지니고 있다는 뜻입니다.
결론지어 보자면 불성을 본성으로 가진 인간이 스스로 깨달음을 얻을 때 이 세계의 본질 즉 진리에 이를 수 있다고 하는 뜻입니다. 이 과정에서 스스로 진리를 깨우쳐가는 수행이 바로 참선입니다.

최근 우리 사회는 물질적 풍요는 어느 정도 누리지만 심한 정신적 빈곤을 겪고 있는듯 합니다. 갖가지 사회악이 사회 구석구석에 배어들어 있습니다. 이 정신적·사상적 혼란의 시대에 한국불교가 기여할 수 있다면 어떤 것이겠습니까?

▶우리나라의 실상이 주변 강대국들 틈바구니에 끼어서 매우 어려운 시대를 살아가는 때문인 것 같습니다. 우리의 정신도 마찬가지입니다. 나와 자연을 가르는 서구적 이분법과 물질관이 정신사적 토대가 다른 우리나라에 무분별하게 들어와서 제자리를 못 찾기 때문이 아닐까요. 그러나 최근 서구에서는 자기네의 한계상황을 벗기 위해 오히려 동양사상이나 불교사상, 선, 기철학 이런 것들을 원용합니다. 이분법적·분석적 사고방식의 한계가 드러난 것이죠.

미국(美國)의 카프라 같은 이는 신(新) 과학 운동을 통해 현대물리학과 불교적 세계관의 합일 등을 주장하곤 합니다. 우리나라 불교는 우리 민족사와 함께 하며 섞이고 하나된 긴 역사를 가지고 있으며 풍부한 정신적 재부를 이루고 있는 셈이지요. 물질만능의 탐착에 빠져있는 현대인들에게 '참나'가 누구인지, '자아'가 무엇인지 가치지향적인 인생관과 진리에 이르는 길을 제시해 줄 수 있으리라 생각합니다.

큰스님께서는 모든 종파를 초월해서 하나로 나가자는 우리의 전통적인 통불교를 주장해오신 것으로 아는데요.

▶중도실상에 입각하면 회통이 됩니다. 부처님의 가르침 자체가 원통무애한 모든 것을 종합지향한 것으로 마땅히 종파성을 지양한 원통불교를 이끌어내야 합니다. 옛부터 정통조사라고 하는 분들은 다 치우침이 없었습니다.

재가불자는 어렵고 출가불자도 쉬운 일이 아니겠지만 앞으로 불성의 체험에다 역점을 두어 정진한다면 원통불교도 이루어질 것입니다. 특히 불성을 체험하려면 철저한 계율이 뒤따라야 합니다.
더 나아가 하나님이든 알라신이든 부처님이든 관계없이 진리의 알맹이만을 통합한다면 불교인들이 갈망하는 통불교(通佛敎) 뿐만이 아니라 타종교와의 벽도 무너뜨려 통종교(通宗敎)까지도 이루어 낼 수 있다고 믿습니다. 그것이 어려운 작업이고 상당한 시간을 요한다고 하더라도 불교는 마땅히 원통적으로 나가야 합니다. 회통이 안되면 불교는 설 땅이 없을 것입니다.

부처님 오신 날을 맞아서 저희들같이 산문 밖에서 살아가는 사람들이 생명의 본원인 부처님을 깨닫기 위해, 우리들의 주어진 삶을 어떻게 살아야 보다 가치있는 삶이 되겠습니까?
▶우선 찰나에도 부처님을 떠나지 않는 생활을 하는 것이 중요합니다. 부처님을 모든 생명의 본원으로 파악하는 것과 생명의 본원에 배치되지 않는 삶을 사는 것이 중요하지요.
부처님을 떠나지 않는 삶이란 일찍이 여러 부처님께서 말씀하신 '온갖 나쁜 짓을 그치고 모든 좋은 일을 봉행하라.'는 가르침에 따라 사는 것을 의미합니다.
옛말에 '우주의 대도(大道)로 들어가는 길은 따로 문이 없다.(大道無門)'고 했듯이 성불을 위한 수행방법에는 헤아릴 수 없는 많은 길이 있는데 각자 자기 근기에 맞는 방법이 최선의 법문이 됩니다.

인간이 보다 더 인간다워질 수 있는 길에는 여러 가지가 있겠지만 먼저 정견을 확립하는 것이 무엇보다 중요하다고 봅니다. 즉 나와 남이 둘이 아니고 우주의 삼라만상이 평등 무차별한 하나의 존재이며 유정은 물론 무정에까지 모두가 부처임을 인식한다면 정견에 이른 것이지요.

각자 자기 생명의 본원인 불성을 자각하여 부처님(大我)이 되고자 노력해야만 참된 삶을 사는 것입니다. 부처님이 되고자 노력한다는 말은 바로 우주의 도리에 부합하는 인격이 되도록 힘쓴다는 뜻이지요.

-안찬수(安燦洙) 기자 대담, 1993년 5월 28일 광주매일 게재

청화선사(淸華禪師) 발원문(發願文)

　온 누리에 충만하시고 영원히 상주하시며 언제나 대자대비로 만 중생을 제도하시는 부처님이시여!

　이제 저희들은 삼가 일체 만유의 근본이시고 바로 생명 자체이신 부처님께 지극정성으로 발원하옵나이다.

　본래부터 맑고 밝은 저희 본성이 어쩌다가 어리석은 무명(無明)에 가리어 대자대비하신 부처님의 광명을 등지고 탐욕과 분노로 오염된 인생고해(苦海)를 헤매게 되었습니다.

　이제 천행으로 부처님의 가르침을 만나뵙고 사무친 환희심으로 부처님께 서원하옵나니 부처님의 관음대비로 거두어 주시옵소서.

　저희들은 오로지 부처님의 가르침에 수순(隨順)하여 청정한 마음과 올바른 행동과 바른 말로써 살아가고자 충심으로 서원하오며, 한사코 위없는 불도(佛道)를 성취하여 모든 이웃들을 구제하고자 지심(至心)으로 발원하옵나이다.

　바로 우주만유의 실상이시며 모든 중생의 고난을 구제하여 주시는 부처님이시여!

　부처님의 부사의하신 위신력으로 저희들의 심신(心身)이 강건하고 육근(六根)이 청정하며 가정과 사회가 평온하고 나라와 온 세계가 두루

태평하여 필경에 다함께 생사윤회(生死輪廻)하는 인생고해를 벗어날 수 있도록 부처님의 대자대비를 드리우시옵소서.

그리고 돌아가신 부모 조상의 영가와 자매 질손 및 일체 친속들의 영가와 이 도량 내외의 모든 영가와 온 법계의 일체 영가들이 부처님 가호하시는 묘력으로 어두운 저승길에서 헤매지 않고 다 함께 극락세계에 왕생케 하여 주시옵소서.

그리하여 마침내 헤아릴 수 없이 많은 모든 법계의 무량중생들이 본래 청정한 자성(自性)을 밝히고 불도를 성취하여 장엄하고 찬란한 연화장세계(蓮華藏世界)에 노닐며 다 함께 극락세계에서 영생의 복락(福樂)을 누리게 하여 주시옵소서.

나무 아미타불!

나무 석가모니불!

나무 관세음보살!

나무 마하반야바라밀!

큰스님친필 · 나무 아미타불